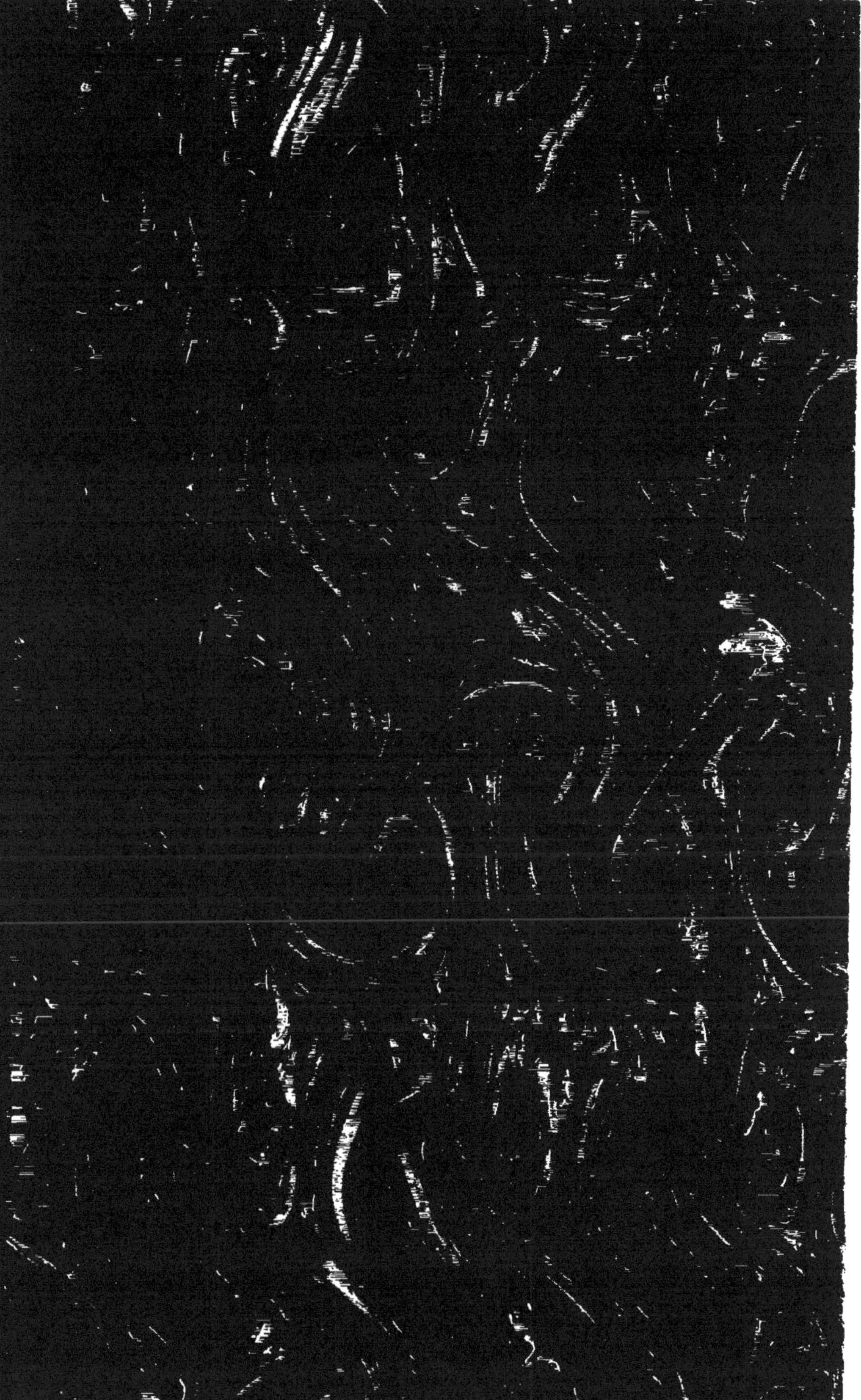

TRAICTIE

DE LA

PREMIÈRE INVENTION DES MONNOIES

DE NICOLE ORESME

ET

TRAITÉ DE LA MONNOIE

DE COPERNIC

PARIS — TYPOGRAPHIE HENNUYER ET FILS, RUE DU BOULEVARD, 7

TRAICTIE

DE LA PREMIÈRE INVENTION

DES

MONNOIES

DE NICOLE ORESME

TEXTES FRANÇAIS ET LATIN

D'APRÈS LES MANUSCRITS DE LA BIBLIOTHÈQUE IMPÉRIALE

ET

TRAITÉ DE LA MONNOIE

DE COPERNIC

texte latin et traduction française

PUBLIÉS ET ANNOTÉS

PAR M. L. WOLOWSKI

MEMBRE DE L'INSTITUT.

PARIS

LIBRAIRIE DE GUILLAUMIN ET CIE

Éditeurs du Journal des Économistes, de la Collection des principaux Économistes,
du Dictionnaire de l'Économie politique,
du Dictionnaire universel du Commerce et de la Navigation, etc.

14, RUE RICHELIEU, 14.

MDCCCLXIV (1864)

AVANT-PROPOS.

Deux années se sont écoulées depuis que nous avons entrepris ce travail : de douloureuses préoccupations en ont retardé l'achèvement ; mais, dans l'intervalle, nous n'avons rien négligé pour rendre cette publication aussi complète que possible.

Le manuscrit *françois* du *Traictie* de Nicole Oresme, dont nous avons fait usage, appartient à la Bibliothèque impériale (1) ; ceux qui se trouvent à la Bibliothèque publique de Poitiers et à la *Bibliothèque de Bourgogne* à Bruxelles, sont tous deux en latin, comme les diverses éditions connues, à l'exception de celle de Colard Mansion.

Ce manuscrit, d'une écriture soignée qui remonte au quinzième siècle, donne les titres et les sommaires en rouge ; les initiales sont en bleu. Il porte les armes du premier propriétaire, d'azur à la cotice de gueles, posée en bande et accompagnée de deux dragons d'or, dont la queue forme une seconde tête plus petite, compassée de gueles : le tout repose en cantel sur un arbre aux fruits d'or. C'est un in-folio de 46 feuillets ; il provient de la Bibliothèque de l'église de Paris.

Une annotation précieuse en signale l'origine ; on y lit, en effet, cette ligne : *Cl. Joly, en septembre* 1664, — *m'a esté donné par M. Berthier, chanoine de Chaumont en Bassigni*. La reliure, en basane, est remarquable ; elle paraît dater également du quinzième siècle, et se trouve rehaussée par des dessins finement exécutés. L'inscription porte : *Nicol. Oresme. Des monnoies.*

Ce manuscrit se trouve publié ici pour la première fois ; nous l'avons fait précéder de *variantes* empruntées à l'édition de *Colard Mansion,* dont la Bibliothèque impériale possède l'*unique* exemplaire conservé jusqu'à nos jours. Nous avons compris aussi, dans ce volume, le texte latin, soigneusement revu.

L'œuvre d'Oresme avait été presque oubliée : il en est de même

(1) Une obligeante communication de M. Léopold Delisle nous a fait connaître un second manuscrit, quelque peu antérieur, mais conforme à celui que nous avons utilisé ; ce sont évidemment deux *copies* du même texte original.

d'un autre travail, non moins curieux, que nous ajoutons à ce volume. Le *Traité de la monnoie* dû à Copernic a été généralement ignoré jusqu'à ces derniers temps. L'illustre Thadée Czacki n'en fait aucune mention dans son grand ouvrage sur *les lois de la Pologne et de la Lithuanie* (1), ni dans sa dissertation spéciale sur la question monétaire (2).

Un de nos savants confrères, M. Bertrand, membre de l'Académie des sciences, vient de faire paraître une notice pleine d'intérêt, sous le titre : *Copernic et ses travaux* (3). Il y parle du *Traité de la monnoie*, dont il fait ressortir l'éminent mérite (4). Nous publions le travail de Copernic, tel qu'il a été écrit par lui en latin; notre traduction française se trouve placée en regard. L'existence d'une pareille œuvre du grand astronome suffirait pour éveiller une curiosité légitime; celle-ci est pleinement justifiée par l'élévation et la sûreté d'esprit dont cette dissertation porte le cachet.

Les vues de Copernic sur la monnoie se rapprochent beaucoup de celles de Nicole Oresme ; ce sont les mêmes aperçus, sains et vigoureux, c'est la même entente de l'importance attachée à ce que l'instrument des échanges soit maintenu *droit de titre et de poids*, c'est le même jugement porté sur la nature du pouvoir du prince, en ce qui concerne le règlement de la valeur monétaire. Le rapprochement des indications fournies par ces deux grands esprits donne lieu à une étude aussi féconde qu'attrayante.

Puisse ce volume, en la facilitant, reporter l'attention des économistes sur le domaine, peu exploré encore à ce point de vue, des investigations historiques : ce serait notre plus belle récompense.

Paris, 24 juin 1864.

(1) *O Litewskich i Polskich prawach*, édition du comte Edouard Raczynski, en trois volumes in-4°; Posen, 1843.

(2) *O rzeczy menniczncj w Polsce i Litwie dla uczniow Wolynskiego Gymnazium* (1810), *ibid.*, t. III, p. 364.

(3) *Journal des savants*, février 1864.

(4) *Ibid.*, p. 84, 85 et 86.

PREMIÈRE PARTIE.

NICOLE ORESME

INTRODUCTION.

Notre savant ami, M. Roscher, professeur d'économie politique à l'université de Leipzig, a bien voulu nous communiquer, au mois de juillet 1862 (1), un travail plein d'intérêt sur la découverte qu'il avait faite d'un écrit de Nicole Oresme, évêque de Lisieux, *relatif à la monnaie;* il nous demandait en même temps de compléter ses recherches, et de vérifier le caractère de nouveauté qu'il attribuait à cette exhumation littéraire.

Nous avons dû, sous ce dernier rapport, dissiper une illusion. L'œuvre dont parlait M. Roscher était connue en France ; elle avait été notamment décrite et appréciée dans l'*Essai sur la vie et les ouvrages de Nicole Oresme*, publié en 1857 par M. Francis Meunier. M. Lecointre-Dupont en parle aussi dans ses Lettres sur l'histoire monétaire de la Normandie et du Perche (Paris, 1846, in-8°, p. 49). Cependant personne n'en avait encore fait ressortir d'une manière aussi saillante le caractère scientifique ; personne, avant notre savant correspondant, ne l'avait soumise à un examen approfondi au point de vue de l'économie politique.

Le nom et les travaux de Nicole Oresme ne nous étaient point étrangers, mais la communication de M. Roscher en a révélé toute l'importance. Pour répondre au désir de notre

(1) En langue allemande.

savant ami, nous nous sommes livré à de nouvelles investigations ; elles nous ont conduit à consacrer au *Traité des monnaies* de l'économiste ignoré du quatorzième siècle une *Etude* accueillie par l'Académie des sciences morales et politiques avec une bienveillante attention (1).

A côté de l'exemplaire imprimé en latin, dont M. Roscher avait eu connaissance, nous avons profité du manuscrit unique de la Bibliothèque impériale qui contient la traduction française de l'œuvre de Nicole Oresme, traduction qu'il a faite lui-même pour le roi Charles V ; elle présente un texte plus complet, qui emprunte à cette circonstance un nouvel intérêt.

Notre *Étude* laisse au travail de M. Roscher tout le mérite de l'invention et tout l'attrait qui s'attache à l'originalité des aperçus aussi bien qu'à la science éprouvée d'un des économistes le plus justement estimés au delà du Rhin. Nous n'avons donc pas hésité à traduire l'écrit de notre savant ami, non-seulement par un sentiment naturel de reconnaissance, mais aussi à cause de l'utilité de l'œuvre. On ne saurait assez rendre hommage à la pénétration, à la finesse de jugement et à l'exacte érudition de l'auteur. Si, sur quelques points secondaires, nous différons d'avis avec lui, notamment en ce qui concerne certaines circonstances de la vie de Nicole Oresme, nous aimons à constater la conformité de doctrine qui nous a déjà déterminé, il y a sept ans, à faire connaître en France *les Principes d'économie politique* de M. Guillaume Roscher. Notre *étude* sur le *Traité des monnaies* de Nicole Oresme serait incomplète si elle ne profitait point de l'heureux concours que lui apporte le travail de l'éminent professeur de Leipzig. Nous nous attacherons à le reproduire avec fidélité.

(1) Nous la publions à la suite de cette *Introduction*.

UN GRAND ÉCONOMISTE FRANÇAIS DU QUATORZIÈME SIÈCLE

Communication faite par M. GUILLAUME ROSCHER, *professeur à l'université de Leipzig, correspondant de l'Institut de France (Académie des sciences morales et politiques)* (1).

Afin de bien comprendre l'état présent de toute science et d'en saisir l'avenir, il est indispensable de connaître le passé. Aussi, lorsqu'on parvient à remonter plus haut vers les sources inaperçues de quelque vérité, on éprouve une satisfaction presque égale à celle que procure le mérite d'en élargir le cours.

Tel est le sentiment qui me porte à communiquer à l'Académie des sciences morales et politiques (qui a bien voulu m'honorer du titre de correspondant) une *trouvaille* d'une certaine importance pour l'histoire de l'économie politique et le développement même du génie de la France. C'est une *trouvaille*, car je suis loin d'élever la prétention d'avoir fait une découverte. Un heureux hasard m'a fait rencontrer, sur une voie peu explorée, cette pierre précieuse ensevelie dans la poussière. Tout mon mérite se borne à signaler un diamant de la plus belle eau, méconnu durant de si nombreuses années, et qui aurait dû depuis longtemps occuper dans la couronne scientifique de la France la place qui lui appartient.

Livré à des recherches sur l'histoire de l'économie politique en Allemagne (2), j'ai trouvé, dans des écrits de la fin

(1) Nous avons lu ce travail à l'Académie des sciences morales et politiques en 1862, ayant fait la traduction du manuscrit de notre savant ami, rédigé en langue allemande. (L. W.)

(2) Ces recherches ont été entreprises par M. Roscher sur l'invitation de l'Académie de Munich. Notre savant ami a publié, dans le 4e volume des *Mémoires de la Société royale de Saxe*, un travail des plus intéres-

du dix-septième siècle, la mention d'un traité de Nicole Oresme : *De origine et jure, nec non et de mutationibus monetarum* (1). Cette mention était faite d'une manière assez indifférente ; aussi n'ai-je abordé la lecture de cet opuscule, composé de vingt-trois chapitres, que comme un *opus supererogatorium*, par acquit de conscience. Quelle ne fut pas ma surprise lorsque je me vis en présence d'une théorie de la monnaie, élaborée au quatorzième siècle, qui demeure encore parfaitement correcte aujourd'hui, sous l'empire des principes reconnus au dix-neuvième siècle, et cela avec une brièveté, une précision, une clarté et une simplicité de langage, qui témoignent bien haut du génie supérieur de l'auteur. L'ensemble s'éloigne tellement de l'idée qu'on se fait d'ordinaire de la barbarie financière du moyen âge, qu'on serait porté à supposer quelque supercherie, si un pareil soupçon pouvait s'appuyer sur la moindre apparence de vérité, et si l'apparition d'une œuvre aussi remarquable n'eût pas été de nature à exciter presque une égale sur-

sants sur l'économie politique allemande à la limite du seizième et du dix-septième siècle (*Die national deutsche national OEconomik an der Grenzscheide des sechzenten und ziebzenthen Jahrhundert*). L. W.

(1) C'est sous ce titre que cet écrit a été réimprimé dans les actes publics monétaires de David Thomas de Hagelstein (Augsbourg, 1642), avec des annotations nombreuses, mais dénuées d'importance. Une édition plus ancienne et meilleure se rencontre dans la *Sacra Bibliotheca sanctorum Patrum*, de Margarinus de la Bigne (Paris, 1589), vol. IX, p. 1291. Une ancienne et très-rare traduction française, sans date d'impression, payée en 1811 à une vente publique 655 francs, se trouve décrite par Brunet (*Manuel du libraire*, t. IV, p. 506), sous le titre : *Traité du commencement et première invention des monnoyes*, etc. Elle se trouve dans la collection des *Colard Mansion*, léguée à la Bibliothèque impériale par M. Van Praët. La première impression de l'œuvre originale, en latin, a été faite au commencement du seizième siècle, chez Thomas Keet ; nous l'avons également trouvée à la Bibliothèque impériale. L. W.

prise au commencement du seizième siècle qu'au quatorzième.

Nicole Oresme, que la *Biographie universelle* (Paris, 1822) appelle « un des premiers écrivains du quatorzième siècle, » naquit probablement à Caen, du moins il fut toujours classé dans la nation normande à l'université de Paris. Après avoir obtenu le grade de docteur en théologie, il devint en 1355 grand maître du collége de Navarre, où il avait été élevé. Successivement archidiacre de Bayeux, doyen du chapitre de Rouen, trésorier de la Sainte-Chapelle de Paris, il fut choisi par le roi Jean (1360) comme précepteur de son fils, qui régna plus tard sous le nom de Charles V (1). En 1377,

(1) M. Francis Meunier paraît avoir pleinement démontré (*Essai sur la vie et les ouvrages de Nicole Oresme*, p. 24-28) que cette indication était erronée. Jamais Oresme n'a pris le titre de précepteur de Charles V, pas plus que celui d'évêque et d'archidiacre de Bayeux, ou de membre du clergé de la Sainte-Chapelle de Paris. Aucun manuscrit, aucune édition de ses ouvrages, aucun historien ni aucun auteur de la fin du quatorzième siècle au commencement du seizième, ne le lui attribue. Il faut descendre jusqu'à du Haillan, c'est-à-dire jusqu'en 1576, et Lacroix du Maine (1584), pour le trouver appelé par l'un *instructeur*, et par l'autre *précepteur* de Charles V. Il l'a instruit par ses écrits, mais la date de 1360, indiquée par Huet comme celle du préceptorat d'Oresme, est celle du retour de Jean et de la paix de Bretigny. Charles V avait alors vingt-trois ans; il avait été régent de France depuis la funeste bataille de Poitiers (1356); il avait été formé à l'école de l'expérience et de l'adversité. — Il faut le dire cependant, l'erreur rectifiée par M. Francis Meunier a été partagée par presque tous les écrivains qui se sont occupés de Nicole Oresme. Une des notices biographiques les plus complètes se trouve dans l'histoire des évêques-comtes de Lisieux, publiée par Richard Séguin en 1832. Ce petit volume, imprimé à Vire, est aujourd'hui fort rare. L'auteur a puisé à de bonnes sources; mais il a eu le tort de ne pas soumettre à un examen critique les indications de Huet. Celles-ci sont encore reproduites dans l'*Histoire de Lisieux*, de M. Louis Dubois (2 vol. in-8°, 1845), sans être appuyées d'aucune preuve. Nous publions des ex-

Oresme fut nommé évêque de Lisieux : il y mourut le 11 juillet 1382. Oresme prononça en 1363, à Avignon, en présence du pape Urbain V et de tout le sacré collége, un énergique discours sur les déréglements des princes de l'Eglise; cette hardiesse le fit accuser d'hérésie. Il traduisit l'*Ethique*, la *Politique*, et les traités *du Ciel* et *de la Terre* d'Aristote, ainsi que le livre de Pétrarque : *Des remèdes de l'une et de l'autre fortune, prospère et adverse* (1), peut-être aussi la sainte Bible. Il a du moins été chargé de ce travail par Charles V, qui voulait opposer cette version en langue vulgaire à celle des Vaudois. Ses ouvrages originaux sont pour la plupart consacrés à la théologie (2) : dans le nombre se trouvent le *Tractatus de mutatione monetarum*, et quelques écrits mathématiques sur la sphère et contre les astrologues, qu'un Pic de la Mirandole honora de sa recommandation.

Au début de l'opuscule auquel cette communication est consacrée, l'auteur annonce qu'il s'efforcera, appuyé sur la philosophie d'Aristote, de résoudre la question fort débat-

traits de ces ouvrages à la suite de cette *Introduction*. Les deux auteurs se bornent à copier l'assertion de Huet, relative au choix d'Oresme comme précepteur de Charles V en 1360. (L. W.)

(1) Oresme n'a pas traduit le dialogue : *De remediis utriusque fortunæ;* l'auteur de ce travail était Jehan Dandin, chanoine de la Sainte-Chapelle de Paris, ainsi que nous l'apprend le manuscrit n° 7368 de l'ancien fonds français de la Bibliothèque impériale qui porte la dédicace au roi Charles par : « son très-humble et très-petit sujet et serviteur, Jehan Dandin, indigne chapelain de la Saincte-Chapelle royale, à Paris. » (Francis Meunier, p. 139.)

(2) *Tractatus de communicatione idiomatum* ; *de unitate et difformitate intentionum, contra astronomos judiciarios* ; *utrum res futuræ per astrologiam possent præsciri ;* un livre qui défend l'Immaculée Conception de la Vierge ; 115 sermons et un traité de la sphère.

tue de savoir si le prince peut altérer les monnaies en circulation, suivant son bon plaisir et à son bénéfice.

Le progrès de la civilisation a fait établir la monnaie afin de surmonter les difficultés de l'échange pur et simple ; elle ne saurait servir à satisfaire directement les besoins de l'existence : on peut, ainsi que l'enseigne l'exemple de Midas, mourir de faim à côté des plus riches trésors (chap. 1er). C'est pourquoi on nomme l'argent une richesse artificielle ; c'est un instrument inventé avec art pour faciliter l'échange des richesses naturelles (1). Les richesses naturelles sont celles qui correspondent directement aux besoins de l'homme (2). La matière qui sert à former un pareil instrument commercial doit être maniable (*attrectabile et palpabile*) et d'un transport facile ; il faut que, pour une petite fraction de cette matière, on puisse obtenir une grande quantité de richesses naturelles (3); ce doit donc être une matière précieuse et chère (*materia preciosa et cara*), comme par exemple l'or. Cependant il faut qu'on la rencontre en quantité suffisante ; autrement il serait nécessaire de passer de l'or à l'argent, de l'argent à d'autres métaux simples ou composés. Aussi devrait-on prohiber l'emploi à d'autres usages de l'or, et de l'argent, s'ils devaient manquer sous forme de monnaie. Mais il n'est nullement utile à l'Etat que la matière qui constitue la monnaie devienne trop abondante, car elle ne pourrait point conserver la même valeur. C'est le motif qui a fait jadis abandonner la monnaie de cuivre, et c'est sans doute pour

(1) *Instrumentum artificialiter adinventum pro naturalibus divitiis leviter permutandis.*

(2) *Quibus per se subvenitur naturaliter humanæ necessitati.*

(3) *Et pro modica ejus portione habeantur divitiæ naturales in quantitate majori.*

cela qu'il a été donné au genre humain de rencontrer difficilement par grandes masses l'or et l'argent, les deux matières le mieux adaptées à l'office de monnaies, et que l'alchimie ne saurait les produire (chap. II).

L'emploi simultané des monnaies d'or, d'argent et de billon tient à la diversité d'importance des affaires commerciales. Il était utile d'avoir une monnaie d'un prix élevé, dont on pût faire plus facilement le transport et les comptes dans les grandes négociations. De même une monnaie d'argent moins coûteuse sert à l'achat de marchandises moins chères : et comme il se rencontre fréquemment que, dans une contrée, il ne se présente point une quotité suffisante d'argent, relativement à la masse des richesses naturelles (1), et qu'une pièce d'argent aussi petite que celle qui devrait s'échanger contre une livre de pain, par exemple, ne serait pas commode à faire circuler, on a imaginé d'ajouter à l'argent un alliage de qualité inférieure. De là vient la monnaie de billon (*moneta nigra*), qui s'utilise dans les plus faibles transactions. L'auteur s'occupe avec insistance de mettre ici en garde contre un abus possible de la part du pouvoir : « Tout alliage de cette nature est par lui-même suspect, et on ne saurait facilement y reconnaître la substance et la qualité de l'or. Aussi ne doit-on y recourir qu'au cas d'une nécessité bien reconnue. Là, par exemple, où l'on se sert d'espèces d'or et d'argent, on ne doit frapper aucun billon d'or, mais seulement du billon d'argent » (chap. III). Cette pensée est fort juste, car le but d'un billon d'or se trouve déjà atteint dans ce cas par la monnaie d'argent.

(1) *Non satis competenter habetur de argento secundum portionem divitiarum naturalium.*

Après l'introduction du trafic monétaire, l'argent, le cuivre, etc., commencèrent par être délivrés et reçus au poids. Mais, plus tard, les embarras du pesage et de l'essayage firent adopter une *empreinte : Provisum est quod portiones monetæ fierent de certa materia et denominati ponderis et quod in eis imprimeretur figura, quæ cunctis notior significaret qualitatem materiæ numismatis, et ponderis veritatem, ut amota suspicione posset valor monetæ sine labore cognosci.* Par suite, tout objet précieux n'est pas également apte à servir de monnaie : on ne saurait employer ainsi ni les pierres précieuses, ni les épices (chap. IV). Pour éviter la fraude, il n'est point permis, depuis une antiquité reculée, à tout particulier de frapper lui-même, sous forme de monnaie, l'or et l'argent qu'il possède ; mais cette fabrication est réservée à une ou plusieurs personnes, revêtues de l'autorité publique. La monnaie a été par essence (*de natura sua*) inventée et introduite dans l'intérêt de la société (*communitatis*), et comme le prince est au suprême degré une personne publique, revêtue de la plus haute dignité, il en résulte naturellement qu'il soit chargé de faire frapper les monnaies à l'usage de la société. L'empreinte doit être finement exécutée et d'une imitation difficile. La contrefaçon commise par un souverain étranger est un cas de guerre légitime (chap. V). Mais le prince, maître du monnayage, n'est en aucune manière le propriétaire des espèces qui circulent avec son empreinte ; la parole du Christ : « Rendez à César ce qui est à César, » s'applique non à la monnaie, mais à l'impôt (chap. VII).

Quant au monnayage, Oresme dit avec sa précision habituelle : « Puisque la monnaie appartient à la société, elle doit être frappée au compte de la société. » Ce n'est pas qu'il songe à faire payer la dépense qu'entraîne le monnayage par la caisse publique ; loin de là : il faut, dit-il, diviser la masse du métal en autant de pièces de monnaie qu'il est nécessaire, non-seulement pour couvrir tous les frais, mais encore pour laisser un certain bénéfice ; mais ce bénéfice doit être très-modéré (chap. vii).

On ne doit admettre de variation monétaire que dans les cas d'absolue nécessité, en présence d'une utilité générale incontestée. « La circulation de l'argent dans l'État doit être comme une loi et une règle invariable, » quand ce ne serait que parce qu'un si grand nombre de traitements et de revenus annuels sont fixés d'après le prix de l'argent, c'est-à-dire d'après un nombre déterminé de livres et de sous (chap. viii). On distingue cinq espèces de *variations monétaires : 1° figuræ*, 2° *proportionis*, 3° *appellationis*, 4° *ponderis*, 5° *materiæ*. Oresme n'approuve un changement de forme pour les monnaies, les anciennes étant mises hors de cours, que dans deux cas : lorsque les espèces sont usées par un emploi prolongé, ou que leur circulation se trouve entravée par la fréquente contrefaçon de l'empreinte de la part des faux monnayeurs. Dans ces deux cas, un changement d'empreinte permet facilement de distinguer la nouvelle et bonne monnaie de l'ancienne (chap. ix). Le rapport de valeur des monnaies entre elles, par exemple des espèces d'or et d'argent, doit suivre le rapport naturel du prix de l'or et de l'argent (*naturalem habitudinem auri ad argentum in preciositate*). Il ne doit être modifié que pour des motifs réels, et par suite d'un changement dans le prix même de la matière (*propter causam realem et variationem ex parte ipsius materiæ*) : par exemple, lorsque l'extraction de l'or diminue dans une proportion considérable, ce qui le renchérit de beaucoup par rapport à l'argent. Intervenir arbitrairement dans ces relations, ce serait commettre une exaction odieuse, et user d'une véritable tyrannie (chap. x). Le simple changement de dénomination des monnaies ne saurait non plus être toléré; par exemple si l'on veut appeler *une livre* ce qui n'est point une livre, ou bien si l'on modifie la proportion admise entre plusieurs désignations d'espèces connues. En effet, les traitements ou les revenus fixés en argent, se trouvent, au moyen de ces changements de dénomination, accrus ou diminués, sans raison valable ni justice, et au détriment d'un grand nombre de personnes. Le prince surtout ne doit dans aucun cas s'enhardir à un acte pareil (*hoc attentare*) (chap. xi).

Il faut en dire autant de l'altération du poids d'une monnaie, dont le nom et le prix demeurent invariables : cela revient exactement au même que si l'on faussait la mesure du blé ou du vin. Du moment où l'inscription de la monnaie désigne la quotité du poids et la pureté de la matière, qui pourrait assez énergiquement exprimer combien il serait injuste et odieux, surtout de la part du prince, de diminuer le poids en conservant le même signe (chap. xii)? Un changement de matière peut devenir nécessaire, si celle qui a été employée pour le monnayage devient trop rare ou trop abondante. Mais si l'on détériore l'alliage des métaux qui constituent les espèces, c'est une fraude encore plus coupable que la diminution du poids, « car elle est plus voilée, moins facile à remarquer et partant plus nuisible. » Le prince qui commet une pareille fraude se rend coupable d'un véritable parjure et d'un sacrilége, lorsque l'empreinte de la monnaie porte une croix, où le nom de Dieu, de la sainte Vierge ou d'un saint (chap. xiii).

En tout cas, toute modification dans la monnaie, qu'elle rentre purement et simplement dans l'une des cinq sortes ci-dessus mentionnées, ou qu'elle en réunisse plusieurs, ne saurait jamais émaner de la seule injonction du prince, il faut qu'elle s'accomplisse toujours *per ipsam communitatem* (chap. XIV). Lorsque *la communauté* transmet son droit au prince pour des cas déterminés, il ne les exerce point comme *principalis actor,* mais comme *ordinationis publicæ executor* (chap. XV). Oresme condamne d'une manière absolue tout bénéfice provenant du changement des monnaies. « Quelquefois, pour éviter un plus grand mal et empêcher le scandale, on tolère dans l'État des établissements contraires à l'honnêteté et à la vertu (1). Parfois aussi la nécessité ou l'utilité fait permettre une simple manipulation, comme le change, ou même une convention mauvaise, comme l'usure. Mais en ce qui concerne l'altération des monnaies, faite en vue d'un bénéfice illégitime, il n'existe aucun motif au monde qui oblige ou qui permette de la tolérer. Des attentats de cette nature semblent avoir précipité la chute de l'empire romain » (chap. XVI). Comment un prince aurait-il assez de honte à subir, s'il commettait un acte qu'il devrait frapper chez autrui de la plus infâme peine capitale (chap. XVII). Oresme fait remarquer avec raison que le peuple ne se rend pas compte de cette exaction fiscale, amenée par l'altération des monnaies, aussi vite que de la charge de l'impôt ; mais il en est ainsi de beaucoup de maladies chroniques, qui sont d'autant plus périlleuses, qu'on met plus de temps à s'en apercevoir. Ce trouble monétaire pousse, entre autres, à l'exportation des métaux précieux, qu'aucune défense ne saurait empêcher, à la refonte et à la contrefaçon des espèces au dehors, ce qui fait que les étrangers s'emparent

(1) Par exemple, *les maisons de débauche.*

du bénéfice que le souverain a prétendu s'assurer. Ajoutons encore les plus violentes perturbations du commerce intérieur et du commerce extérieur : aussi longtemps que dure cette révolution monétaire, on ne saurait estimer d'une manière exacte ni les revenus, ni les traitements, ni les loyers, ni les intérêts ; on ne saurait non plus prêter de l'argent avec sécurité (chap. XVIII). « Beaucoup d'hommes, souvent des moins honnêtes, s'enrichissent en spéculant sur la variation des espèces ; beaucoup d'autres, et des meilleurs, tombent dans la pauvreté, et ce double mouvement s'opère en sens inverse du droit et du cours légitime des relations naturelles. » Quelle mine féconde de contestations et de procès (chap. XIX) ! Aussi, même dans le cas de nécessité absolue, le prince ne doit-il jamais recourir à une altération des monnaies pour s'emparer des ressources de ses sujets ; il doit leur faire appel, par la voie d'un emprunt, qui permet de remettre plus tard toutes choses en l'état, au moyen d'une restitution (chap. XXI).

Au nombre des principes, en partie de politique, en partie d'économie politique, professés par Oresme, il en est qui méritent d'être particulièrement signalés ; il distingue les professions honorables, utiles à l'État, des professions dégradantes. Aux premières appartiennent ceux qui accroissent la masse des biens actuels ou qui en favorisent le développement, conforme aux besoins de la société, comme les ecclésiastiques, les juges, les soldats, les paysans, les commerçants, les artisans, etc. Il relègue dans la seconde catégorie les *campsores, mercatores monetæ seu billonatores,* les *manieurs d'argent,* qui se bornent à augmenter leurs propres richesses par un bénéfice infime (chap. XIX).

Avec tous les grands économistes, Oresme est un adversaire déclaré de l'*arbitraire*. Il regarde comme la pierre angulaire de toute sagesse d'état (*ante omnia sciendum est*) de ne jamais changer, sans une nécessité évidente, les lois, les coutumes, les statuts, etc., qui concernent la communauté. Il ne faut pas remplacer une loi ancienne, même par une loi meilleure, à moins d'un progrès très-notable, car ces changements ébranlent le respect de la légalité, surtout quand ils deviennent fréquents. Il en résulte souvent du scandale, des murmures et le péril de la désobéissance (chap. VIII). Oresme rappelle surtout avec honneur son ancien office de précepteur d'un monarque, en multipliant les avertissements les plus énergiques contre le danger de *l'absolutisme monarchique*, qui menaçait dès lors la France. L'intérêt général, bien conseillé, ne remettra jamais tout le droit de monnayage entre les seules mains du prince ; les hommes, libres par nature, ne consentiront jamais à devenir esclaves, ou à se soumettre au joug d'un pouvoir tyrannique. S'il arrivait que la communauté, égarée par l'erreur ou dominée par la menace et la violence, eût transféré au monarque un pouvoir arbitraire en ce qui touche la monnaie, elle pourrait retirer cette concession, car on ne saurait plus sérieusement livrer au monarque la faculté de disposer à son gré de la valeur des espèces, qu'on ne pourrait lui abandonner le droit d'abuser des femmes de ses sujets (Oresme aurait-il connu le lien intime qui relie la propriété privée et la monogamie (*mensa et torus; commercium et connubium*)? Le devoir du prince est d'entretenir, au moyen du revenu public, *magnificum et honestissimum statum*. Ce revenu peut reposer en partie sur le droit de monnayage, mais seulement d'une manière conforme à une loi fixement établie. L'auteur s'élève avec énergie contre les flatteurs, qui distillent des sophismes mensongers, et contre les prétendus politiques, qui trahissent l'État, en présentant cette limitation du pouvoir comme une sorte d'exhérédation de l'autorité, ou comme une espèce de crime de lèse-majesté. Il trouve également condamnable tout payement qu'exigerait le souverain pour renoncer à une exaction aussi abusive (chap. XXI). La tyrannie comparée à la monarchie lui apparaît comme un homme dont la tête aurait grossi au point de ne plus pouvoir être portée par le reste du corps. Elle est moins solide que la monarchie ; aussi Théopompe pouvait-il répondre avec raison à ceux qui lui reprochaient de laisser à ses enfants un trône moins riche en revenus qu'il ne l'avait hérité de son père : « Je le laisse plus durable. » — Oracle divin, s'écrie Oresme, parole du plus grand poids, qui devrait être inscrite en lettres d'or dans les palais des rois : *Je le laisse plus durable ;* c'est comme s'il avait dit : « En modérant mon pouvoir, je l'ai plus accru en durée que je ne l'ai diminué en étendue. » C'est une sagesse plus haute que celle de Salomon (chap. XXII).

Oresme dit expressément que la servitude, imposée aux Français, ne saurait durer. Quelle que soit la puissance de la tyrannie, elle se heurte contre les libres aspirations du cœur des sujets, et elle s'affaiblit vis-à-vis de l'étranger (chap. XXIII).

Quelques mots encore sur la place qui appartient à Oresme dans la science.

La vérité est plus ancienne dans un certain sens que l'erreur ; on peut aisément le montrer en ce qui touche l'étude de la richesse et des relations monétaires. La première génération qui prit peu à peu l'habitude d'utiliser comme monnaie une marchandise courante, facilement acceptée par tous, se rendait parfaitement compte de la nature de l'argent, de sa qualité de marchandise, douée d'une aptitude spéciale pour la circulation. Les rêves mystiques, qui prétendaient trouver dans le métal précieux l'essence même de la richesse, n'étaient guère possibles alors. Mais, il faut le reconnaître, l'exagération du rôle de l'argent et de celui de la circulation par le système mercantile tenait dans l'origine, chez la plupart des peuples, à des conceptions qui ne manquaient pas d'une certaine vérité. J'ai montré ailleurs (1) qu'en Angleterre, vers la fin du seizième siècle et au commencement du dix-septième, la notion de la richesse publique et l'indication de ses sources étaient formulées dans des termes aussi corrects que de nos jours. Ce fut l'œuvre des fondateurs de la puissance coloniale de l'Angleterre, des chefs de l'émigration américaine : ils étaient les principaux représentants intellectuels du peuple anglais de cette époque. Au milieu du dix-septième siècle florissait encore en Angleterre un triumvirat économique qu'il est permis de signaler comme la réunion des précurseurs de l'école d'Adam Smith, triumvirat formé par Petty, Locke et North ; il était engagé dans la lutte contre le système mercantile, dont l'avénement définitif date du règne de Guillaume d'Orange. — L'Allemagne offre aussi, au seizième siècle, les plus nobles traces d'une parfaite entente des relations de l'argent avec la richesse et des bienfaits de la liberté économique (2). On voyait dès lors se développer, à côté de ces vérités, les enseignements erronés du système mercantile, qui grandirent peu à peu et qui finirent

(1) *Mémoires de la Société royale de Saxe*, classe d'histoire et de philologie, III, p. 22 et suiv.

(2) Voir le mémoire de Roscher, inséré dans les *Mémoires de la Société royale de Saxe*, 12 décembre 1861 (classe d'histoire et de philologie).

L. W.

par dominer durant la seconde moitié du dix-septième siècle. — En France, comme nous l'avons dit, les idées ont suivi la même marche, mais leur développement a commencé beaucoup plus tôt. Il ne serait pas exact de regarder le passage des conceptions d'un Oresme à celles du colbertisme comme un simple pas rétrograde. Nombre d'avis pratiques, émanés du système mercantile, correspondaient aux besoins du temps ; il est même permis d'ajouter que certains théorèmes avaient leur racine dans les relations de l'époque, et qu'alors même qu'il s'agit d'une erreur absolue, comme celle qui a fait méconnaître dans l'argent la qualité de marchandise, elle provenait de la confusion naturelle à l'esprit de l'homme, devant lequel l'horizon s'est subitement élargi, et qui ne s'est pas encore rendu suffisamment maître de la multitude d'impressions nouvelles dont il est assailli. Si le dicton : *Citius ex errore veritas emergit*, *quam ex confusione*, est vrai, la formule donnée aux erreurs du système mercantile a servi d'échelon à des conceptions plus exactes.

La position éclatante qui appartient à Oresme, en ce qui touche la priorité des idées économiques, n'a du reste, quand on examine les choses de près, rien qui doive étonner. Les *scolastiques*, et surtout Scot, ont beaucoup plus exploré qu'on n'est d'ordinaire porté à le croire la voie des connaissances économiques ; il est vrai qu'ils l'ont fait souvent sous une forme singulière. Ils consacraient de préférence à cette branche d'étude dans leurs gros *in-folio* dogmatiques la partie qui traite des sacrements, et notamment du sacrement de la pénitence. On y recherche les conditions qui doivent être imposées au pécheur repentant quand il demande l'absolution, jusqu'à quel point il doit être tenu à la réparation du mal causé, etc. ; on se trouve ainsi amené, par l'examen des péchés qui concernent l'économie, à scruter la nature même des institutions économiques. Gabriel Biel, célèbre professeur de Tubingue à la fin du quinzième siècle, qu'on a surnommé le dernier des scolastiques, fut aussi un économiste de ce genre. Nous pouvons signaler Oresme comme le plus grand économiste scolastique, à un double point de vue : à cause de l'exactitude et de la clarté de ses idées, et parce qu'il a su nettement s'affranchir de la systématisation pseudo-théologique dans l'ensemble, et de la déduction pseudo-philosophique dans les détails.

L'époque à laquelle vécut Oresme appartient aux temps les plus tristes et les plus tourmentés de l'histoire de France. Mais c'est dans les moments critiques, alors que tout l'organisme social menace de se dissoudre, que l'observateur recueille les enseignements les plus instructifs, aussi bien que l'étude de la physiologie avance plus rapidement auprès du lit du malade et devant la table de dissection qu'elle ne peut le faire dans l'atelier du sculpteur. Les longues luttes qui signalèrent l'avénement de la maison de Valois; l'heureuse dévolution de tant de grands fiefs, qu'il devint difficile de concéder à nouveau; l'absolutisme presque entièrement établi sous Philippe VI et la renaissance de la force des états sous ses successeurs; les déplorables échecs de la guerre étrangère, et la victoire qui les couronna; la splendeur de la chevalerie, atteinte déjà au cœur d'une incurable faiblesse, comme le dépeint Froissart; les soulèvements de Paris sous Étienne Marcel, et la terrible *Jacquerie*, c'était là un ensemble d'épreuves propres à mettre à nu les organes les plus intimes et l'enchaînement des phénomènes vitaux du corps social. En même temps, l'Église était travaillée par la question de résidence du saint-siége, soulevée entre Avignon et Rome, par les démêlés de l'empereur Louis avec le pape, par le mouvement des Lollards, des Wiclefs et autres pareils. Combien un homme haut placé, doué d'un coup d'œil pénétrant et d'une profondeur d'esprit exempte de phraséologie, comme l'était Oresme, ne devait-il pas s'instruire à un pareil spectacle! Pour ne parler que de faits purement économiques, il suffit de se rappeler les pestes terribles des années 1348 et 1361, pour y rencontrer la matière d'une grave étude de la question de la population! Et quels enseignements que ceux de la grande révolution du capital amenée par l'expulsion des Juifs et des Lombards, des nombreuses disettes et des crises de cherté du blé, causées par la guerre, la sédition et la mauvaise récolte! En nous renfermant dans le sujet principal de cette communication, l'épuisement des finances, transformé en mal chronique par les prodigalités de la cour et par les désastres de la guerre, amenait sans cesse l'altération des espèces, en faisant tantôt affaiblir et tantôt accroître le titre des monnaies, suivant que la couronne avait en vue la dépense ou la recette. Pendant la seule année 1348, on ne compta pas moins de onze variations du taux monétaire; l'année suivante neuf; en 1381 dix-huit; en 1353 treize; en 1355 de nouveau dix-huit; de manière que dans le cours d'une même année le monnayage d'un marc d'argent s'éleva de 4 livres à 17 livres 2/5 pour retomber ensuite à 4 livres 3/5 (1). Parfois, on réunit ces mesures à une taxe forcée de tous les objets du commerce, comme en 1330 (2). L'élève d'Oresme, Charles V, sut écarter nombre de ces maux, lorsqu'il succéda à la couronne, et c'est ainsi surtout qu'il a mérité le surnom de Charles le Sage!

(1) *Ordonnances des rois de France*, t. III, p. 124.
(2) *Ibid.*, t. II, p. 49 et suiv., 58.

ÉPILOGUE.

Après avoir communiqué à l'Académie des sciences morales et politiques cette traduction de la Notice de M. Guillaume Roscher, nous l'avons entretenue de quelques nouvelles recherches auxquelles nous nous sommes livré relativement à l'auteur oublié du *Traité des monnaies*. Curieux de connaître les particularités qui pouvaient se rattacher à la vie d'Oresme, nous avons visité Lisieux ; là, nous voulions retrouver sa tombe, placée dans la cathédrale. Nos recherches ont été vaines. Le souvenir d'Oresme survit à peine dans l'esprit de quelques archéologues ; quant à sa tombe, elle aurait, suivant quelques récits, disparu au milieu des entraînements révolutionnaires ; mais en cette circonstance, comme dans beaucoup d'autres, on a prétendu faire peser sur la Révolution la responsabilité de faits qui lui sont complétement étrangers. Un honorable habitant de Lisieux, M. Pannier, qui s'occupe avec un zèle éclairé d'études archéologiques, possède la copie d'un ancien manuscrit trouvé il y a quelques années, par un notaire de Lisieux, dans un inventaire. Ce document comprend une période de quarante et un ans, depuis l'année 1676 jusqu'en 1717 ; il renferme des renseignements intéressants sur l'histoire de cette ville. On y trouve la preuve que le tombeau de Nicole Oresme a été détruit en 1677, sous l'épiscopat de Léonor II de Matignon. Voici le passage qui nous a été signalé par M. Pannier :

« En cette année 1617, Monseigneur l'Évêque a fait réparer de neuf toute l'Église cathédrale, et pour cet effet, *on a ôté toutes les tombes qui étoient dans la nef et dans les ailes,* les unes étoient de belle pierre et les autres de cuivre. *L'on a pareillement ôté les tombes de pierre et de cuivre de plusieurs évêques qui étoient dans le chœur.* »

Léonor II de Matignon a fondé à Lisieux de nombreux établissements d'utilité publique, et fait construire la partie la plus moderne de l'ancien palais épiscopal, qui passait pour un des plus beaux et des plus riches du royaume. Mais il sacrifia au mauvais goût du temps en commettant dans l'église Saint-Pierre de véritables actes de vandalisme. C'est ainsi qu'il a fait remplacer les anciens vitraux, qui garnissaient les fenêtres de la nef, par du verre blanc, et détruit un magnifique jubé en pierre, à l'entrée du chœur.

Le tombeau de Nicole Oresme était placé dans la première travée du chœur, à gauche (côté de l'Évangile), près de la porte. Cette partie de l'édifice date, ainsi que la nef et le transept, de la fin du douzième siècle ; les deux dernières travées du chœur et de l'abside ont été élevées au treizième siècle.

C'est donc au milieu du dix-huitième siècle qu'un évêque de Lisieux, peu curieux des choses d'art, et qui supprimait d'anciens vitraux comme trop obscurs, fit aussi enlever les monuments funéraires placés dans l'intérieur de la cathédrale. La tombe d'Oresme a été comprise dans cette mesure, qui a précédé de plus d'un siècle la révolution de 1789. Combien de profanations pareilles n'a-t-on pas commises depuis? C'est ainsi qu'aux lieux mêmes où le souvenir des hommes célèbres devrait être pieusement conservé, la postérité oublieuse détruit les monuments des temps passés et des gloires d'autrefois !

L. W.

NOTICES BIOGRAPHIQUES.

Pour compléter ces indications, nous croyons utile de reproduire la copie textuelle d'une notice biographique extraite de l'*Histoire des évêques-comtes de Lisieux*, publiée par Richard Séguin en 1832.

NICOLAS ORESME.

33e *évêque*, 19e *comte de Lisieux*, en 1377.

« Nicolas Oresme était Bocain-Normand, du diocèse de Bayeux; M. Huet, célèbre évêque d'Avranches, croit même qu'il était de Caen, sans oser l'assurer. Du temps que M. Halley, professeur d'éloquence dans l'université de Caen, faisait imprimer ses poésies, il y avait à Vaucelles et dans la paroisse de Clinchamps des familles de ce nom; ce qu'il y a de certain, ajoute M. Huet dans ses *Origines de Caen*, c'est que Nicolas Oresme était Normand, et que tant qu'il a été dans l'université de Paris, il a toujours été censé de la nation normande. Ce savant évêque, après avoir fait ses études dans son pays, alla à Paris; il fut grand maître du collége de Navarre; il s'y fit une si grande réputation, que le roi Jean le nomma précepteur de Charles, son fils aîné; il en était digne, car c'était le plus habile dans les sciences et les beaux-arts, qui fût dans l'université de Paris. Ce prince reconnaissant lui donna des marques de sa gratitude. Oresme fut fait grand maître du collége de Navarre, archidiacre de Bayeux, trésorier de la Sainte-Chapelle de Paris, doyen de Rouen, et enfin évêque de Lisieux.

« Oresme composa plusieurs ouvrages : il travailla, par ordre du roi, à la traduction de la Bible, afin, dit M. Huet dans ses *Origines* (chapitre XXIV), de prévenir les altérations que les Vaudois et les autres hérétiques faisaient des livres sacrés. Le roi l'envoya en ambassade près du pape Urbain V, à Avignon; il y prononça un discours véhément contre les désordres du clergé, que les protestants ont interprété faussement en leur faveur. Jacques Gauthier, dans sa *Table chronographique*, imprimée en 1637, et le Père Pierre de Saint-Bomard, feuillant, dans son *Trésor chronologique et historique*, ont mis mal à propos ce grand évêque au nombre des hérétiques du quatorzième siècle; mais il a été défendu par Thomas Basin, qui fut un de ses successeurs, grand ennemi des sectaires; celui-ci dit que le vénérable Oresme, un de ses prédécesseurs, passait pour habile dans l'astrologie, et qu'il avait composé un livre sur cette matière. Il fut de nouveau envoyé par le roi à Avignon en 1366, pour détourner ce pontife et les cardinaux de reporter le siége de Saint-Pierre à Rome. Il fit, dit M. Fleury, un discours très-insipide, chargé de citations et de mauvaises raisons : il était, en effet, très-difficile d'en trouver de bonnes à ce sujet. On attribue, sans preuve, à ce prélat, un livre intitulé : *le Songe du verger*, qui est un traité de la puissance ecclésiastique et civile, en forme de dialogue entre un clerc et un chevalier. On croit, plus vraisemblablement, que cet ouvrage est de Raoul de Presles. Il traduisit une partie des ouvrages d'Aristote et de Pétrarque vers 1370.

« Il composa un traité sur le changement des monnaies, qui se trouve dans le tome XXVI de la *Bibliothèque des Pères*, p. 226 ; un de l'Immaculée Conception de la sainte Vierge, cité par M. Huet ; cent quinze sermons ; *l'Art de prêcher* ; un traité contre les mendiants ; un de la sphère ; trois contre l'astrologie judiciaire, qui ont été cités avec éloges par Thomas Bazin et Pic de la Mirandole ; un traité latin de l'Antechrist, qui est imprimé au tome IX du grand recueil des Pères Martenne et Durand de la congrégation de Saint-Maur.

« Enfin le roi Charles V, voulant honorer le mérite de son précepteur, le fit élire évêque de Lisieux le 16 novembre 1377 ; il fut sacré le 26 janvier de la même année, que l'on compterait aujourd'hui 1378. Le roi l'honora de sa présence et lui fit présent de deux anneaux d'or, garnis de pierreries, du prix de 390 livres d'or, somme alors très-considérable. On a encore l'ordre de ce monarque au receveur général des aides de payer cette somme. Ce prélat fut envoyé vers l'empereur Charles, et son fils Vinceslas à Saint-Denis, dans le même mois de janvier, où il était venu pour travailler à faire la paix entre la France et l'Angleterre avec le prince des Bocains, roi de Navarre Oresme fonda, dès le mois de février suivant, une messe à la cérémonie des obsèques de la reine de France, femme du roi Charles V, morte le 6 de ce mois 1377, et fit serment à son métropolitain le 18 juin. Il eut contestation avec ses chanoines pour la fabrique de la cathédrale, qu'ils prétendaient être toute à sa charge ; il y eut des arbitres nommés, qui décidèrent que les dégâts survenus par les guerres ne seraient point supportés par l'évêque-comte, mais seraient pris sur les oblations des fidèles. Ce savant prélat, après avoir gouverné l'Eglise de Lisieux, non pendant sept années, comme le disent les éditeurs de son traité de l'Antechrist, mais cinq ans seulement, mourut à Lisieux le 11 juillet 1382, regretté de tous les gens de bien, et surtout des savants. Il fut enterré dans le chœur de la cathédrale, près de la porte, à gauche; on lui faisait un service le 5 août.

« Nicolas Oresme portait d'azur à quatre étoiles d'or, 2 et 2. »

(*Histoire du pays d'Auge et des évêques comtes de Lisieux*, par M. Richard Séguin)

M. Louis Dubois, dans son *Histoire de Lisieux* (2 vol. in-8°, 1845), prétend que Nicolas Oresme n'était pas de Bayeux, comme l'assure la *Gallia christiana*, mais de la commune d'Allemagne, près de Caen. Le même historien ajoute que c'est aussi à tort que Halley, (dont le savant Huet partage l'opinion), le fait naître dans la ville de Caen.

« Oresme passait, dit M. Louis Dubois, pour l'un des plus savants hommes de son siècle, tant en philosophie et en mathématiques qu'en théologie. Il fut, en 1360, choisi par le roi Jean pour être le précepteur de son fils, qui, devenu roi, obtint et surtout mérita le beau nom de Charles le Sage. Dès 1356, parvenu au doctorat, Oresme fut nommé grand maître du collége de Navarre, où il enseigna la théologie, et fut chargé par son élève, monté sur le trône, de traduire la Bible en langue française. Doyen de l'Église de Rouen en 1361, et chanoine de la Sainte-Chapelle de Paris, il quitta le collége de Navarre où il avait fait renaître les bonnes études, suivant de Launoy (*Hist. du coll. de Navarre*). En 1363, il fut envoyé auprès du pape Urbain V à Avignon; il y prononça devant le pontife et les cardinaux une harangue aussi éloquente que hardie contre les déréglements toujours croissants de la cour de Rome, et prédit avec beaucoup de raison les événements fâcheux pour elle qui ne pouvaient manquer d'éclater, et qui, en effet, un siècle après, portèrent à cette puissance des coups dont elle ne s'est jamais relevée On trouve ce discours dans l'ouvrage de Flaccius Illyricus (Matthias Francowitz), sur *les Témoins de la vérité*. Telles étaient l'ignorance et la mauvaise foi de ces temps encore barbares, qu'Oresme fut accusé d'hérésie par Jacques Gauthier, dans ses *Tables chronographiques*, et dans les *Tables chronologiques* de Pierre de Saint-Romuald. Thomas Basin, successeur et digne appréciateur d'Oresme, le vengea de ces imputations alors si funestes Le roi, qui avait une grande confiance dans les lumières d'Oresme, le consultait souvent dans les affaires épineuses; et, comme dit du Tillet, « il oyoit et suivoit moult volontiers le conseil et « administration d'Oresme. »

« Oresme fut magnifiquement récompensé de ses travaux. En 1377, il fut nommé à l'évêché de Lisieux. Il fut envoyé, au commencement de 1378, au-devant de l'empereur Charles IV, qui s'était rendu à Saint-Denis. Le 3 avril 1381, il confirma dix livres de revenu annuel aux chanoines de l'église de Saint-Cande-le-Vieux, à Rouen, dont il défendit les priviléges contre l'archevêque. »

Dans la partie biographique de l'*Histoire de Lisieux* (t. II, p. 238 et 239), M. Louis Dubois cite les ouvrages de ce savant évêque.

La courageuse harangue qu'il prononça, en 1363, à Avignon, contre les déréglements du haut clergé, devant le sacré collége, a été imprimée dans le *Catalogus testium veritatis*, publié sous le pseudonyme de Flaccius Illyricus, par Francowitz, en 1556, et dans les éditions postérieures de cette collection dirigée contre les abus du clergé; elle a paru à part, en 1604, à Wittemberg, par les soins de Salomon Gessner. Les principaux ouvrages d'Oresme, imprimés après sa mort (car l'imprimerie n'était pas alors découverte), sont des traductions, tels que la Morale d'Aristote (1488, in-f°), la Politique, du même philosophe (1488, 2 vol. in-f°), les livres du Ciel et du Monde. Oresme composa, en latin, un livre sur la communication des idiomes, et cent quinze sermons, etc. Quant au livre latin contre l'Antechrist, que lui attribuent Martène et Durand qui l'ont imprimé dans leur « très-ample collection, » il est reconnu, ajoute M Louis Dubois, qu'il n'est pas de notre prélat, pas plus que la traduction de la Bible, qui paraît être de Raoul de Presle (voir le *Mercure de France*, d'oct. 1750, et l'article *Oresme*, de la Biographie universelle, rédigé par M. Pannier).

Un extrait de Huet complétera ces citations :

« On voit que Nicolas Oresme estoit natif de Caen. Il fut docteur en théologie de la faculté de Paris, et, en 1355, il fut élu grand maître du collége de Navarre, où il avoit esté élevé. Il fut archidiacre de Bayeux, ensuite doyen de la métropole de Rouen et trésorier de la Sainte-Chapelle de Paris. Le roi Jean le choisit, en 1360, pour estre précepteur de son fils Charles V, qui le récompensa de l'evesché de Lisieux en 1377. Il fut d'un savoir fort diffus, grand théologien, philosophe, mathématicien et humaniste. Il traduisit du latin en français, par le commandement du roy, son disciple, la sainte Bible, plusieurs livres d'Aristote et d'autres ouvrages des anciens. Il a écrit principalement contre les astrologues. Il a laissé plusieurs sermons, entre autres celui qu'il fit à Avignon devant le pape Urbain V et le sacré collége. Il mourut en 1382, et fut enterré dans son église cathédrale. »

Mézeray parle de notre auteur en ces termes :

« Charles V commanda à Nicolas Oresme, jadis son précepteur, d'écrire contre Jean Teramo et autres ultramontains qui voulaient abolir la puissance temporelle des princes; et ce fut alors, à ce qu'on tient, qu'il composa le *Songe du verger*, qui n'est point une rêverie, mais un puissant raisonnement où il introduit le clerc et le gentilhomme disputant de l'autorité du pape et de celle des princes. »

Dans ses lettres estimées sur l'Histoire monétaire de la Normandie et du Perche, M. Lecointre-Dupont dit (1) :

« Nicolas Oresme, né à Bayeux, l'un des plus célèbres théologiens de l'université de Paris, avait été le précepteur de Charles V. Monté en 1377 sur le siége épiscopal de Lisieux, qu'il occupa jusqu'à sa mort, arrivée en 1382, il composa, dans cet intervalle, un traité philosophique fort remarquable sur les changements du cours des monnaies, pour démontrer qu'un prince ne peut, de son autorité privée, changer arbitrairement les monnaies ayant cours dans ses États, en régler la valeur à son gré et retirer de leur fabrication un bénéfice illimité. » — Et il ajoute en note :

« Le traité de Nicolas Oresme existe en manuscrit à la bibliothèque publique de Poitiers (XCV des Mss., n° 2, et il a été imprimé dans la *Magna bibliotheca Patrum*, t. IX, édit de Paris. D'après les auteurs de la *Nova Gallia christiana*, il ne fut écrit que sous le pontificat de Clement VII à Avignon, c'est-à-dire en 1378, ou plutôt lorsque déjà Oresme était évêque de Lisieux. On pourrait cependant inférer du titre qu'il porte dans le manuscrit de Poitiers, que sa composition est antérieure à l'élévation d'Oresme à l'épiscopat. Voici, en effet, son intitulé : *Tractatus de mutationibus monetarum editus a Mag. Nicholao Oresme, sacre theologie professore.* »

Nous croyons que la *Gallia christiana* a commis une erreur, et que cette dernière version est plus exacte. Le travail d'Oresme est antérieur à 1373.

(1) Paris, chez Dumoulin, 1846, p. 40.

ÉTUDE

SUR

LE TRAITÉ DE LA MONNAIE

DE NICOLE ORESME (1).

Il n'est pas de matière à la fois plus importante et plus simple que celle de la monnaie, et il n'en est aucune que l'esprit de système ait plus troublée, au grand détriment de l'économie publique. Les erreurs les plus désastreuses ont été le résultat d'une méprise trop commune, qui a fait confondre le numéraire avec la richesse, et qui ne voit, dans les espèces d'or et d'argent, qu'un signe conventionnel des échanges, assujetti à la volonté du souverain. Du moment où les métaux précieux passent pour l'unique élément de la fortune, les peuples sont condamnés à se disputer les fractions d'un trésor nécessairement limité. Du moment où le numéraire ne présente qu'un signe conventionnel, dépendant de l'autorité, le pouvoir qui l'a créé peut le modifier et le faire varier, il peut aussi le remplacer par d'autres signes, en faisant cesser ce qu'on a si étrangement nommé la

(1) Nous avons lu ce *Mémoire* dans la séance publique annuelle des cinq Académies de l'Institut impérial de France du 14 août 1862.

royauté usurpée de l'or. Hostilité permanente des nations, conflits commerciaux, altération des espèces, banqueroutes déguisées, assignats, papier-monnaie, haine du capital, plans chimériques de rénovation financière, telle est la triste postérité d'une idée fausse au sujet de la monnaie.

Pour avoir raison de ces périls et pour dissiper ces fantômes, il suffit d'interroger la nature des choses, d'étudier l'essence de la monnaie et le rôle qu'elle est appelée à remplir.

Connue dans le monde ancien, la vérité a paru s'éclipser aux siècles de décadence, sans jamais être entièrement étouffée ; elle a laissé en France un sillon lumineux, à une époque qu'on supposerait étrangère aux saines notions économiques.

Aristote, ce puissant génie auquel aucune pensée féconde ne semble avoir échappé, dit, en parlant de la monnaie :

« On convint de donner et de recevoir, dans les échanges, une matière qui, utile par elle-même, fût aisément maniable dans les usages habituels de la vie ; ce fut du fer, par exemple, de l'argent ou telle autre substance analogue, dont on détermina d'abord la dimension et le poids, et qu'enfin, pour se délivrer des embarras des continuels mesurages, on marqua d'une empreinte particulière, signe de sa valeur. »

Chez les Romains, le grand jurisconsulte Paul confirme et complète cette belle définition : ce sont les métaux « dont la constatation publique et durable permit de subvenir aux difficultés communes de l'échange (1). »

Aristote et Paul parlent de l'empreinte, signe de la valeur, qui révèle et qui garantit la composition intrinsèque des espèces.

L'autorité, gardienne de la foi publique, fut appelée à constater et à déclarer la composition et le poids des espèces métalliques. Cette mesure de garantie ne tarda pas à devenir l'occasion et le prétexte des fraudes les plus honteuses et des altérations les plus graves. La foi attachée à l'empreinte fit naître la tentation d'en abuser; le prince, auquel la fabrication de la monnaie était dévolue, car il était présumé devoir veiller en père sur la richesse publique, se laissa persuader ou feignit de croire que la valeur de la monnaie venait de l'effigie, destinée simplement à en certifier l'intégrité. La monnaie, appelée à servir de régulateur aux conventions et

(1) Voici l'admirable passage de Paul (Digeste, l. XVIII, tit. I, 1) :

« La *vente* commença par l'échange ; jadis il n'y avait pas de *monnaie*, et rien ne distinguait la *marchandise* du *prix*. Chacun, suivant la nécessité du temps et des choses, troquait ce qui lui était inutile contre ce qui pouvait lui présenter de l'utilité, car on voit le plus souvent que ce que l'un possède en trop, manque à l'autre. Mais comme il n'arrivait pas toujours ni aisément que l'un possédât ce que l'autre désirait, et réciproquement, on choisit une matière dont la constatation publique et durable permît de subvenir aux difficultés communes de l'échange, par l'identité de l'évaluation : cette matière, revêtue d'une empreinte officielle, ne porte plus le nom de *marchandise*, mais celui de *prix*. »

de gage aux échanges, perdit le caractère essentiel de pureté et de fixité, en subissant l'atteinte de la fraude.

Cet abus ne fut pas étranger à la Grèce ; elle s'attacha cependant à demeurer fidèle à la réputation de son système monétaire (1). Il n'en fut pas de même à Rome. où la république donna un exemple que les empereurs utilisèrent largement au profit de leurs passions et de leurs prodigalités. Il n'est pas, selon Vopiscus (2), de symptôme plus infaillible de la décadence de l'Etat, que la corruption du numéraire, et les degrés de cette décadence sont marqués par l'altération successive de la monnaie. On pourrait presque juger du caractère des empereurs au son plus ou moins pur que rendent les monnaies frappées sous leur règne (3) (4).

(1) Blanqui, *Histoire de l'économie politique*, chap. II.

(2) Flavius Vopiscus vécut à Rome sous Dioclétien et Constance Chlore ; il est l'auteur de la Vie d'Aurélien, de Tacite, de Florien, de Probus, de Carus, de Numérien, de Carin, faisant partie de l'*Histoire auguste*.

(3-4) La première altération de l'*aureus* fut commise sous Néron (Pline, XXXIII, 3-47. — Cf. Mommsen, Geschichte des Romischen Münzwesens, p. 753). Le denier fut réduit par Néron à 1/96 de la livre d'argent, au lieu de 1/84, tout en conservant la même valeur nominale. (Galien, De compos. med. V, p. 813. — Anonyme d'Alexandrie, 18, Dioscoride, p. 775. — Mommsen, p. 756.) — En même temps la proportion d'alliage s'élève de 5 à 10 pour 100 du poids total de la pièce. (Rauch Mittheilungen der numismatischen Gesellschaft, part. III, p. 296 sq.) — A dater de cette époque, l'altération des monnaies suivit son cours ; la violence, recouverte du masque de la loi, assura le succès de ces fraudes. *Il fut défendu, sous des peines sévères, de refuser la monnaie à l'effigie*

La diversité infinie des pouvoirs morcelés durant l'époque féodale accrut encore ce désordre : chaque seigneur battit monnaie, chaque monarque commit des altérations plus ou moins graves, pour déguiser, au moyen de ces sophistications, de véritables banqueroutes. On prescrivit que les payements seraient faits chaque semestre, chaque mois, en la monnaie courante (1), et, suivant que le prince était débiteur ou créancier, il affaiblissait ou il élevait le titre des espèces (2). Ces tristes méfaits n'atteignaient même pas le

du prince, quel qu'en fût le titre. Digeste, V, 25-1. — Par un noble contraste, Théodoric le Goth fit entendre ces belles paroles : « *Omnino monetæ integritas debet tueri ubi vultus noster imprimitur; quodnam erit tutum si in nostra peccetur effigie.* »

Nous voyons par le texte d'un capitulaire de 744, sous Childéric III, que le gouvernement des rois francs voulait contenir, par des peines sévères, l'industrie fort répandue du faux monnoyage. « De falsa moneta jubemus ut qui eam percussisse comprobatus fuerit manus ei amputatur. Et qui hoc consensit si liber est, sexaginta solidas comparat ; si servus sexaginta ictus accipiat. » (Baluz. t. I, p. 184-188.)

(1) Ordonnances du Louvre, t. I, p. 144.

(2) En janvier 1311, un nouvel affaiblissement des monnaies, qui dura jusqu'en septembre 1313, abaissa la livre à 13 fr. 66 c. A ce cours succéda celui de 18 fr. 37 c., qui fut établi au moment où devait se lever le subside extraordinaire auquel Philippe le Bel avait droit alors, selon les usages du temps, parce que son fils aîné allait être armé chevalier. Quatre ans s'étaient à peine écoulés depuis, qu'un autre subside avait été exigé à l'occasion du mariage de la princesse Isabelle, et dans un temps où c'était aussi la forte monnaie qui avait cours. Le hasard n'aurait pas deux fois de suite si bien servi le Trésor, et ce serait faire tort à la politique du temps que de la croire étrangère à d'aussi heureuses combinai-

but : suivant une loi inexorable, la mauvaise monnaie chassait la bonne, et les valeurs, après des oscillations dommageables, se mettaient en rapport avec un numéraire dégradé : de là venaient la disparition des espèces et la hausse des prix, maux auxquels on apporta des remèdes aussi impuissants que funestes en interdisant l'exportation et en imposant le maximum.

Les erreurs, les fraudes et la violence se succèdent et s'enchaînent, en laissant toujours après elles le même résultat, le trouble dans les consciences et la souffrance dans les intérêts. L'altération périodique des monnaies portait partout le désordre : le *morbus numericus*, que l'on signalait comme funeste à l'égal de la peste elle-même, n'épargna aucune contrée (1) : l'Espagne, le Por-

sons. Philippe le Bel laissa la livre tournois à peu près aux 10/11 de la valeur qu'elle avait eue à son avénement, mais après lui avoir fait subir vingt-deux variations dans les dix-neuf dernières années de son règne. Il avait voulu rétablir les finances, il n'avait réussi qu'à ruiner bien des fortunes particulières, à déconsidérer l'autorité royale, à exciter des haines intestines, à soulever dans l'enceinte de Paris une émeute sanglante... (Natalis de Wailly. — *Recherches sur le système monétaire de saint Louis.* — Mémoires de l'Académie des inscriptions et belles-lettres, t. XXI, 2e partie, p. 211.)

(1) Pour nous borner à quelques exemples puisés aux treizième et quatorzième siècles, époque à laquelle fut formulée une doctrine plus saine, ainsi que nous le montrerons tout à l'heure, les rois de Castille, Alphonse X (1252) et Alphonse XI (1311), ainsi que Henri II (1368), ne se firent pas faute de substituer à de bonnes espèces un numéraire de la plus mauvaise qualité. Le monnayage était fort affaibli en Angleterre sous Henri III. En 1280, Edouard Ier diminua encore le poids des espèces,

tugal, l'Angleterre, l'Empire, la Hongrie, la Bohême, Naples, la Savoie, en furent affligés. Partout la vieille idée qui faisait dépendre la valeur des monnaies de la volonté arbitraire du prince rencontrait des gouvernements peu scrupuleux, empressés à en tirer parti. La religion avait beau tonner contre ces abus par l'organe des papes (1) et des évêques, qui ne furent pas toujours exempts de la même faute, et la poésie emprunter le sublime langage du Dante pour flétrir Philippe le Bel du nom de faux monnayeur (2), le monde continuait à souffrir d'un mal dont il ne savait point démêler la nature véritable (3). L'ange de l'Ecole, le grand saint Thomas d'Aquin, bien qu'il eût énoncé, en suivant les traces d'Aristote, les principes rationnels de la monnaie, se borne à conseiller aux souverains de faire un usage *modéré* du monopole du monnayage *sive in mutando*,

et son fils Édouard II suivit la même voie (1307); à son avénement au trône (1327), Édouard III trouva la situation monétaire dans l'état le plus déplorable; ses efforts pour l'améliorer ne furent pas heureux. La dépréciation des monnaies fut encore plus grande en Écosse qu'en Angleterre. En 1381, les communes appelèrent vainement l'attention de Richard II sur la misérable situation du royaume, causée par le mauvais état des monnaies (*Macleod Dictionary of political Economy. — Coinage of England,* p. 461 et suiv.)

(1) Boniface VIII reproche (1296) à Philippe le Bel : « Monetæ depravatione subditis atque extraneis injuriam fieri. »

(2) « La si vedra il duol che sopra Senna
Induce, falseggiando la moneta. » (*Par.* XIX.)

(3) L'exergue des anciennes monnaies de Malte portait : *Non aes sed fides,* comme une sorte de protestation contre ces procédés.

sive in diminuendo pondus (1), soit en changeant, soit en diminuant le poids.

Le monarque chevaleresque auquel l'histoire conserve, on ignore pourquoi, le nom de *Jean le Bon*, car il résumait en lui les égarements d'une époque fatale à la France, tourmenta plus qu'aucun de ses prédécesseurs la valeur des monnaies. De 1351 à 1360, la livre tournois changea soixante et onze fois de valeur ; les années 1359 et 1360 figurent à elles seules, l'une pour seize, l'autre pour dix-sept mutations (2). Le mal fut d'autant plus grave, qu'au lieu d'une altération progressive, il se produisit des changements en sens inverse, et que la hausse succéda onze fois à autant de baisses différentes. C'était la loi en démence (3). Mais

(1) *De Regimine principis*, lib. II, cap XIII.

(2) Les cours extrêmes firent osciller la valeur de la livre tournois entre 13 fr. 59 c. et 3 fr. 22 c Si l'on examinait en particulier ce qui concerne chaque espèce de monnaie, on verrait que le pied de l'or a varié un peu plus de 1 à 3, et que la proportion de 1 à 21 était dépassée pour le pied de l'argent. De Wailly, *loc. cit.*, p. 222.

(3) Michelet, *Histoire de France*, t. III, p. 361. Jean avait cherché à tenir secrètes ces honteuses falsifications ; il mandait aux officiers des monnaies : « Sur le serment que vous avez au roy, tenez cette chose secrète le mieux que vous pourrez... Que, par vous, ne aucuns d'eux les changeurs ne autres ne puissent savoir ne sentir aucune chose ; car, si par vous est su, en serez punis par telle manière que tous autres y auront exemple. » (24 mars 1350.) « Si aucun demande à combien les blancs sont de loy, feignez qu'ils sont à six deniers. » Il leur enjoignait de les frapper bien exactement aux anciens coins, « afin que les marchands ne puissent apercevoir l'abaissement, à peine d'être déclarés traistres »

la conscience du prince était en repos. « Ja soit ce que à nous seul, et pour le tout de nostre droit royal, par tout nostre royaume appartiègne de faire telles monnaies comme il nous pluist, et de leur donner cours (1). »

Cette source de revenu lui permettait, supposait-il, de pourvoir aux dépenses publiques « desquelles sans le trop grand grief du peuple dudit royaume nous ne pourrions bonnement finer, si ce n'étoit par le domaine et revenu du profit et émolument des monnaies. »

Quand on étudie attentivement cette page de notre histoire, on reconnaît que jamais révolutions ne furent plus fréquentes, plus fertiles en crises et en réactions de toute nature, au point qu'il serait peut-être difficile de décider si le régime des assignats fut plus désastreux pour la France que les pratiques déplorables du roi Jean, en matière de monnaie (2). Le mal fut alors si grand, qu'il est impossible d'en mesurer l'étendue et d'en calculer toutes les conséquences.

Une dépréciation progressive du numéraire ne produit qu'une faible partie des désastres qu'entraînent ces perturbations violentes du mécanisme destiné à régulariser toutes les transactions. La monnaie, qui, par sa fixité, doit fournir un point de repère, ne sert plus

(1) *Ord.* III, p. 555.

(2) De Wailly, *loc. cit.*

qu'à favoriser la fraude, et cela toujours au plus grand détriment des faibles et des opprimés. Le commun peuple est le dernier à se rendre compte de la véritable portée de ces variations; les *habiles* en profitent.

De là vint la puissance et la richesse des *changeurs*, qui retiraient la monnaie forte, pour lui substituer sans cesse dans la circulation la monnaie faible, en partie frappée au dehors. Le prince se trouvait ainsi déçu dans ses calculs cupides ; il finissait par souffrir comme le peuple, dont la misère allait s'aggravant sans cesse. Que pouvaient devenir l'industrie et le commerce quand la boussole de l'échange était affolée?

Toutes les souffrances, tous les désastres, toutes les calamités semblaient s'être réunis pour peser sur la France, à l'époque où Charles V fut appelé à prendre la couronne. Le démembrement du territoire et l'épuisement du trésor, la sédition des villes et la jacquerie des campagnes, le brigandage des *tard-venus* et des *grandes compagnies*, la peste noire et la famine, l'anéantissement du travail et le payement de la rançon royale, voilà ce que ce pauvre pays avait à subir; il semblait toucher le fond. Tout à coup, au milieu des armures éclatantes qui écrasaient de leur poids des hommes étonnés de n'avoir plus la force de les porter, alors que les prouesses de la chevalerie n'avaient abouti qu'à une honteuse déroute, apparaît une figure pâle et chétive, une main incapable de porter l'épée, un corps, affaibli par la souffrance, qui se refusait aux fatigues de la guerre. Mais il y avait là une âme ferme et un esprit éclairé, et comme si Dieu avait voulu montrer, au milieu de ces temps qui n'avaient d'estime que pour la force, la puissance souveraine de la pensée, Charles V, *le Sage*, fit succéder rapidement un État bien ordonné à un véritable chaos; il sut faire renaître la prospérité avec la confiance, et reprendre les occupations productives en protégeant la sincérité des transactions et la sécurité des personnes. Les bandes qui désolaient les campagnes devinrent des instruments de victoire; tout prit une face nouvelle. Une économie sévère sut répondre à tous les besoins et remplir le trésor; les forces militaires accrues rétablirent la grandeur de la France, tandis que l'agriculture, le commerce et l'industrie, ranimés par l'espoir d'un meilleur avenir, rouvrirent la véritable source de l'abondance et de la richesse. Rien ne fut abandonné au hasard, tout fut soumis au calcul; une pensée active, persévérante, éclairée par les revers, non moins qu'enhardie par le succès, exerçait un ascendant que l'ignorance de l'époque aurait pu taxer de surnaturel, à l'aspect de ces légistes, de ces savants, de ces artistes, de ces philosophes, de ces astrologues qui entouraient le roi et qui inspiraient ses desseins.

Ce ne fut pas la moindre gloire ni le moindre service de Charles V que de mettre un terme aux altérations des monnaies. Régent du royaume, il n'avait pas sous ce rapport, échappé à la contagion du mauvais exemple. La grande ordonnance de 1255, obtenue par les états réunis à Paris (1), promettait dorénavant bonne et stable monnaie pour tout le royaume, de telle sorte que le marc d'argent ne produisît jamais plus de six livres tournois (2). Le duc Charles le haussa jusqu'à douze livres; ce fut le signal du grand soulèvement de Paris (3). Ce souvenir, et plus encore peut-être l'heureuse influence d'un de ses conseillers, Nicole Oresme (4), firent apporter au roi Charles un grand soin à la sage administration des monnaies (5).

Pendant son règne le pied de l'or resta invariable, et celui de l'argent n'éprouva que de légères modifications. La fixité de la monnaie rétablit la régularité des transactions; elle fournit un actif aliment à la prospérité publique.

(1) Les débats de cette assemblée renferment des aperçus remarquables en matière d'économie politique. Nicole Oresme éleva à la hauteur d'une doctrine les idées qui s'y étaient fait jour, d'une manière en quelque sorte instinctive.

(2) Henri Martin, V, 141.

(3) 23 novembre 1357.

(4) Il est généralement appelé *Nicolas*. Nous avons adopté le nom de *Nicole*, nous fondant sur ce qu'il l'a pris lui-même dans la traduction du *Traité du ciel et du monde* (Voir à la page suivante, note 4). L'*introduction* de notre travail renferme les renseignements que nous avons pu réunir sur la vie d'Oresme.

(5) De Wailly, p. 223. Il avait trouvé, à son avénement, la livre tournois fixée à 10 fr. 92 c. Il la laissa à 10 fr. 80 c., sans l'avoir jamais abaissée au-dessous de 10 fr. 69 c.

Nicole Oresme, évêque de Lisieux, ancien grand maître du collége de Navarre et doyen de l'église de Rouen, est généralement désigné comme précepteur de Charles V (1). Nous pencherions à croire, avec l'auteur d'un intéressant essai consacré à mettre en lumière la vie et les travaux de ce savant homme, M. Francis Meunier (2), qu'il y avait là une méprise (3), venue à la suite d'une équivoque. Il ne fut probablement que le conseiller du sage monarque qui mit à profit le concours de ses lumières et qui puisa auprès de lui de précieux enseignements, surtout en matière de monnaies.

Nicole Oresme est connu comme l'un des savants les plus renommés du règne de Charles V; on lui doit la première traduction française des *Ethiques*, de la *Politique* et des *Economiques* d'Aristote (4) et nombre d'é-

(1) Aucune indication du quatorzième ni du quinzième siècle ne confirme ce titre : ce sont deux écrivains de la fin du seizième siècle (du Haillan, 1576, et Lacroix du Maine, 1584) qui l'appellent, l'un l'*instructeur*, l'autre, par extension de ce terme, le *précepteur* de Charles V.

(2) *Essai sur la vie et les ouvrages de Nicole Oresme*, par Francis Meunier, Paris, 1857. Durand.

(3) M. Meunier le démontre par un heureux rapprochement de dates, p. 25).

(4) Il a traduit aussi le traité *du Ciel et du Monde*. Dans le prologue de ce travail (Bibl. imp., ms. n° 7065. Ce manuscrit est unique), on lit :

« Au nom de Dieu, ci commence le livre d'Aristote, appelé : *du Ciel et du Monde*, lequel du commandement de très-souverain et très-excellent prince Charles, quint de cest nom, par la grâce de Dieu, roy de

crits latins contre l'astrologie, sur les sciences physiques et naturelles, la théologie, l'art oratoire, ainsi que cent quinze sermons, dont le plus célèbre, remarquable par la hardiesse de la pensée, fut prononcé (1) devant le pape Urbain V et le collége des cardinaux. Oresme est aussi l'auteur de plusieurs ouvrages en langue française, contre les divinations en général et l'astrologie judiciaire en particulier; d'un traité de la sphère, etc. Mais l'écrit qui doit singulièrement le recommander à l'attention de la postérité, écrit demeuré presque inconnu jusqu'ici, bien qu'il se trouve mentionné par la plupart des historiens, c'est le traité *De origine, naturâ, jure et mutationibus monetarum*, d'abord publié en latin et traduit plus tard en français par l'auteur lui-même, sous le titre de : *Traictie de la première invention des monnoies* (2).

L'œuvre d'Oresme, après avoir obtenu un succès légitime, qu'atteste le nombre des copies manuscrites (3)

France, desirant et amant toutes nobles sciences : Je, *Nichole* Oresme, doyen de l'église de Rouen, propose translater et exposer en français. »

(1) A Avignon, le 24 décembre 1363.

(2) Cette traduction se trouvait, dès 1373, dans la librairie de la tour du Louvre, réunie par les soins éclairés de Charles le Sage. Nous la reproduisons dans ce volume, copiée d'après un beau manuscrit de la Bibliothèque impériale (F. Notre-Dame, n° 172). Elle est plus complète que les exemplaires des diverses éditions latines.

(3) Une édition française très-ancienne, imprimée sans date chez Colard Mansion, est devenue fort rare. Brunet qui la décrit (*Manuel du Libraire*, IV, 504), n'en a jamais vu qu'un exemplaire, payé, en 1811, à une vente

et des éditions imprimées, avait échappé cependant à l'attention des économistes. Le hasard a conduit un des savants correspondants de l'Académie des sciences morales et politiques, M. Guillaume Roscher, profes-

publique, 655 francs. Il se trouve à la Bibliothèque impériale; nous l'avons soigneusement collationné avec notre texte, en notant les variantes d'une certaine importance : elles se trouvent signalées dans les notes qui précèdent la publication du manuscrit, imprimé dans ce volume. Dans son *Essai* sur Nicole Oresme, M. Meunier a donné une analyse de ce manuscrit.

M. Van Praet mentionne l'édition latine de Thomas Keet, Paris, commencement du seizième siècle, sans date, petit in-4° (*Notice sur Colard Mansion*, p. 63-64). Ce volume de seize pages, imprimé d'une manière compacte, donne un texte conforme à celui de l'édition de Voegelin, qui nous a servi comme plus répandue, et que nous avons comparée aux manuscrits de la Bibliothèque impériale. M. Roscher a trouvé le texte latin dans la *Sacra bibliotheca sanctorum Patrum de Margarinus de la Bigne*. Paris, 1589, vol. IX, p. 129, et dans les *Acta publica monetaria* de David Thomas de Hagelstein (Augsbourg, 1642). Ainsi que l'a rappelé un nouveau recueil, consacré à l'économie politique et à la statistique (*Jahrbücher für National OEkonomie und Statistik herausgegeben* von Bruno Hildebrand, 1re année, 1re livr., p 124). *Fischer* a donné de longs extraits du travail d'Oresme, dans son *Histoire du commerce de l'Allemagne* (11e part., p. 583 et suiv.). — L'exemplaire, dont nous avons conféré le texte avec celui de la traduction française, appartient à la Bibliothèque impériale. Il fait partie d'un volume in 4°, relié en maroquin rouge (Z, anc. 922), sous le titre de : *Opusc. de monetis*. Dans ce volume se trouve compris le : *De re monetaria veterum Romanorum et hodierni apud Germanos Imperii libri duo Marquardi Freheri, consiliarii Palatini; accedit Nicolai Oresmii, episcopi Lexoviensis (qui fuit præceptor Caroli V, cognomento Sapientis regis Galliæ) de origine et potestate, necnon de mutatione monetarum liber subtilissimus. Lugduni, apud Gothardum Vœgelinum*, 1675.

seur à l'université de Leipzig, à découvrir ce travail, au milieu de recherches entreprises sur l'histoire de l'économie politique en Allemagne. Cette fois, l'œuvre d'Oresme se trouvait entre les mains d'un juge compétent, qui en reconnut aussitôt l'importance et la portée (1) ; possédant le manuscrit de l'œuvre française, nous avons essayé de compléter une étude qui semble présenter à la fois un intérêt historique et un intérêt scientifique :

Un intérêt historique, car le traité d'Oresme coïncide par sa date avec les sages mesures prises par Charles V, afin d'arrêter les mutations des monnaies ;

Un intérêt scientifique, car il nous permet de revendiquer pour la France l'honneur d'avoir précédé l'Italie, aussi bien que l'Angleterre, dans la saine exposition

(1) M. Roscher nous a transmis, en allemand, sous le titre de : *Un grand économiste français au seizième siècle*, la communication destinée à l'Académie des sciences morales et politiques que nous avons reproduite (Voir plus haut, p. xj). Elle est digne du savant auteur des *Principes d'économie politique*, dont nous avons publié la traduction en 1857. M. Roscher a écrit cette communication sous l'impression du charme que lui faisait éprouver la lecture d'un travail qu'il croyait complétement inconnu : il y a mis la finesse d'analyse, l'érudition sagace et la hauteur d'aperçus qui le distinguent. Notre *Mémoire*, auquel nous avions d'abord conservé le titre du travail de M. Roscher, qui nous en a suggéré l'idée, traite du même sujet, en l'envisageant sous un aspect différent. Il a pour objet d'utiliser le manuscrit de la rédaction française, due à Oresme lui-même, manuscrit plus complet que l'édition latine, sur laquelle M. Roscher a fait son travail.

des véritables principes, en ce qui touche une des questions les plus graves de l'économie politique.

Elève d'Aristote, Nicole Oresme a puisé dans le grand philosophe grec la doctrine dont il s'est fait l'énergique interprète (1). Instruit par une triste expérience des malheurs que entraînait l'altération du numéraire, il en a exposé l'origine et la nature véritable; il a précisé le caractère et le rôle de la monnaie avec une netteté et une force qui n'ont pas été surpassées depuis.

Quand on se reporte à l'époque à laquelle remonte le travail d'Oresme, on ne sait si l'on doit s'étonner davantage de la vigueur de cette démonstration, ou de l'oubli dans lequel ont pu tomber, dès la mort de Charles V, des principes si clairement déduits. Ce n'est plus qu'au seizième siècle que nous les verrons revendiquer en Pologne, en Italie et en France, et au dix-septième siècle en Angleterre.

Le manuscrit français compte vingt-six chapitres (trois de plus que l'édition latine); nous essayerons d'en conserver le langage à la fois ferme et naïf, qui rappelle celui de Froissart.

« Il semble à plusieurs (*dit le prologue du translateur*), que aucun roy ou prince puisse, de sa propre autorité, de droit ou de privilége, franchement muer les mon-

(1) Dans sa traduction des *Politiques*, il rappelle à diverses reprises son travail original : « Et tout ce appert plus à plein en un traictie que je fis de *Mutacions de monnoie.* » (1-10.) — Si, comme il appert au traictie *de Mutacions de monnoie.* » (1-12.)

naies en son royaume courans, et en ordonner à sa volunté et plaisir, et avec ce, sur icelles prendre gaing et émolument tel et autant qu'il luy plaist. A aucuns autres semble le contraire et que telle auctorité ne luy a oncques esté octroyée. Pour laquelle controversie et débat j'entens en ce présent petit traictie, quelle chose selon philosophie, et principalement selon les raisons d'Aristote, il me semble estre à dire, commençant à l'origine et commencement des premières monnoies et à quelle fin elles furent trouvées. »

Il suffit de parcourir les titres des vingt-six chapitres de l'ouvrage d'Oresme, pour comprendre le soin avec lequel il s'est consacré à l'étude du problème si nettement posé dès le début (1).

(1) Il examine successivement (chap. Ier) Pour laquelle chose fut la monnoie premièrement trouvée. — II. De quelle matière doit estre la monnoie. — III. La diversité des matières des monnoies. — IV. De la forme et de la figure de la monnoie. — V. A qui il appartient faire monnoie. — VI. A qui doit estre monnoie. — VII. A quelle despence doit estre la monnoie forgée. — VIII. Les mutacions de monnoie en general. — IX. La mutacion de la monnoie en figure. — X. La mutacion de la proportion de la monnoie. — XI. Du nom. — XII. Du prix. — XIII. De la matière. — XIV. La mutacion composée de la monnoie. — XV. Comment le gaing qui vient à un prince par la mutacion de la monnoie est injuste. — XVI. Comment il est contre nature. — XVII. Et pire encore que usure. — XVIII. Que telles mutacions de monnoies ne sont à permettre. — XIX. Les inconvénients touchant le prince lesquels s'ensuivent. — XX. Aucuns autres touchant toute la communauté. — XXI. Ou seulement une partie. — XXII. Se la communauté peut faire telles mutacions de monnoies. — XXIII. En quoi le prince peut muer les monnoies. —

Le plan est largement tracé : pour subvenir aux abus dont la nation gémissait sans en bien comprendre l'énormité, et pour en empêcher le retour, Nicole Oresme sonde courageusement la plaie, il étudie le siége du mal, et, après avoir fait connaître la nature de la monnaie et les lois de la circulation, il indique le remède. Son langage, à la fois modeste et résolu, est digne du sage monarque auquel il s'adresse en ces termes dans la *Conclusion du translateur* : « Les choses ci-dessus prémises soient dictes sans assertion ou affirmation et à la correction des saiges et prudents hommes, et mesmement de Vous, mon *très-chier et honnoré Seigneur*, qui en la plupart d'icelles congnoissez et estes expert. »

Rien de plus simple et de plus vrai que l'entrée en matière ; Oresme montre comment chaque homme et chaque région « superhabundait en une chose dont en aultre avait grant défaulte (1). Les hommes... commencèrent communiquer et eschangier leurs richesses en-

XXIV. La conclusion principale. — XXV. Que le Tyrant prince ne peut longuement durer. — XXVI. Comment prendre gaing, à cause des mutacions des monnoies, préjudicie à toute la royale puissance.

(1) Platon (*Républ.*, liv. II) montre admirablement que les besoins mutuels rapprochent les hommes :

« Ce qui donne naissance à la société, dit-il, c'est l'impuissance où nous sommes de nous suffire à nous-mêmes et le besoin que nous avons d'une foule de choses. Ainsi le besoin ayant engagé l'homme à se joindre à un autre homme, la société s'est établie dans un but d'assistance mutuelle. Oui ; mais on ne communique à un autre ce qu'on a, pour en recevoir ce qu'on n'a pas, que parce qu'on y croit trouver son avantage. »

semble, sans monnoie... Mais comme en ceste manière de permutacion et changement des choses moult de difficultés et controversies aveinrent entr'eulx, les hommes subtilz trouvèrent un usaige plus légier, c'est assavoir de faire monnoie, laquelle fust instrument de permuer et marchander les ungs aux autres leurs naturelles richesses. »

Il ne confond point la monnaie avec la richesse, et rappelle la fable du roi Midas, pour montrer que « aucun habundant en icelles, encores pourroit mourir de fain... car par pecune on ne secourt point hastivement à indigence de humaine vie, mais elle est instrument artificiel trouvé pour les naturelles richesses plus légièrement permuer. » Après avoir indiqué le but de la monnaie, il en étudie les conditions : « Il fut expédient que tel instrument fût apte et convenable à traictier et manier légièrement des mains, légier à porter, et que pour petite portion d'icelle peussent (être) achaptez et commuez richesses naturelles en une plus grande quantité..... »

« Il convint donc que la monnoie fut faicte de précieuse matière et petite en quantité, si comme est or... et argent... En oultre il n'est pas expédient ne politique que telle matière, c'est assavoir or et argent, soit en trop grande habundance, car pour celle mesme cause se départit et fut rebutée la monnoie de cuivre. »

Turgot n'aurait pas mieux dit.

C'est une loi de la Providence : « Que l'or et l'argent

qui sont moult convenables à faire monnoie, ne se puissent de légier avoir en grande copie ou habundance, ou aussi les hommes légièrement ne le puissent par alkemie, faire comme aucuns le temptent et essaient à le faire Auxquels je diray : ainsi justement repugne nature et se oppose à l'encontre de celuy qui, pour néant, s'efforce l'excéder et surmonter en ses euvres naturelles. »

Nicole Oresme expose avec la même sûreté de vues l'utilité de la monnaie d'or, de la monnaie d'argent, et de la *tierce noire mixte*. Aucune mixtion ne doit se faire que pour le métal moins précieux « de quoy on a accoustumé faire petite monnoye... et pour ce nulle mixtion ne se doit faire ès monnoye d'or. »

Les embarras étaient grands lorsqu'il fallait peser et éprouver sans cesse les diverses pièces de métal, employées comme monnaie. Pour y pourvoir, on convint que « les portions et pièces de monnoie se fairoient de certaine matière et déterminé poix, en laquelle se imprimerait une figure à chacun notoire et congnue, qui signifieroit la qualité de la matière et la vérité du poix du denier, affin que la suspicion derrière mise, la valeur de la monnoie, sans labeur et sans doubte, se peust prestement congnoistre et qu'il soit vray que telle impression fut instituée ès deniers, en signe de vérité de la matière et du poix...

Les deniers « doivent estre de figure et quantité habilles à traictier et à nombrer et de matière monnoyable, et aussi doulce à recevoir impression et retenant leur impression. Et de ce est que non pas toutes choses précieuses sont convenables à faire deniers ne monnoie, car pierres précieuses, poëvres, verres et semblables choses ne sont point à ce convenables naturellement, mais seullement or, argent et cuivre, comme dessus est touchie. »

Le prince a été appelé comme personne publique et de plus grande autorité à forger la monnaie « et icelle signer de impression honneste. Cette impression... doit estre subtile, et à la contrefaire ou imprimer elle doit estre moult difficille. »

Mais la monnaie n'appartient pas au prince, elle est à ceux qui l'obtiennent : « car se aucun donne son pain ou labeur de son propre corps pour pécune, quant il reçoit icelle par telle manière, certes elle est purement sienne, pareillement comme estoit son pain ou la labeur de son corps, lesquels estoient en sa libre et franche puissance de le faire ou donner... »

« Le cours et le pris des monnoyes doit estre ou royaume comme une loy et une ferme ordonnance que nullement ne se doit muer ne changier. »

Tel est le principe fermement posé par Nicole Oresme: il en examine les applications, il en poursuit les conséquences, il signale l'inévitable danger auquel on se livre en le violant. Sa parole calme et lucide, s'anime et s'élève, quand il combat l'arbitraire prétention des princes de disposer à leur gré du titre, du poids, de la valeur de la monnaie. « Ne si ne appert aucunement que le prince puisse estre meu à faire telle mutacion.... pour ce qu'il veut plus forgier de monnoie, affin que, par ce, il puist avoir plus de gaing.... ceste manière est très mauvaise et très laide convoitise qui se feroit au préjudice et dommaige de toute la communaulté. »

L'effigie du prince ne doit servir que de garantie : « on mect ou denier l'imaige et la subscription de par le prince à signifier et donner à congnoistre la certitude du poix, qualité et bonté de la matière.... Ainsi donc, se la vérité ne respondoit au poix, qualité et bonté, il apperroit tantost que ce seroit une faulseté très vile et déception frauduleuse.... Qui seroit doncques celluy qui en le prince, qui auroit diminué le poix ou bonté de la matière, ainsi figurée de son propre signe, aurait fiance ? »

Oresme attribue au terme *monnoie* une étymologie, tout au moins ingénieuse :

« Monnoie est dite de ammonester, car elle ammoneste que fraulde ou décepcion ne soit faicte, ne ou métal ne ou poix d'icelle (1). »

(1) L'impression et figure de la monnoie est le signe de la vérité de la matière et de ceste mixtion, se mixte est, et ainsi celle chose muer, est falsifier la monnoie ; pour ces causes, en aucunes monnoies et de plus on escrit le nom de Dieu ou d'aucun sainct et le signe de la croix, laquelle maniere fust trouvée et anciennement instituée, en tesmoing de la vérité de la monnoie, en matière de poix. Si doncques un prince soulz cette inscription mue les monnoies en poix ou en composition ; il est veu

La condamnation du prêt à intérêt, confondu avec l'usure, était naturelle de la part d'un disciple d'Aristote : Oresme, sans s'affranchir de cette erreur, commune au temps où il vivait, arrive à en tempérer singulièrement la portée. Pour montrer que « prendre gaing dans la mutacion des monnoies est pire qu'usure, » il dit : « L'usurier donne sa peculne à celluy qui la reçoiz voluntairement et de son bon gré, et qui d'elle, par après, se peult aider et secourir à sa nécessité, et ce qu'il baille à celluy, oultre et par dessus ce qu'il a receu, *est de certain contract entre eux et dont ils sont contens.* » Paroles des plus remarquables dans la bouche d'un théologien, au quatorzième siècle !

Il ajoute encore : « En ce doncques que le prince reçoit gaing de la mutacion de la monnoie oultre et par dessus le naturel taux et usaige, ceste acqueste est pareille et comme usure, mais encores est pire que usure, actendu qu'elle est moins voluntaire et contre la volunté des subjects, sans aussi qu'elle leur porte prouffit et est de nulle nécessité; car le gaing d'un usurier n'est pas tant excessif ni si préjudiciable ou general a aucuns, si comme ceste mutacion, laquelle est imposée oultre et par dessus toute la communaulté; je diz qu'elle n'est seullement pareille a usure, ains est tyrannique et frau-

ostensiblement estre menteur, commestre parjurement et porter tesmoignage faulx, et encore est prévaricateur et despiteur de celluy legal commandement de Dieu, ouquel est dict : « Tu ne prandras point le nom de ton Dieu en vain. » (Chap. XIII.)

duleuse, tellement que je doubte s'elle se doibt plus tost appeler violente proye, ou exaction frauduleuse. »

Oresme attaquait le mal dans sa racine, en dissipant l'erreur vulgaire, touchant le pouvoir du prince ; il restituait à la monnaie son caractère de marchandise, certifiée et garantie par l'autorité : il devançait Turgot, Adam Smith et Jean-Baptiste Say.

La mutation des monnaies est d'autant plus périlleuse, « qu'elle n'est pas sitost sentie ne apperceu du peuple, comme il seroit par une aultre cueillette, et toutefois nulle telle ou semblable ne peust estre plus griefve ne plus grande. »

« Il convient et est chose propre à ung prince de condamner et pugnir les faulx monnoyeurs et ceulx qui en monnoie font aulcune faulseté ou larrecins. Comment donc ne doibt pas celuy avoir grant vergoigne, se on trouve en luy la chose qu'il debvroit pugnir en ung aultre par très laide et infame mort. »

Nicole Oresme avait déjà formulé le principe qui rendit célèbre plus tard le nom de Gresham en Angleterre : la bonne monnoie disparoît de tout pays où l'on fait *empirances*. Il peignait d'un mot la confusion née d'une pareille instabilité du numéraire : « Encores en la terre mesmes où telles mutacions se font, le fait de marchandise est si trouble que les marchands et mechaniques ne sçavent comment communiquer ensemble,... et ainsi par telles mutacions le monde est trouble. »

Nous avons assez dit pour faire connaître l'incontestable priorité qui appartient à Nicole Oresme en matière de la saine doctrine de la monnaie : il faudrait citer en entier son *Traictie* pour reproduire tous les graves enseignements qui s'y trouvent mis en lumière. Il nous reste à montrer ses vues élevées en matière de gouvernement, et sa droite entente des idées de liberté et d'indépendance.

Ce n'est pas seulement le prince qui n'a pas le droit d'altérer les monnaies : en principe, la communauté ne le possède pas davantage, fût-ce même « pour guerre ou la rédemption de son prince prisonnier. » A moins d'une nécessité exceptionnelle, la communauté et le prince doivent recourir aux subsides ou à l'emprunt.

On argue que « la communauté à laquelle appartient et est la monnoie, se peult dépouiller de son droit, et iceluy totalement donner au prince. » Oresme repousse cette pensée : « Communaulté de cytoiens, laquelle naturellement est franche et tend à liberté, jamais scientement ne se soubmectroit à servitude ou s'abbaisseroit au joug de la puissance tyrannique... Si comme donc la communaulté ne peult octroyer au prince qu'il ait la puissance et auctorité d'abbuser des femmes de ses cytoiens a sa voulunté, et desquelles qu'il luy plaira, pareillement elle ne luy peult donner privilleige de faire à sa voulunté des monnoies. » Les ressources de l'État « se doivent assigner ailleurs et prandre par aultre manière que par telles indeues mutacions. »

Le prince n'a aucun titre pour se faire payer un prétendu abandon du droit d'altérer les monnaies. « Ceste chose luy desnier, n'est pas icelluy desheriter ou aller contre la royalle majesté, comme aulcuns menteurs, flatteurs et faulsaires, traistres à la chose publicque, luy dient et font entendre. »

Ennemi de la tyrannie, avec tous les économistes dignes de ce nom, Oresme consacre un chapitre destiné à démontrer que « le prince tyrant ne peut longuement durer. »

La tyrannie lui apparaît comme « un monstre à nature... si comme ung corps duquel la teste est si grosse que le résidu d'iceluy est si foible qu'il ne la peust soutenir. »

« Jà Dieu ne plaise, s'écrie t-il, que les francs coraiges des François fussent si abastardyz que voluntairement fussent faiz serfz, pour ce la servitude à eux imposée ne pourroit longuement durer, car combien que la puissance soit grande des tyrans, toutefois elle est violente ès cueurs des libres enfants des subjects advenir, et à l'encontre des étrangiers non vallable. Quiconques donc vouldroient, par aucune manière, attraire et induire les seigneurs de France à cesluy régime tyrannique, certes ils exposeroient le royaume en grand descriement et honte, et le prépareroient à sa fin. Car oncques la très-noble sequelle des roys de France n'apprist à tyranniser, ne aussi le peuple gallican ne s'accoustuma oncques à subjection servile. Et pour ce, se la royale sequelle de France delinque de sa première vertu, sans nulle doubte elle perdra son royaulme et sera translaté en autre main. »

Chez Oresme, les sentiments du citoyen s'élèvent à la hauteur des lumières du savant.

Le monarque auquel il adressait ces conseils était capable de les comprendre et de les suivre; aussi l'histoire lui a-t-elle conservé le nom de *Charles le Sage.* Mais avec lui devaient disparaître la puissance et la prospérité du pays, livré de nouveau aux déchirements de la guerre civile et à la honte de l'invasion étrangère.

Les vrais principes en matière de monnaies, enseignés par Nicole Oresme, pratiqués par Charles le Sage, furent ensevelis dans la ruine commune de la patrie, à tel point qu'on les regarda comme d'audacieuses nouveautés quand Bodin s'en rendit l'organe au seizième siècle (1). Ces principes qui ont inspiré en Italie les meilleurs ouvrages sur les monnaies, n'y furent professés qu'à la même époque; le *discorso* du comte Scaruffi porte la date de 1582 (2). On sait que Rice Vaug-

(1) Voir *Jean Bodin et son temps*, par M. Baudrillart, qui donne la fidèle analyse de deux célèbres écrits de Bodin : 1° la Responsc aux paradoxes de M. de Malestroit touchant l'enchérissement de toutes choses et des monnoies (1568); 2° le Discours sur le rehaussement et la diminution des monnoies, pour response aux paradoxes du sieur de Malestroit (1578).

(2) Une doctrine analogue a été developpée par le grand Copernic, dans la *Cudende monete ratio,* qui date de 1526. Nous donnons dans la *seconde partie* de ce volume ce travail important.

han(1), Cotton, Petty, North et Locke, qui ont familiarisé l'Angleterre avec la même doctrine, appartiennent au dix-septième siècle.

A la France ancienne revient donc sans conteste l'honneur d'avoir, la première, formulé la doctrine de la monnaie dans l'écrit de Nicole Oresme, que nous pouvons, avec notre savant ami M. Roscher, saluer du nom de grand économiste; mais la France moderne en a seule recueilli le profit. Les altérations du numéraire, après avoir repris leur cours sous Charles VI, ne s'arrêtent qu'à la grande révolution. En 1789, la livre ne représentait plus que le 86me de l'argent fin qu'elle contenait du temps de Charlemagne, et le 10me de la quotité prescrite par Charles V (2).

(1) Le Club d'économie politique de Loudres a publié, sous le titre de *Tracts on Money*, l'intéressant recueil des plus anciens écrits consacrés, en Angleterre, à cette grave matière. On voit figurer en tête le travail de Rice Vaughan : « A discourse *of Coin and Coinage the first invention*, use, matter, forms, proportions and differences, ancient and modern. » Dans la préface (p. 6), nous voyons que M. Culloch place cet écrit entre 1630 et 1635. Il dit :

« It is the *earliest Work in the English language* that give a general view of the origin of money, the materials of which it has been formed, its uses, and the abuses to which it has been subjected. »

Dans son discours de 1626, Cotton combat « heresy that the value of Coins was to a considerable extent dependent on the stamp by which they were impressed. »

(2) Le fait est général en Europe ; nous citerons à ce sujet un passage instructif de Storch, II, liv. V, chap. III, p. 131.

« La plupart des monnaies d'aujourd'hui ne sont plus ce qu'elles étaient

Aujourd'hui le franc équivaut d'une manière invariable à quatre grammes et demi d'argent fin, au titre de neuf dixièmes; il pèse donc cinq grammes.

Mais en ce qui concerne la doctrine, ne soyons pas trop fiers ni trop dédaigneux de l'ignorance des aïeux. Avouons humblement qu'il reste encore beaucoup à faire pour que la vérité pénètre dans nombre d'esprits prévenus, qui persistent à supposer que la monnaie n'est point une production naturelle, qu'elle est une création souveraine des gouvernements, des sociétés. L'histoire est là pour montrer où conduit une pareille méprise, et depuis longtemps le *Traictie* de Nicole Oresme aurait dû en guérir le pays.

autrefois, quoiqu'elles portent encore les mêmes noms. Presque tous les gouvernements, soit monarchiques, soit républicains, soit de l'antiquité, soit de l'Europe moderne, ont mis en usage un moyen frauduleux pour se dispenser de payer leurs dettes. Ils ont conservé la même dénomination aux espèces, en altérant leur valeur réelle, leur poids ou leur titre. Dans toute l'Europe, la monnaie courante était originairement une livre de poids d'argent; en dépréciant les espèces, on a continué à les appeler *livres.* »

PETIT TRAICTIE

DE LA PREMIÈRE INVENTION

DES MONNOIES

VARIANTES ET CORRECTIONS.

La traduction française du *Traictie* de Nicole Oresme, que nous reproduisons d'après un manuscrit de la Bibliothèque impériale (1), a été imprimée à Bruges par *Colard Mansion.*

Voici ce que dit à ce sujet M. Van Praet, dans sa *Notice sur Colard Mansion, libraire et imprimeur de la ville de Bruges dans le quinzième siècle* (2) :

« *Traité des Monnoies*, traduit du latin de Nicolas (3) Oresme en français, petit in-folio.

« Edition en ancienne grosse bâtarde, sans chiffres, réclames, signatures ni initiales ; à longues lignes au nombre de vingt-trois sur les pages entières, contenant quarante-quatre feuillets.

« Edition de la plus grande rareté, qui n'a point été connue, et dont le seul exemplaire, vendu 670 francs à la vente des livres de M. Haillet de Couronne, en 1811, est en la possession de l'auteur de cette notice. Les caractères seuls indiquent qu'elle sort des presses de Mansion, qui y a employé ses plus gros caractères ; hauteur 271 m. (10 p.).

« Ce livre renferme la traduction française *anonyme* (4) de l'ouvrage intitulé *De mutatione monetarum ac variatione facta per reges*, que Nicolas Oresme composa pour Charles V, et qui parut

(1) F. Notre-Dame, n° 172.

(2) Paris, 1829, p. 63, 64.

(3) Nous avons expliqué pourquoi nous avons conservé à Oresme le nom de *Nicole*, qu'il a pris lui-même dans sa traduction *du Ciel et du Monde* (Bibliothèque impériale, ms. n° 7065).

(4) Cette traduction a été faite par Oresme lui-même. Il suffit pour s'en convaincre de se rappeler la *conclusion du translateur* (voir plus bas, p. LXXXVI) adressée par Oresme au roi Charles V.

imprimée pour la première fois à Paris, in-4, sans date, par Thomas Keet, au commencement du seizième siècle.

« Les éditeurs de la Bibliothèque de France de Fontette (t. III, p. 296, n° 32-924) ne connaissaient l'existence de la traduction que par le *Codicille d'Or*, qui la cite (p. 8 et 22), et ne savaient pas qu'elle avait été imprimée. »

Cet exemplaire, qui paraît être unique, a été légué par M. Van Praet, à la Bibliothèque impériale, avec la magnifique collection des *Colard Mansion;* il est marqué E, 314, avec cette indication : « Il fut imprimé à Bruges pendant le quinzième siècle. »

Une obligeante communication nous a permis de collationner le texte imprimé par Colard Mansion avec le manuscrit que nous publions ici. Afin de rendre cette édition aussi complète et aussi exacte que possible, nous avons noté *les variantes et les corrections* qui rendent fréquemment le sens plus facile à saisir et donnent aux expressions une tournure plus heureuse. Il est possible que des modifications aient été apportées au texte primitif, et que certaines rectifications aient été introduites, alors que plus d'un siècle séparait la mort d'Oresme de la publication faite par Colard Mansion.

Nous devons ajouter que, dans divers passages, le manuscrit de la Bibliothèque impériale se montre plus complet que l'exemplaire imprimé. Celui-ci omet notamment cette belle pensée (1) : « Qui seroit doncques celluy qui en prince qui auroit diminué le poix ou bonté de la matière ainsi figurée de son propre signe, *auroit fiance?* »

Quant à l'exemplaire latin, imprimé par Thomas Keet, dont parle M. Van Praet, nous l'avons dernièrement trouvé à la Bibliothèque impériale. C'est un petit in-4° de 16 pages d'impression très-compacte. Une indication manuscrite sur le titre porte ces mots : *Parisiis Thomas Keet circa an.* 1511 ; il est intitulé : « Tractatus brevissimus optimis tamen sententiis refertissi-

(1) Voir plus bas, p. XXXVIII.

mus, de mutatione monetarum ac variatione facta per reges aut principes editus, a reverendo in Christo patre Nicolao Oresmio Lexoviensi, quondam antistite, theologo pariter ac philosopho acutissimo. »

Cet exemplaire a évidemment servi de type à plusieurs des réimpressions ultérieurement faites; il peut expliquer comment diverses lacunes ont continué de mutiler l'œuvre originale. C'est ainsi que les chapitres XVI et XVII manquent, ou du moins leur texte ne se trouve reproduit que d'une manière fort abrégée.

L'édition que nous publions, et qui est le résultat d'un travail exécuté sur les divers manuscrits latins de l'œuvre d'Oresme, possédés par la Bibliothèque impériale, est donc plus fidèle et plus complète.

Voici les indications utiles à consulter pour amender le texte français :

VARIANTES ET CORRECTIONS

SUIVANT L'ÉDITION IMPRIMÉE PAR COLARD MANSION.

Page 1, ligne 1, *au lieu de* de la première, *lisez :* du commencement et première.

— ligne 10, *au lieu de* communs, *lisez :* communes.

Page II, ligne 9, *après* traictie, *ajoutez :* descripre.

Page IV, ligne 5, *ajoutez à la fin :* de.

Page VI, ligne 4, *au lieu de* minsce, *lisez :* injuste.

Page VIII, ligne 17, *après* aventure, *ajoutez :* un pasteur.

Page IX, ligne 9, *au lieu de* preuver, *lisez :* permuer.

Page XII, ligne 1, *au lieu de* aussi, *lisez :* ainsi.

Page XIII, ligne dernière, *au lieu de* excéder, *lisez :* l'excéder.

Page XVII, ligne 9, *au lieu de* ennuyable, *lisez :* anoyable.

Page XIX, ligne 7, *après* communaulté, *lisez :* car si comme il est devant dit, la monnoye fut instituée pour la communaulté.

— ligne 12, *au lieu de* convenable, *lisez :* honorable.

Page **XIX**, ligne 13, *au lieu de* signée, *lisez :* signer.
— ligne 22, *au lieu de* estrangerie, *lisez :* estrangière.
— ligne 23, *au lieu de* incontinant, *lisez :* inconvénient.
Page **XXI**, ligne 20, *au lieu de* betaille, *lisez :* bataille.
Page **XXII**, ligne 8, *au lieu de* offre, *lisez :* ose.
Page **XXIV**, ligne 9, *au lieu de* veut, *lisez :* vent.
— ligne 17, *au lieu de* du, *lisez :* a le.
— ligne 22, *au lieu de* aucune, *lisez :* connue.
Page **XXVI**, ligne 1, *après* mutacions, *lisez :* des monnoies.
— ligne 23, *après* mutacion, *lisez :* ès monnoyes.
Page **XXIX**, ligne 9, *au lieu de* nulle de ses, *lisez :* l'une de ces.
— ligne 11, *au lieu de* se ce, *lisez :* ne si.
— ligne 18, *au lieu de* consumptueuse, *lisez :* présomptueuse.
Page **XXX**, ligne 6, *au lieu de* pois, *lisez :* pris.
— ligne 11, *au lieu de* de, *lisez :* que.
— ligne 15, *au lieu de* Et aussi est possible, *lisez :* Il est aussi impossible.
Page **XXXII**, ligne 3, *au lieu de* autre, *lisez :* anière.
Page **XXXIV**, ligne 3, *au commencement ajoutez :* noms.
— ligne 5, *au lieu de* sont, *lisez :* font.
— ligne 21, *au lieu de* intention, *lisez :* invention.
— ligne dernière, *après* contiennent, *lisez :* figuralement.
Page **XXXV**, ligne 4, *effacez* de.
— ligne 8, *au lieu de* sans, *lisez :* pour.
— ligne 10, *après* fors, *ajoutez :* peu.
Page **XXXVIII**, ligne 3, *au lieu de* enseignées, *lisez :* enseignies.
— ligne 12, *au lieu de* est peché, *lisez :* ose pechier.
Page **XLII**, ligne 2, *au lieu de* ostensiblement, *lisez :* taisiblement.
— ligne 11, *après* toute, *lisez :* ou.
— ligne 12, *après* fut, *lisez :* dit.
— ligne 16, *au lieu de* sophistiquée, *lisez :* sophistique.
Page **XLIII**, ligne 5, *au lieu de* meslerait les portions, *lisez :* mucrait les proportions.
— ligne 7, *au lieu de* combinaisons, *lisez :* combinacions.
Page **XLV**, ligne 7, *après* serait, *lisez :* pour.
— ligne 11, *au lieu de* ces, *lisez :* cs.
— ligne 12, *au lieu de* celle, *lisez :* elle.

Page XLVI, ligne 2, *au lieu de* en tant, *lisez :* autant.
— ligne 3, *après* y ait, *lisez :* autant.
— ligne 26, *au lieu de* leur cause lier, *lisez :* leurs conseillers.
Page XLVIII, ligne 5, *au lieu de* injustice, *lisez :* injuste.
— ligne 6, *au lieu de* naturelle, *lisez :* innaturel.
— ligne 15, *au lieu de* l'opposant, *lisez :* l'exposant.
Page XLIX, ligne 15, *au lieu de* d'illec; pareil, *lisez :* d'illec pareil,.
— ligne 17, *après* toutes, *lisez :* ces.
— ligne 22, *au lieu de* desirer, *lisez :* deschirez.
— ligne 27, *après* Dieu, *lisez :* disposa.
Page L, ligne 3, *au lieu de* appose, *lisez :* oppose.
Page LII, ligne 20, *au lieu de* utile, *lisez :* utilité.
Page LIV, ligne 12, *lisez :* par celui gaing en n'eschieve.
— ligne 24, *au lieu de* trouvé, *lisez :* trouvay.
— ligne 25, *lisez :* en une epitre escripte par Cassiodore ou nom de Théodoric.
Page LV, ligne 9, *au lieu de* devorer, *lisez :* desvoyer.
Page LVI, ligne 13, *ajoutez :* et argent ce qui n'est argent.
— ligne 14, *au lieu de* comme. Il, *lisez :* comme il a esté dict en outre, il convient.
Page LVII, ligne 8, *au lieu de* droit, *lisez :* droite.
— ligne 9, *au lieu de* aussi, *lisez :* ainsi.
— ligne 11, *lisez :* désordonnée confusion, ou vitupère.
— ligne 14, *au lieu de* pays estranges, *lisez :* poins estrange.
— ligne 12, *ajoutez :* et le mal estre bon.
Page LVIII, ligne 1, *au lieu de* estre, *lisez :* oster.
— ligne 4, *ajoutez :* et souvent en lieu de celle d'or il fait la sienne de cuivre.
— ligne 7, *au lieu de* prendre, *lisez :* rendit.
— ligne 13, *au lieu de* tyrannies faictes, *lisez :* tyranniques faits.
Page LIX, ligne 6, *au lieu de* lesquelles, *lisez :* lequel.
— ligne 12, *au lieu de* evasion, *lisez :* exaction.
— ligne 22, *au lieu de* adventure, *lisez :* nature.
Page LX, ligne 1, *au lieu de* zscevent, *lisez :* sceuvent.
— ligne 2, *au lieu de* et, *lisez :* a.
— ligne 5, *au lieu de* porte, *lisez :* portent.

Page LX, ligne 8, *au lieu de* appert, *lisez :* pert.
— ligne 13, *au lieu de* en, *lisez :* ou.
— ligne 14, *au lieu de* habondant, *lisez :* habondast.
— ligne 16, *au lieu de* et souffisante, *lisez :* a souffisance.
— ligne 22, *au lieu de* monnoyes, *lisez :* marchandises.
Page LXI, ligne 1, *au lieu de* disans, es, *lisez :* durans, les.
— ligne 2, *au lieu de* sentiers, *lisez :* sensiers.
— ligne 6, *au lieu de* ne peult, *lisez :* ne se peult.
— ligne 9, *au lieu de* et sont refroidées, *lisez :* en sont refroidies.
Page LXII, ligne 7, *au lieu de* l'ay de, *lisez :* layde.
— ligne 10, *effacez* de la terre.
— ligne 11, *au lieu de* cultivemens, *lisez :* cultiveurs.
— ligne 14, *au lieu de* venun, *lisez :* vilain.
— ligne 16, *au lieu de* mutacion, *lisez :* negociation.
— ligne 24, *au lieu de* enciclopes, *lisez :* enveloppés.
Pages LXIII, ligne 4, *au lieu de* le, *lisez :* tout le.
— ligne 9, *après* en la, *lisez :* mutation de.
— ligne 11, *au lieu de* haulse, *lisez :* chose.
— ligne 15, *au lieu de* legitime de, *lisez :* de legitime.
Page LXIV, ligne 7, *au lieu de* perplexités, *lisez :* prolixités.
— ligne 11, *au lieu de* de paye de ses, *lisez :* de la paye de ces.
— ligne 12, *au lieu de* eulx, *lisez :* ceulx.
Page LXXXI, ligne 15, *au lieu de* raison, *lisez :* raison de grant vertu.
Page LXXXIII, ligne 17, *au lieu de* gracieusement, *lisez :* glorieusement.
— ligne 21, *au lieu de* distraction, *lisez :* dissipation.
— ligne 22, *au lieu de* le second, *lisez :* le second point.
Page LXXXIV, ligne 17, *au lieu de* s'accoustume, *lisez :* s'accoustuma oncques.
Page LXXXVI, ligne 10, *au lieu de* bien sera, *lisez :* bien fera.

FIN DES VARIANTES.

Cy commence ung petit Traictie de la première Invention des monnoies et des causes et manières d'icelles.

A quelle fin elles furent faictes. — Comment on en doit user. — A qui appartient les forgier, empirer ou muer, et quelz inconvéniens en pevent venir et sourdre. Assemblé de plusieurs volumes et puis translaté de latin en françois nagaires, affin de monstrer le grant default et mesus que aujourduy se faict en icelle par les marchans et communs, et que le Roy et les Princes tollèrent et seuffrent, dont ensuivront plusieurs maulx, inconvéniens et dommaiges irréparables, si de brief provison et remède n'y est mise, comme il sera spécifié ou procès cy après.

LE PROLOGUE DU TRANSLATEUR.

Veritate manifestata, cedat oppinio veritati. Qui est à dire, en françois, que quant vérité est manifestée, toute oppinion doit cesser et donner lieu à vérité. Et cestui dit ay amené à mon propos, pour ce qu'il (1)

(1) Ici commence le texte latin.

semble à plusieurs que aucun Roy ou Prince puisse, de sa propre auctorité, de droit ou de previlège, franchement muer les monnoyes en son Royaume courans et en ordonner à sa volunté et plaisir, et avec ce, sur icelles prendre gaing et émolument tel et autant qu'il luy plaist. A aucuns autres semble le contraire et que telle auctorité ne luy a oncques esté octroyée. Pour laquelle controversie et débat, j'entens en ce petit present Traictie, quelle chose, selon philosophie et principalement selon les raisons d'Aristote, il me semble estre à dire, commençant à l'origine et commencement des premières monnoies, et à quelle fin elles furent trouvées, riens toutesvoies accertenant, n'affermant téméràirement ne par oppinion, mais du tout me soubzmectant à la correction des plus grans et plus expers de moy en ceste science; lesquelz, par aventure des choses que suis à dire, se pourroit par icelles exciter et esveiller à en déterminer la vérité par dessus tout, tellement que tout scrupule et doubte cessans, les sages et prudens hommes puissent convenir ensemble en une vraye et profitable sentence et selon icelle trouver que aux princes, aux subgectz, voire et à toute la chose publicque, puisse profiter (1). Car certainement, ou temps present il en seroit grant besoing, veu que chacun à sa volunté en use, en donnant

(1) Toute la suite de ce prologue n'existe point dans l'édition latine. On n'y rencontre pas non plus *les rubriches des chapitres ensuivants,* ni le paragraphe final.

la monnoie à tel et si hault pris qu'il luy plaist; qui est grant vitupère et déshonneur au prince dont icelle porte la figure de le souffrir, car c'est directement atempte contre sa haultesse et seigneurie; et, en après, en la désertion et confusion totalle du bien universel de son royaume et pays. Car aujourduy il y a plus à faire entre les marchands d'estre d'accord du pris de la Monnoie et la évaluacion, qu'il n'y a de marchandise dont ilz traictent. Parquoy l'or et l'argent sont à present venuz à si hault pris, que, si de brief n'y est pourveu de remède, il est à doubter de plusieurs inconvéniens grans et moult dommaigeables en la tollerance et souffrance d'icelle, comme des matières, à savoir, or et argent, estre transportez ès pays voisins, là où le cours est plus hault, et par ce, diminuer le Royaume ou préjudice du premier et de ses subgectz. Par laquelle evacuacion de matières, les marchans souffreroient détriment en leurs marchandises et denrées, et n'auroient cours oudit Royaume, ainsi évacué de pecune; et encores, qui est pire chose, les changeurs et banquiers qui sçavent où l'or a cours à plus hault pris, chacun en sa figure, ilz, par secrètes cautelles en diminuent le pays, et l'envoient ou vendent dehors aux marchans, en recevant d'iceulx autres pièces d'or, mixtes et de bas aloy, desquelles ilz emplissent le pays. Par quoy il est à doubter que quant il plaira au Roy ou Prince remestre ordre en sa monnoie, que tous ceulx qui seront empeschez trouvez de celle mauvaise

Discord du pris des monnoies entre les marchans.

Hault pris d'or et d'argent.

Transport d'or et d'argent.

Monnoies empirées qui se apportent au Royaume.

monnoie, n'y perdent largement; comme des Postulas, nouvellement forgies ou pays du Liege, ausquelz on donne cours en ce Royaume, pour demy escu d'or, et toutesfois ilz sont de si bas aloy que mendre ne se pourroit trouver; et, encores, qui pis vault, irréguliers loy, et n'y a aucune vraye assiète ou pied, sur quoy on se puist actendre. Et ainsi des autres deniers de bas or, dont il doubte de son aloy. Et touchant la course de la monnoie d'argent, à la évaluacion du marc, il est aussi à doubter la diminucion du Royaume, parcequ'il vault plus ès pays voisins, qu'il ne fait icy. Et n'y est pas la regle de XII marcs d'argent fin, gardez pour ung marc d'or fin, comme ceulx sçavent que la science entendant, qu'il seroit longue et prolixe à le descripre et d'entendement grief : si m'en passe à tant et viens aux Rubriches d'un chacun Chapistre dudit Traictie.

Monnoie irrégulière.

Quant marcs d'argent pour ung marc d'or.

Cy commencent les Rubriches des chapitres ensuivans en cest Traictie de l'origine, nature, droiz et mutations des monnoies.

Le quatorziesme, de la mutacion composée de la monnoie.

Le quinziesme, comment le gaing qui vient à un prince, par la mutacion des monnoies, est minsce.

Le seziesme, comment le gaing de la mutacion de la monnoie est contre nature.

Le dixseptiesme, comment le gaing qui vient de la mutacion de la monnoie est pire que usure.

Le dixhuitiesme, que telles mutations de monnoies, quant est en elles, ne sont à permectre.

Le dixneufviesme est d'aucuns inconvéniens touchant le prince, lesquelz sensuivent par les mutacions des monnoies.

Le vingtiesme, d'aucuns autres inconvéniens touchant toute la communaulté.

Le vingt uniesme, d'autres inconvéniens touchant seullement une partie de la communaulté.

Le vingt deuxiesme, se la communaulté peult faire telles mutacions de monnoies.

Le vingt troisiesme, l'argument en quoi le prince peult muer les monnoies.

Le vingt quatriesme, la response à l'argument précédent et la conclusion principalle.

Le vingt cinquiesme, comment le tirant prince ne peult longuement durer.

Le vingt sixsiesme, comment prandre gaing à cause des mutacions des monnoies préjudicie à toute la royalle puissance.

Ainsi doncques, par les prohemes et chapitres icy dessus touchez, il appert, en partie, des esclandres, intérestz et inconvéniens, et non pas encores de tous qui se pevent ensuivir et desjà commencent ou royaume et pays où l'en tolère et seuffre faire telz abbuz en la monnoie et ès nobles métaulx dont elle se fait et doit faire. Et combien que à moy n'appartient d'en faire la querelle, actendu que je suis le moindre et le plus ignare et inscient de tous, toutesfois soit cestuy advertissement entendu et pris pour le bon couraige et vouloir que j'ay au bien universel, et ne m'en soit imputé aucune téméraire opprobre par les lisans, je en supplie.

Cy commence le Traictie de la première origène et natures du droit des monnoies; et premièrement pour quelle cause monnoie fut premier trouvée.

Quando dividebat Altissimus gentes, quando separabat filios Adam, constituit terminos populorum juxta numerum filiorum, etc. Quant le très hault et souverain Dieu omnipotent divisoit les gens et séparoit les filz de Adam, il constitua termes aux peuples, selon le nombre des filz d'Israel; dont, en après, les hommes se multiplièrent sur la terre et leurs possessions leurs furent divisées et départies, si comme expédiant estoit. De celle chose advint que l'un eut plus en sa possession d'une chose que sa nécessité ne comportoit, et l'autre avoit de celle mesme chose ou pou ou néant; mais par contraire, de ung autre il habundoit et avoit tropt, dont le premier avoit indigence. Si comme, par aventure, habundoit à largesse de brebis et autre bestail, mais il avoit nécessité de froment et de pain; et le laboureur, par contraire, avoit du pain assez, mais il defailloit de bestail. Aussi une region superhabundoit en une chose dont en aultre avoit grant défaulte. Les hommes donc, pour ceste cause commencèrent communiquer et eschanger leurs richesses ensemble, sans monnoie, en donnant, l'un une brebis à l'autre pour du froment, et ung donnoit son labouraige

Commutation de vivres par avant la monnoie.

pour du pain ou pour de la laine. Et ainsi faisoient de toutes autres choses; laquelle manière ilz acoustumèrent par long temps, en plusieurs citez et pays, si comme racompte Justin, historiographe, et autres anciens auteurs. Mais, comme en ceste manière de permutacion et changement des choses, moult de difficultez et controversies aveinssent entre eulx, les hommes subtilz trouvèrent ung usaige plus legier, c'est assavoir, de faire monnoie, laquelle fust instrument de preuver et marchander les ungs aux autres leurs naturelles richesses, par lesquelles et de par elles, on subvient plus hastivement à humaine nécessité, car toutes pecunes sont dictes artificielles richesses et non autrement, actendu qu'il peut avenir que aucun habundant en icelles, encores pourroit mourir de fain de lez elles, si comme exemplifie et mect par histoire le philosophe Aristote d'un Roy convoiteux que Ovide, en son livre de *Métamorphose*, nomme Midas, qui aoura et pria les Dieux que tout ce qu'il atoucheroit fust or. La quelle folle prière les Dieux luy octroièrent, et ainsi mourut de fain demprès son or, si comme le faingnirent les poètes, car par pecune on ne secoure point hastivement à indigence de humaine vie, mais elle est instrument artificiel trouvé pour les naturelles richesses plus legièrement permuer. Et ainsi, sans autre approbacion, clèrement peult apparoir que la monnoie est moult utile et nécessaire pour le bien de la communaulté publicque, voire et encores très nécessaire,

Invention première de faire monnoie pour instrument.

comme appreuve Aristote, en son cinquiesme livre des *Ethicques*, combien que le poete die :

> Effodiuntur opes irritamenta malorum.
> Jamque nocens ferrum ferroque nocentius aurum, etc.

Or et argent tirez des boyaulx de la terre.

Qui est à dire en françois, que les richesses, c'est assavoir, or, argent, que l'on arrache et tire des boyaulx de la terre sont les moqueries et tromperies des mauvaiz hommes, car moult de maulx sont par elles faiz et perpétrez, avec homicides infiniz, comme nagueres et ou temps present a esté et est assez devant les yeulx des vivans; et celle chose se fait par la perverse convoitise des mauvais hommes, et non pas icelle mesme pecune en soy; car elle est moult amye et nécessaire à la vie humaine, et de laquelle l'usaige est très bon; à ce propos dit Cassiodore, ces mesmes

L'usaige des monnoies très sainct.

pecunes, jaçoit ce que en l'usaige très sainct, semblent estre villes, il est toutesfois à entendre qu'elles furent des anciens misez en usaige, par grande raison (1). Et, en aultre lieu dit qu'il est necessaire que les monnoies soient trouvées, espécialement pour subvenir en l'usaige publicque (2).

(1) « Pecuniæ ipsæ quamvis usu creberrimo viles esse videantur, « animadvertendum est tamen, quanta a veteribus ratione collectæ « sunt. » (I, *Variarum*, 10.) Cette citation se trouve dans le texte latin.

(2) « Monetarios in usum publicum specialiter esse inventos. » (*Ibid.*)

Le second chapitre. De quelle matière doit estre la monnoie.

Et pour ce doncques que monnoie ést l'instrument pour permuer les Richesses naturelles, les ungs aux aultres, comme dit est ou Chapitre précédent, il fut expédient que tel instrument fut apte et convenable à traictier et manier legièrement des mains, legier à porter et que pour petite portion d'icelle pevent (estre) achaptez et commuez Richesses naturelles, en plus grande quantité, avec plusieurs autres condicions qui seront cy après veues et notées. Il convint donc que la Monnoie fut faicte de précieuse matière et petite en quantité, si comme est or; mais, de telle matière doit estre compétente habundance ou pays. Et quant l'or ny peult souffire, on fait aussi Monnoie d'argent. Où ces deux métaulx ne peuvent souffire ou trouver ne se pevent en habundance compétente, et donc ce devroit faire une Monnoie meslée ou simple d'autre pur métal, laquelle anciennement se faisoit d'arain ou de cuivre, si comme raconte Ovide, ou premier livre *De Fastis*, où il dit :

Quant en or et argent se doit mesler métal.

Monnoie d'arain.

Æra dabant olim, melius nunc omen in auro est,
Victaque concessit prisca moneta novæ.

Qui veult dire, en françois, que les anciens, ou temps jadis, donnoient leurs monnoies de cuivre, mais maintenant et mieulx le baillent les modernes en or. Et aussi l'ancienne vie a delaissé à la nouvelle exemple de bonne monnoie. Semblable mutacion aussi promist Notre Seigneur par Ysaïe le prophète, disant : *Pour cuivre j'aporteray or, et pour fer je donneray argent.* Les deux métaulx sont donc bien convéniens et très propices à monnoie ; et ainsi, comme dit Cassiodorus (1), les deux premiers que on dit avoir trouvé ces deux métaulx furent Cutus qui trouva l'or, et Indus l'argent ; tous deux Roys de Sithie ; et, par grande louenge, les baillèrent à l'umain usaige, dont ilz furent reputez divins des peuples des lors. Et pour ce ne doit-on pas permectre que tant d'iceulx métaulx soient applicqués en autres usaiges, que le résidu ne souffise pour faire monnoie. Laquelle chose voyant et considérant jadis Theodoricus, roy d'Ytalie, et droictement adverty de l'or et de l'argent, que, à la coustume des anciens payens estoit mis en leurs sépulchres, avec les mors, commenda ceulx oster et les fist apporter à faire monnoie, à l'usaige et proffit de la chose publicque, disant (2) estre gendre de coulpe deshonneste ce laissier ès sépulchres des mors mucié inutillement la chose

Invention première d'or et d'argent.

Mectre l'or et l'argent en monnoie.

Trésors des sépulchres mis hors pour la chose publicque.

(1) Dans le texte latin, nous trouvons la citation suivante de Cassiodore : « Primus dicitur aurum et argentum Indus rex Scythiæ recepisse, « et humano usui summa laude tradidisse. »

(2) « Culpæ genus esse inutiliter in abdita relinquere mortuorum « unde se vita potest sustentare viventium. » (Cassiod., lib. IV, cap. XXXIV.)

dont la vie des hommes se povoit soustenir et aider. En oultre, il n' est pas expédient ne politique que telle matière, c'est assavoir, or et argent, soit en trop grande habundance, car, par adventure, pour celle mesme cause se départit et fut reboutée la Monnoie de cuivre, de l'usaige humain, comme dist Ovide. Quoy aussi, pour celle chose, par adventure, a esté promeu à l'umain usaige, affin que l'or et l'argent qui sont moult convenables à faire monnoie, ne se puissent de legier avoir en grande copie ou habondance, ou aussi les hommes legièrement ne le puissent, par alkémie, faire comme aucuns le temptent et essaient à le faire. Ausquelz je diray : ainsi justement repugne nature et se oppose à l'encontre de celuy qui, pour néant, s'efforce excéder et surmonter en ses euvres naturelles.

Ne avoir legier or et argent en habondance.

Alkémie.

Le tiers chapitre est de la diversité des matières des monnoies et de la mixtion.

La monnoie, comme dist est ou premier Chapitre, est instrument pour marchander (1), et pour ce que à la communaulté et à ung chacun appartient et est de nécessité de marchander et faire marchandises, aucunes foiz grandes et grosses et de grande importance, et, aucune foiz, mendre, et le plus souvent de petites : pour ce fut convénient et nécessaire avoir monnoie d'or, qui est précieuse, laquelle se pourroit porter et muer légièrement, et aussi qu'il est plus habille à faire et conduire les grandes marchandises; il convient aussi avoir monnoie d'argent qui est moins précieuse, qui est apte et convenable à faire recompenses et equiparations, par changes, et aussi pour achapter petites marchandises de petit pris. Et pour ce que aucunefoiz en une région n'est point assez compétemment suffisance d'argent, selon la proportion des richesses naturelles, ains la petite porcion d'argent que justement se devroit donner pour une livre de pain, ou d'autre telle chose, seroit si petite que pour sa petitesse ne seroit pas bien palpable ne maniable : pour ceste cause, fut faicte mixtion de une matière moindre d'argent en va-

(1) *Instrumentum mercaturæ*, dit le texte latin.

leur; et de ce eut et print sa naissance la *noire monnoie* (1), qui est convéniente pour petites marchandises. Et ainsi très convenablement en la region où argent n'est en habundance, se peult faire Monnoie mixte et composée. Il est assavoir qu'ilz sont trois manières de matières aptes et convenables à faire monnoie : la première est or, la seconde est argent, et la tierce *noire mixte*. Mais il est à noter pour règle généralle que jamais ne se doit faire mixtion en monnoie, fors tant seullement en métal moins précieux, de quoy on a accoustumé faire petite Monnoie; comme se en ung pays on avoit monnoie d'or et d'argent, jamais ne se devroit faire mixtion en la Monnoie d'or, voire se l'or estoit de telle nature qu'il se peusist monnoyer non meslé. (L'or qui n'est point apte ne propre à forger florins, pour ce qu'il y a aloy, soient faiz des anneaux, ou autres euvres d'iceluy [2].) Et la cause si est car toutes telles mixtions de elles mesmes sont suspectes et legièrement ne se peult la substance de l'or ne sa quantité en telles mixtions congnoistre; et pour ce nulle mixtion ne se doit faire ès monnoies d'or, fors pour nécessitez très grandes jà devant touchies; et pour ce la mixtion est à faire, se faire ce doit, en la monnoie où moindre suspicion et deception peult estre, c'est assavoir, ou moins précieux métal, c'est en l'argent.

Monnoie noire et mixte.

Trois manières de matière à faire monnoie.

Monnoie d'or mixte.

(1) *Moneta nigra.*

(2) Le texte latin ne contient rien qui corresponde aux lignes comprises dans cette parenthèse.

En oultre, nulle telle mixtion ne se doit faire, fors pour la utilité commune pour laquelle la monnoie fut premièrement trouvée, et à laquelle naturellement elle est ordonnée, comme il appert ès précédens Chapitres; mais toutesfoiz n'est nécessité, comme il appert, à la commune utilité, faire mixtion à monnoie d'or ou a souffisante monnoie d'argent (1); et ne semble pas telle chose estre faicte de bonne et vraye entencion, et oncques par devant n'a esté veu estre fait en la communaulté bien et proffitablement gouvernée.

(1) « Faciendi mixtionem in moneta aurea, ubi habetur argentea. » (Texte latin.)

Le quart chapitre parle de la forme et signe de la Monnoie.

Quant premièrement les hommes commencèrent à marchander et achapter marchandises et richesses, par le moïen de monnoie, encores n'estoit en icelle aucune impression de figure ou ymaige, mais seullement se donnoit une porcion de cuivre ou d'argent, pour menger et pour boire; laquelle porcion se mesuroit au poix; et pour ce que c'estoit ennuyable et empeschable chose de souvent recourre et aller à la ballance, et que par icelle manière ne se povoit bonnement la monnoie équiparer aux marchandises par poix; et avecques ce, le vendeur en plusieurs manières ne povoit congnoistre la substance du métal dont la Monnoie estoit mixtionnée et composée; pour ce, par les saiges d'iceluy temps y fut prudentement et saigement pourveu, c'est assavoir, que les porcions et pièces des monnoies se fairoient de certaine matière et déterminé poix, en laquelle se imprimeroit une figure à chacun notoire et congneue, qui signifieroit la qualité de la matière et la vérité du poix du denier, affin que la suspicion derrière mise, la valeur de la monnoie, sans labeur et sans doubte, se peust prestement congnoistre; et que soit que telle impression fut instituée ès deniers, en signe de vérité de la matière et du

Masses d'argent et de cuivre que on prenoit au poix.

Figure ordonnée pour monnoie affin de congnoistre de la bonté poix (1), les anciens noms des monnoies congnoissables, le nous monstrent manifestement par leurs impressions ès figures, si comme font la livre, le soult, le denier, la maille, le sterlin et le sizain, les deniers et les grains et semblables qui sont noms appropriez au poix des monnoies, comme dit Cassiodore. Semblable *sicle* (2) est proprement le nom de monnoie, comme il a en Genèse, et est le nom du poix, comme illec mesmes appert. Les autres noms des monnoies sont noms propres accidentaulx ou dénommez du lieu, de la figure, du facteur ou de telle aultre manière. Les porcions de monnoie que on dit deniers (3) doivent estre de figure et quantité habilles à traicter et à nombrer, et de matière monnoyable et aussi doulce à recevoir impression et avecques tenant leur impression. Et de ce est que non pas toutes choses précieuses sont convenables à faire deniers ne monnoie, car pierres precieuses, poivres (4), verres et semblables choses ne sont point à ce convenables naturellement, mais seullement or, argent et cuivre, comme dessus est touché.

Deniers à nombrer.

De matière monnoyable.

(1) « Quod autem impressio talis sit nuntius et in signum veritatis materiæ et ponderis. » (Texte latin.)

(2) Le manuscrit porte *salt;* mais le texte latin dit : « Siclus est nomen monetæ, ut patet in Genesi »

(3) *Numisma.* (Texte latin.)

(4) Gemmæ enim, piper et talia non sunt ad hoc apta nata. (Texte latin.)

Le cinquiesme chapitre. A qui appartient faire le denier.

Encores fut anciennement raisonnablement ordonné, pour eschever déception, que à chacun ne fut licite de faire monnoie ou de imprimer la figure ou imaige à son propre or et argent; mais fut ordonné que les caractères et lettres que se imprimeroient dedans la monnoie se feroient par une personne publicque et députée par plusieurs de la communaulté, et pour ce que le prince de la region est personne la plus publicque et de plus grande auctorité, il est plus convenant et convenable qu'il, pour toute la communaulté, face forger la monnoie, et icelle signée de l'impression honneste, que aucun autre. Ceste impression donc faicte par le prince et à son commandement doit estre subtile, et à la contrefaire ou imprimer elle doit estre moult difficille. Aussi se doit defendre, sur peine capital, que aucun vassal de sa terre ne mesme estrange prince son voisin face forger monnoie semblable en figure ou de moindre valleur que luy; pourquoy le commun peuple ne sauroit distinguer ou discerner entre icelle estrangerie et celle du prince. Laquelle chose seroit cause de moult grant mal, et incontinant, se ainsi se faisoit, et ne peut ou doit aucun de telle chose faire avoir privillège ne nesung vassal, car se seroit cause de moult grant faulseté et devers le prince estrange juste cause de l'assaillir et luy défendre par bataille.

Il n'est licite à chacun faire monnoie.

Le prince ordonne à faire monnoie.

L'impression subtile.

Ne forger monnoie de moindre valeur que le prince.

Querele de empirance.

Le sixiesme chapitre. A qui est et doit appartenir icelle monnoie.

Jaçoit que pour l'utilité commune, le prince ait à signer la monnoie et aussi forger, comme dit est, toutesfoiz il ne sensuit pas que celluy Seigneur et prince soit et doibve estre propriétaire et seigneur de la monnoie courant en sa principaulté et seigneurie : car monnoie est l'égal instrument (1) à permuer les Richesses naturelles d'entre les hommes, comme il appert ou premier chapitre. Doncques monnoie est la vraye possession de celuy ou ceulx ausquelz furent telles et semblables Richesses naturelles desquelles est icy devant parlé; car, se aucun donne son pain ou labeur de son propre corps, pour pécune, quant il reçoit icelle par telle manière, certes elle est purement sienne, pareillement comme estoit son pain, ou le labeur de son corps, lesquelz estoient en sa libre et franche puissance de le faire ou donner (2), voire supposé qu'il ne soit serf; car Dieu, au commancement de son beau monde, ne donna pas aux seulz princes, c'est assavoir,

L'égal instrument.

(1) « Æquivalens instrumentum. » (Texte latin.)

(2) « Nam si quis dat panem suum, vel laborem proprii corporis, pro « pecunia, cum ipse eam recipit, ipsa est sua, sicut erat panis vel labor « corporis, qui erat in ejus potestate libera. » (Texte latin.)

à noz premiers parens, liberté et seigneurie des choses, mais aussi à toute leur postérité et génération (1), comme il est escript au livre de Genèse. Ainsi doncques la monnoie n'est pas seullement au prince, par ceste raison; mais, se aucun vouloit opposer contre ceste oppinion, par ce que Nostre Saulveur Jhesu Crist, quant on luy monstra ung denier, interroga et demanda à celuy qui luy présentoit : De qui est cet ymaige et ceste subscription? Il luy respondit que elle estoit de César. Lors dit et sentencia Jhesus : Rendez doncques à César ce qui est à César, et les choses qui sont à Dieu, à Dieu. Comme s'il voulsist dire : A César est le denier ou la monnoie, veu que son ymaige est imprimée dedans icelle; mais, en regardant l'ordre de l'Evangille, appert legièrement que pour ce on ne doit dire appartenir le denier à César, qui estoit soubzescript de son ymaige; mais, pour ce qu'il estoit tribut appartenant à César, et non autrement; car, comme dit l'Apostre : A qui est deu le tribut soit donné le tribut; et à qui est deue la betaille soit donnée la betaille. Jesu Crist, par ceste sentence donne à entendre à qui est deu le tribut, car à celuy est deu qui pour la chose publicque milite et combat et pour la defense du Royaulme et utilité publique peut forgier monnoie, et ainsi, par ces raisons dessus alléguées, la monnoie appartient à la commu-

A qui sont deus les deniers.

Qui mérite à avoir les deniers.

(1) « Deus enim a principio non dedit solis principibus libertatem ad « dominium rerum, sed primis parentibus et toti posteritati. » (Texte latin.)

naulté et aux personnes singulières; et ainsi le dit et maintient Aristote ou septieme livre des Politiques et Tule, environ la fin (1). Rendre à César qui est et appartient à luy, n'est autre chose que luy rendre obédience, comme dit Monsr. Sainct Pierre, en la seconde Epistre; mais, depuis aucun temps en ça, ceste obédience luy a esté ostée et venue en telle coustumance que ung chacun offre et présume, oultre et par dessus le commandement du Roy, vendre ou alouer son denier d'or ou d'argent à sa volunté, et oultre le pris y mis et constitué de par luy et les Estatz de son Royaume; par quoy la chose est à ce venue que aujourd'huy il n'est homme de quelque estat qu'il soit que ung denier d'or sache recevoir, sinon à la voulenté du donant, qui le vent, comme se se fut naturelle Richesse, qui est droictement contre la première institucion pour quoy monnoie fut trouvée et ordonnée, comme nous avons touché cy dessus. Par ceste tollérance, se part et diminue l'or d'ung pays et se transporte en ung autre où il se aloue à plus hault pris. Et ainsi, nulle regle tenue, se apouvrit un Royaume tellement que, par succession de temps s'en peut ensuivir de grans inconvéniens au Roy et à la communaulté. En oultre et qui encores est de plus grant inconvénient, l'on n'a regard aux deniers du Roy qui sont rongniez et desrobez de leur premier

Les locations voluntaires et inconvéniens.

Deniers rongnez et desrobez.

(1) « Circa finem veteris Rhetoricæ. » (Texte latin.) — Toute la suite de ce chapitre ne se trouve point dans l'édition latine.

poix, et si les alouent les possessans au mesme pris de la course des bons qui ont leur vray poix. Ceste manière de faire ne peult avoir longue durée, pour la confusion qu'il s'en peut ensuivir.

Le septiesme chapitre. Ausquelles despenses se doit forger la monnoie.

Ainsi que la monnoie appartient à la communaulté, comme dit est, pareillement se doit elle faire et forgier aux despens de la communaulté; et celle chose se fait assez convenablement se les despens se prennent sur

Despenses de l'ouvraige de la monnoie et sur qui.

icelle monnoie, par telle manière que la matière monnoyable, si comme or, quant on le baille à monnoyer, ou on le veut pour faire monnoie, est donné pour moindre pris que d'icelle matière ce peult faire, et ce sur certain pris tauxé par les Seigneurs et officiers à ce congnoissans, comme se d'un marc d'argent se puis-

Droit seigneurial.

sent faire LXII. solz, et pour le labeur des ouvriers pour ce necessaires soient requis, pour chacun marc, deux solz, lors le marc d'argent non monnoïé ne vauldra que LX. solz, et les deux solz seront pour les despens du monnoier. Celle portion ainsi tauxée doit estre telle que souffist habondamment, en tous temps, pour monnoie forger. Et se la monnoie se peult faire pour moindre pris, il est assez convenant que le residu soit à la distribution du Prince et à son ordonnance, ou du maistre de la monnoie, et soit aucune pension au

Pension au seigneur.

seigneur, mais toutesfoiz icelle porcion doit estre modérée et souffisoit estre assez petite, se la monnoie le povoit souffrir, par bonne manière, comme il sera dit cy après; car si celle pension ou porcion estoit excessive et tropt grande, elle seroit au préjudice et dommaige de toute la communaulté, ainsi que à chacun sain d'entendement peult legièrement apparoir.

Le huitiesme chapitre. Des mutacions en général.

Devant toutes choses il est assavoir que jamais, sans evidente nécessité, ne se doivent muer les premières loix, statuz, coustumes et ordonnances touchant la communaulté. Ains, selon le philosophe Aristote, au second livre des Politiques, la loy antique positive n'est nullement à abroguier ne effacer pour une nouvelle, voire combien qu'elle fut meilleure, se toutesvoies il n'y avoit moult grande et notable différence en la bonté d'icelle; car telle manière de mutacions diminuent l'auctorité et révérence d'icelles loix, et encores plus, se elles se font souvent. De telles mutacions naissent esclandres et murmures ou peuple et péril de inobédience; et encores plus, se telles mutacions estoient faictes en pires, car lors elles seroient intollérables et injustes. Maintenant donc il est certain que le cours et le pris des monnoies doit estre ou Royaume comme une loy et une ferme ordonnance que nullement ne se doit muer ne changer. En signe de laquelle loy et cours, toutes les pensions et revenues annuelles sont taxées au pris de la monnoie, c'est assavoir, à certain nombre livres, solz et deniers, par quoy il appert que jamais ne se doit faire mutacion se, par aventure, nécessité ne contraignoit à ce, ou évidente utilité pour toute la communaulté. A ce propos, dit Aristote, en son cin-

Ne muer les anciennes ordonnances.

Ne faire mutacions dommaigeables.

Mutacions par nécessité ou utilité.

quiesme livre des Ethiques, parlant des monnoies : *Certainement la chose qui plus fermement doit demourer en estre est la monnoie.* Mutacion doncques de Monnoie, comme je puis, en général, comprendre, se peut ymaginer estre faicte par moult de manières : l'une manière se peult faire, en forme et en figure; l'autre manière, en proporcion de métal; une autre manière, au pris et appellacion d'icelle; ainçois se peult elle muer en quantité et en poix, et oultre, en substance de matière. En chacune de ces cinq manières, dessus dictes, ensemble ou à plusieurs foiz se peult muer la monnoie. Il est bon de déclairer, en passant legièrement oultre icelles manières, et par raison enquerir se aucunes d'icelles peult estre juste, et quant et par qui, et comment et par quelle cause.

Plusieurs manières de mutacions.

Le neufviesme chapitre est de la mutacion de la monnoie en figure.

La figure ou caractère imprimée dedans la monnoie se peult doublement faire et monnoïer : premièrement, la figure se peult muer en la monnoie, en non défendant le cours de la première, comme se ung prince, en la monnoie qui se fait de son temps, escripvoit son nom, permectant et souffrant tousjours le cours de la précédente monnoie. Ceste chose ne seroit pas proprement mutation, ne il n'y auroit guères grant vice, si telle chose se faisoit, mais que, en ce faisant, on ne face autre mutacion. Aultrement se peult faire mutacion de figure, en faisant nouvelle monnoie, et défendant le cours de la vielle ; et ceste manière est proprement mutacion ; laquelle se peult justement faire pour l'une des deux causes qui s'ensuivent. La première si est quant aucun Prince estrangier ou aucuns faulsaires ont malicieusement effacé ou contrefait les formes et coings des monnoies, et qu'ilz soient trouvez avoir fait sophistique monnoie et faulse, semblable en grandeur, en couleur et en figure, lorsque autrement remedier n'y pourroit, il seroit expédiant et très nécessaire de muer les coings et l'impression de la figure de la monnoie. L'aultre cause peult estre que se, d'aventure, la vielle monnoie estoit, par son ancien et long cours,

La figure se peult muer.

Quant on peult faire mutacion.

tropt fort empirée et diminuée de poix, lors se peult et doit défendre le cours d'icelle, et doit estre faicte une nouvelle qui soit meilleure et différente d'impression de figure; et ainsi le commun peuple sauroit, par celle différence, distinguer entre la bonne et la mauvaise, la vieille et la nouvelle; mais, il ne me semble point que le Prince puisse licitement défendre le cours de la première monnoie, sans nulle de ses causes; aultrement, telle mutacion seroit non nécessaire, scandaleuse et à la communaulté moult dommaigeable. Se ce ne appert aucunement que le prince puisse, par autre voye, estre meu à faire telle mutacion, fors par l'une des deux raisons qui s'ensuivent, c'est assavoir, ou qu'il veult que en chacun denier soit imprimée sa figure et son nom, et non autre chose; ce qui est faire irrévérence à ses prédécesseurs, qui est une vaine et consumptueuse ambicion; ou pour ce qu'il veult plus forgier de monnoie, affin que, par ce, il puist avoir plus de gaing, comme il a esté touchie ou septiesme Chapitre; et ceste manière est très mauvaise et très laide convoitise qui ce feroit au préjudice et dommaige de toute la communaulté.

Quant la mutacion est vaine et ambicieuse.

Le dixiesme chapitre. De la mutacion es proportion de la Monnoie.

Proportion de l'or à l'argent

Proportion est une comparaison ou habitude faicte d'une chose à ung autre, si comme en proportion de la Monnoie d'or à la Monnoie d'argent, doit estre certaine habitude et proportion en valeur et en pois ; car selon ce que l'or est de sa nature plus noble, plus précieux et meilleur de l'argent et à le trouver et avoir plus difficile, certes il convient et est bien raison que le mesme poix d'or doit beaulcopt plus valoir et estre de plus précieuse estime, en certaine proportion, de l'argent, si comme, par aventure, la proportion de vingt à ung, et ainsi une livre d'or vauldroit vingt livres d'argent, ung marc d'or, vingt marcs d'argent ; et ainsi semblablement du grand au petit ; et aussi est possible de faire une autre proportion de vingt-cinq à trois ou autre semblable évaluacion ; mais toutesfois ceste proportion doit ensuivir le naturel habitude ou valeur de l'or à l'argent, en préciosité ; et selon icelle doit estre ceste proportion instituée, laquelle il ne loist voluntairement transmuer, ne aller contre, ne si ne se peult justement varier, ce n'est pour cause raisonnable, et, par la variacion de celle matière en partie, laquelle advient peu souvant (1). Si comme, par adventure, moins se trouvoit d'or que par avant l'institution de la monnoie ne se trouvoit, et lors conviendroit qu'il fut plus chier en comparaison de l'argent, et qu'il fut mué en pris et valeur; mais se peu ou guères il estoit mué, toutesfoiz ceste chose n'appartient nullement au Prince de faire; car s'il muoit, à sa voulenté, la proporcion d'iceluy or, il, par sa voulenté, pourroit attraire à soy indeuement les pecunes et substances de ses subgectz, comme se il taxoit l'or à petit pris et iceluy rachetast pour argent; et en après, augmentast l'or en pris, et de rechief le vendist, ou la monnoie d'iceluy et semblablement fist de la proporcion de l'argent, qui est chose pareille, selon son pris, ou s'il mectoit pris en tout le froument de son Royaume, puis l'achetast, et après peu de temps, le revendist pour plus chier pris. Certes, ung chacun pourroit legièrement entendre que ceste exaction seroit injuste et vrayement tyrannique et pire et plus violente que celle que le roy Pharaon fist en Egipte, de laquelle, dit Cassiodore, nous lisons Joseph avoir donné licence, contre la mortelle famine, d'acheter blez et fromens en Egipte, mais y avoir tel pris mis, affin que le glout peuple vensist à sa subjec-

A qui appartient faire la proporcion de l'or et argent.

(1) « Verum tamen ista proportio debet sequi naturalem habitudinem « auri ad argentum in preciositate et secundum hoc instituenda est « hujusmodi proportio. Quam non licet voluntarie transmutare, nec po- « test jam variari, nisi propter causam realem et variationem ex parte « ipsius materiæ; quæ causa raro contingit. » (Texte latin.)

tion plus tost; lequel il estoit à marchander, par après, à la substantation et nourriture commune. Il prit donc, dist Cassiodore, aux povres vivre, ausquelz l'autre subjection sembloit racheter leur liberté, où le franc et libre homme ne se peult moins plaindre que le prisonnier peult plourer. Je croy, dist-il, le sainct homme, c'est assavoir Joseph, estre amené à telle nécessité, affin qu'il satisfist au prince de or, subvenist et aidast au peuple périllant (1). Ces parolles dist en forme Cassiodore. Et combien que ceste chose semble, de prime face, illicite et mauvaise, toutesfoiz ceste monopole de monnoie est encores plus vraye tyrannie, actendu qu'elle est non voluntaire et non nécessaire à la communaulté, mais précisement dommaigeable. Se aucun dist qu'il n'est pas chose semblable de froument, car aucunes choses ont seullement regard espécialement au prince, esquelles il peult mectre et imposer tel pris qu'il luy plaist, si comme aucuns dient du sel en France, et encore mieulx de la monnoie, etc. *Cestuy monopole ou gabelle de sel ou d'autre chose nécessaire à la communaulté, saichez qu'elle est injuste et inique;* et se aucuns princes ont institué ou fait telles loix, enten-

(1) « Joseph legimus contra famem funestam, emendi quidem tritici « dedisse licentiam, sed tale posuisse pretium, ut suæ subjectionis avidus « populus se venderet, potius alimoniam mercaturus. Quale fuit rogo « tunc miserum vivere, quibus acerba subventio libertatem videbatur « adimere, ubi non minus ingemit liberalitas quam potuit scire capti- « vus. Credo virum sanctum hac necessitate constrictum ut et avaro « principi satisfaceret, et periclitanti populo subveniret. » (Texte latin.)

dans telles choses venir à eulx, ilz saichent qu'ilz sont ceulx desquelz Nostre Saulveur dist, par la bouche d'Ysaïe le prophète : *Malédiction à ceulx qui ordonnent et font loix iniques et escripvent telles injustices ou exactions ou peuple.* De rechief, du premier et sixiesme chappitres, appert assez que pecune et monnoie est chose appartenant à la communaulté. Ainsi doncques, et affin que le prince ne puisse malicieusement faindre cause aucune de mutacion de la proporcion des monnoies, en ce present chappitre assigne, ceste chose appartient à la seulle communaulté d'en discerner et déterminer, si elle se peult et doit faire, et quant, et comment, et jusques à quant icelle proporcion est à estre muée, ne au prince n'appartient, par quelque voye, ceste chose à soy usurper.

Le unziesme chappitre. De la mutacion de l'appellation de la monnoie.

Ainsiqu'il est dit ou quart chappitre, ilz sont aucuns accidentaulx des Monnoies dénommées et prins du forgeur ou du lieu où elles sont forgées, et iceulx sont peu ou guères à l'assiette; mais les autres sont plus essenciaulx et appropriez aux monnoies, c'est assavoir, deniers, solz, livres et semblables noms, et qui signifient et dénotent le pris, le pois et la valeur d'icelle; et qui aussy furent par les anciens imposez, par haultes considérations et grant mistère, dont Cassiodore dist: « Il est à noter, par congrande raison icelles pécunes ont esté recueillies et dénommées par les anciens, car ilz vouloient et disoient six mil deniers estre ung soult, affin que la rondesse du noble mestail, c'est or, comme le Souleil radissant, encloist convenientement l'eaige du Monde en soy. Et certes l'enseignie et saige viellesse sans cause n'appelle point le denier parfait. Les anciens appellèrent l'once qui est le premier degré de mesure de douze, à la similitude du compte de douze mois qui font ensemble la course d'un an. O noble intention de prudens et saiges hommes! O chose preveue et exquisite des grans Philosophes qui divisèrent et distinguèrent tant de choses nécessaires à l'usaige humain et qui contiennent tant de choses secrettes en nature! A

Noms des monnoies.

Deniers, solz et livres.

L'once est le premier degré.

L'exquisite des Philosophes.

bon droit doncques est la livre ainsi appellée, laquelle détermine et contient en soy la considéracion de tant de choses. » Telles sont les parolles du Philosophe Cassiodore. Se nous usons, à présent, par aultre manière d'iceulx noms et deniers, toutesfois les pièces ne se doivent jamais muer (en vain) (1). Soient doncques, par exemple, trois manières d'appellation : la première vaille ung denier, la seconde ung solt et le tiers une livre. Se doncques le nom de l'un se mue, et non de l'autre, desjà la proportion se variera, si comme qui appelleroit ou feroit valoir la première pièce de monnoie deux deniers, les autres non muez, la proporcion seroit variée, laquelle chose ne se doit faire, comme il appert ou précédent chapitre; fors, par aventure et peu souvant. Et de ce, à present, ne faiz aucun compte. Il convient donc que se la proporcion demeure non muée, et l'un denier se mue de son appellacion, que l'autre aussi proporcionalement se mue, et que le premier denier s'appelle ij deniers, que le second soit appellé deux solz, et le tiers deux livres; et se autre mutacion ne se faisoit, il conviendroit les marchandises achetter ou appeller proporcionalement à plus hault pris. Et se telle mutacion de noms se faisoit pour néant, laquelle ne se doit aucunement faire, car se seroit grant esclandre et si seroit l'appellacion faulse, celle chose s'appelleroit livre, laquelle, à la vérité, ne seroit pas

Denier, soult et livre.

(1) *Frustra.*

livre, qui est chose inconvéniente, comme dist est; toutesfoiz, nul autre inconvénient s'ensuivroit, fors ceulx où pensions ou autres revenues ne seroient au nombre des pécunes assignez; où il appert aussi tantost par les inconvéniens devant ditz, car ces manières de revenues de telle mutacion proportionnallement croisseroient ou diminueroient irraisonnablement et injustement au préjudice de plusieurs. Car les pensions et revenues d'aucuns seroient trop petites; elles se devroient, par aultre manière espécialle accroistre, et non pas par celle manière, laquelle est préjudiciable et dommaigeuse. Ceste mutacion doncques d'appellation nullement n'est à souffrir estre faicte, et espécialment le prince, en nul cas, ne doit actempter icelle.

Le douziesme chapitre. De la mutacion du poix de la monnoie.

Se le poix de la monnoie, se muoit et avec ce se varioit proporcionnallement le pris de l'appellacion et la figure, est faire autre gendre de monnoie, si comme qui feroit d'ung denier deux oboles, ou aucune telle chose, sans perte ou gaigne. Ceste chose se pourroit aucunement licitement faire, sans aucune réalle transmutation en la matière monnoyable, laquelle ne peut fors souvent advenir, si comme il est dit ou Xe Chappitre.

Faire monnoie diminutive.

(Maintenant je veux parler) (1) d'une autre mutacion, qui se feroit sans muer l'appellacion et le pris d'icelle. Et m'est advis que telle mutacion est simplement illicite, espéciallement au prince, lequel ne peult nullement ceste chose faire, fors laidement et injustement, à son très grant vitupère. Premièrement, car on mect ou denier l'imaige et la subscription de par le Prince, à signifier et donner à congnoistre la certitude du poix, qualité et bonté de la matière, si comme il a esté démonstré ou quart Chappitre. Ainsi donc se la verité ne respondoit au poix, qualité et bonté, il apperroit tantost que ce seroit

Le Prince fait certitude de la monnoie.

(1) Il y a ici une omission dans le manuscrit français. Le texte latin porte : « Nunc autem volo dicere de præcisa mutatione ponderis seu quantitatis monetæ, quæ fieret appellatione et pretio non mutatis. »

Enseigne des mesures.

une faulseté très ville et déception frauduleuse. Bien souvent les mesures du blé et du vin et d'autres choses moindres sont enseignées du publicque signe du Roy, et s'aucun est trouvé qui ait commis fraulde en icelles, il est réputé infâme et faulsaire : pareillement donc la subscription mise au denier de monnoie signifie la vérité de la mesure, du poix et bonté de la matière. Qui seroit doncques celluy qui en prince qui auroit diminué le poix ou bonté de la matière ainsi figurée de son propre signe, auroit fiance (1)? De ceste chose dit à ce propos Cassiodore : qui est celluy tant mauldit que, par présumption est péché en ceste qualité de monnoie, qui est propre chose donnée à justice, et sera congneu d'estre corrumpu par fraulde (2) ; ainçois

(1) Cette variante est d'un tour plus énergique que le texte correspondant de l'édition latine : « Quam igitur sit iniquum, quam detestabile, præcipuè in Principe, sub eodem signo pondus minuere, quis sufficeret explicare? »

(2) « Quid enim tam nepharium, quam ut præscriptionibus liceat « etiam in ipsa certi æqualitate peccare, utque proprium datum, hoc per « fraudes noscatur esse corruptum. » Le texte latin ajoute une autre citation : « Talia igitur secreta violare, sic certissima velle confundere, « nonne veritatis ipsius videtur esse crudelis ac fæda laceratio? Exer« ceantur negociatores in mercibus : emantur latè quæ vendantur an« gustius. Constet populis pondus ac mensura probabilis; quia cuncta « turbantur, si integritas cum fraudibus misceatur. Da certè solidum et « aufer inde si prævales. Trade libram, et aliquid inde si potes, imminue. « Cuncta ista (nominibus ipsis constat esse provisum) aut integra tri« buis, aut non ipsa quæ dicuntur exsolvis. Non potestis omnino, non po« testis nomina integritatum dare et scelestas minutiones efficere. »

pourroit le prince, par ceste manière, acquérir à lui estrange pecune, ne par autre voye pourroit estre meu à faire icelle mutacion ; il recepvroit donc les deniers de bon poix, et d'iceulx forgeroit deniers de petit ou moindre poix, qu'il bailleroit dehors; et ceste manière ne seroit hors autre chose fors ce que la Saincte Escripture defend, en moult de lieux, de par Nostre Seigneur; et de ce dit le Saige : *ung poix et ung autre poix, une mesure et une autre mesure, tous deux sont abhominables devant Dieu.* Et en Deutéronome est dit que Nostre Seigneur a abhomination de celluy qui a fait telles choses. Et ainsi donc Richesses tellement acquises et assemblées se consument et perdent en brief, ou mal et déterriment de celluy qui les possede; car, si comme dit Tule : Richesses mal acquises malement se perdront (1).

(1) « Male parta, male dilabuntur. »

Le treiziesme chapitre. De la mutacion de la matière de la monnoie.

La matière du denier, comme dit est dessus, est simple ou mixte. Se elle est simple, elle se peult laisser, par default de matière, comme ce peu ou néant d'or se povoit trouver, il conviendroit laisser à monnoier; et, se de nouvel s'en retournoit souffisante habondance, lors ce devoit recommancer à faire Monnoie, si comme aucune foiz a esté fait, et aussi aucune matière se devroit délaisser à monnoïer, pour l'abondance excessive qui s'en trouve. Pour ceste cause jadis cessa la monnoie de cuivre et se partit de l'usaige des hommes, comme dit a esté dessus, ou troisiesme chappitre; mais telles causes ne sont gueres advenues souvent; et en nulle autre manière n'est la matière des monnoies, soit pure ou simple, à relenquir, ne aussi à reprendre nouvellement; et se, en telle matière est aucune mixtion, elle se doit faire seullement ou moins précieulx métail par soy monnoyable, comme il fut permis oudit tiers chapitre. Et en la noire monnoie, afin que on cognoisse le pur et bon du mixte et composé, ceste mixtion aussi doit estre selon certaine proportion, si comme dix marcs d'argent contre ung d'or, si comme il est expédiant et par les saiges seigneurs en ce congnoissans ordonné. Et ceste proporcion se peult muer par aucune raisonnable

Laisser à monnoïer.

Monnoie de cuivre.

Quelle matière se doit alayer.

Proportion d'or à l'argent.

variacion en la nature de la matière ou équivalence, et ce doublement : ou pour default de matière, si comme qui n'auroit point d'argent, fors beaucopt moins que par avant la proporcion, et lors ce devroit mectre en celluy argent plus de ladicte mixtion (1) ; mais, si comme dit est dessus, ces causes adviennent peu souvent ; et, se, par adventure, aucunesfoiz tel cas advient encores, la proporcion de telle mutacion ou mixtion se doit faire par la communaulté, pour plus grande seureté avoir de la monnoie et pour eviter la malice et decepcion qui en ce se pourroit faire, si comme de la mutacion de la proporcion de la monnoie a esté dit ou dixiesme Chapitre. En nul autre cas donc ne se doit muer la mixtion ou proportion de la monnoie, et qui plus est, ceste chose n'est permise ne licite à aucun prince, pour les raisons alléguées ou chapitre précédent, lesquelles sont directement à ce propos ; car l'impression et figure de la monnoie est le signe de la vérité de la matière, et de ceste mixtion, se mixte est, et ainsi celle chose muer est falsifier la monnoie ; pour ces causes, en aucunes monnoies et le plus on escript le nom de Dieu (2) ou d'aucun Sainct, et le Signe de la Croix, laquelle manière fut trouvée et anciennement instituée, en tesmoing de la vérité de la monnoie, en matière et poix. Si doncques ung prince, soubz ceste

Forme d'alayer et faire mixtion.

Par qui doit estre faicte la mixtion.

La figure démonstre la bonté de la monnoie.

Se faulte y a soulz la figure.

(1) Le texte latin ajoute : « Aut si haberetur de argento abundanter « plusquam ante, tunc plus de eo deberet poni in ea mixtione. »

(2) « Vel B. Virginis. » (Texte latin.)

inscription mue les monnoies en poix ou en composition, il est veu ostensiblement estre menteur, commectre parjurement et porter tesmoingnaige faulx; et encores est prévaricateur et deppiteur de celluy legal commandement de Dieu, ouquel est dit: *Tu ne prandras point le nom de ton Dieu en vain;* car selon l'oppinion de Hugues, *Monnoie est dicte de ammonester* (1), *car elle ammoneste que fraulde ou déception ne soit faicte, ne ou métail ne ou poix d'icelle.* De rechief, par telle mutacion indue le prince pourroit à soy attraire indeuement toute la pluspart de la substance de son peuple, si comme il fut de la mutacion du poix de la monnoie, ou chapitre précédent; et moult d'autres inconvéniens s'en ensuyvroient. Et encores, pour certain, ceste faulseté seroit pire que en la mutacion du poix, car elle est plus sophistiquée et moins apparcevable, et plus peult nuyre et blessier la communaulté; et pour ce, ou telle mixtion ou noire monnaie se fait, la communaulté, doit pour elle garder, en lieu ou lieux publicques l'exemple et prinse d'icelle proporcion et qualitez d'icelles mixtions, à eschever les périlz, affin que le prince (que Dieu ne vueille!) fist monnoïer telles mixtions, ou que aultres occultement ne falsifient la monnoie; si comme de plusieurs autres mesures, la communaulté garde vers elle les exemples et prises.

Le peuple se doit donner garde de la mixtion.

(1) « *Moneta dicitur a moneo.* »

Le quatorziesme chapitre. De la mutacion composée des monnoies.

La mutacion composée de la monnoie est quant plusieurs mutacions simples sont mises en une, si comme qui mesleroit les porcions de la monnoie ou les mixtions de la matière ensemble, ou avec ce le poix ; ou se les combinaisons possibles de cinq mutacions simples devant dictes se faisoient par moult de manières; car nulle simple mutacion ne se doit faire en monnoie, fors pour réalles et naturelles causes jà dictes, lesquelles adviennent peu souvant, et par adventure; et jamais n'avint vraye occasion de faire mutacion composite de monnoie. Et se, par adventure, il advenoit encores, par plus forte raison que la simple, telle mutacion composée jamais par le prince ne se doit faire, pour les périlz et inconvéniens devant touchiez, ains se devroit faire par la communaulté, car se, à cause des mutacions simples indeuement faictes tant d'abusions sensuivent, comme dit est devant, tropt plus grandes et pires se ensuivroient de la mutacion composée. Monnoie donc est juste et vraye en substance et en poix, si comme il nous est signifié en la Saincte Escripture où il est parlé d'Abraham comment il achapta ung champ pour lequel il donna IIII^c sicles

Causes de mutations difficilles à venir.

Mutacion se face par la communaulté.

Monnoie est chose juste.

Sicles Monnoie, ancienne.

d'argent, monnoie publicquement approuvée (1). Sicle estoit lors ung certain poix ou mesure. Se telle monnoie doncques estoit bonne et ne fut point muée indeuement, actendu qu'elle doit estre de longue durée et par longtemps il convenroit forger d'icelle en grande quantité et non avoir plusieurs monnoies aux despens de la communaulté (2); et en ce seroit l'utilité et le proffit de la chose commune, comme il a esté touché ou VIIe chapitre. Proffitablement donc est à conclurre par les choses premises que nulle mutacion de monnoie, soit simple ou composée, n'est à estre faicte de la seulle auctorité du prince et souvrainement où il vouldroit telle chose faire pour son gaing.

Du prince et proffit.

(1) « Quod ipse emit agrum, pro quo dedit siclos CCCC. argenti probatæ monetæ publicæ. »

(2) « Si igitur ipsa foret bona, et non mutaretur indebitè, cum ipsa sit « longo tempore durabilis, non oporteret de ea multum fabricare, nec « plures monetarios ad expensas communitatis habere. » (Texte latin.)

Le quinziesme chapitre. Que le gaing qui vient au prince pour la mutacion des monnoies est injuste.

Il m'est advis que la principalle et finalle cause pour laquelle le prince veult avoir la puissance de muer la monnoie, n'est autre chose que pour y avoir et prendre gaing et émolument à son proffit; autrement seroit néant qu'il fist tant de manières de mutacions. Si veulx doncques plus plainement monstrer, à ce propos, que telle acquisition est injuste et mauvaise (1) : Premièrement, toute mutacion de monnoie, puis que ces cas devant ditz, qui si peu adviennent, enclost et contient en celle tant de déception et de faulseté, que au prince ne doit appartenir de faire icelle, comme prouvé est cy dessus; dont vient que le Prince usurpe chose de soy mesmes injustement, il est impossible qu'il

Prandre gaing en la mutacion des monnoies est mauvaise et injuste acquisition.

Déception par mutacions de monnoies.

(1) Toute la suite de ce chapitre, ainsi que le chapitre XVI tout entier, et la plus grande partie du chapitre XVII, manquent dans l'édition latine ; la fin du chapitre XVII de la traduction française à partir de : « Le prince, par induc et inconvéniente mutation de la monnoie, prend de fait et non voluntairement la pecune de ses subjectz, » forme la fin du chapitre XV du texte latin. A partir de ce moment, la numération des chapitres change, l'édition latine en contenant deux de moins. On n'y trouve pas non plus le chapitre XXIII de notre texte ; ce qui réduit le total des divisions à vingt-trois, au lieu des vingt-six que compte le manuscrit français que nous publions, et modifie forcément leur ordre numérique.

preingne le juste gaing ne émolument honneste; en oultre, en tant que le prince prent illec de gaing, il s'ensuit et est de nécessité que la communaulté y ait du dommaige. Quelconque chose, dit Aristote, que le Prince face ou préjudice ou dommaige de la communaulté est injustice et fait tyrannique et non pas réal, et s'il disoit, comme soullent les Tyrans mentir, qu'il convertit iceluy gaing en l'utilité publique, il n'est à croire à luy ne à son seul dit, car par ceste mesme raison, il me pourroit oster ma robbe, ou autre chose, et dire qu'il auroit mestier ou besoing d'icelle, pour le commun proffit; car, selon ce que dit l'Apostre, il n'est licite de mal faire affin que bien en adviengne. Ainsi donc, par ceste raison, nulle chose ne se doit laidement oster d'aucun, pour icelle faindre despendre en usaige pitoyable et ausmones. Et, en oultre, se le prince peult, de droit, une simple mutacion de monnoie et là prandre aucun gaing, par pareille raison, il peut faire plus grande mutacion et prandre plus grant gaing et icelle mutacion faire plusieurs foiz, et par ce, attraire à soy plusieurs emolumens, et puis encores faire mutacion composée et par elle augmenter plus grant gaing, selon les manières cy dessus touchées. Et est vray semblable que la chose procederoit par telle manière, que le Prince, ou ses successeurs, de leur propre mouvement, ou par leur cause lier, actendu que telle chose leur seroit licite de faire : car nature humaine est tousjours encline et preste à augmenter Richesses à

Injustice, frauldes.

elle, quant legièrement les peut acquérir, que en fin le prince pourroit attraire à luy comme toute la pécune et les Richesses de tous les subjectz et par ce les ramener en servitude; laquelle chose seroit droictement tyranniser et fait de parfait tyrant et non pas prince, si comme il appert par les philosophes et toutes les anciennes histoires.

Le seiziesme chapitre. Que gaigner en la mutacion des monnoies est contre nature (1).

Combien que toute injustice soit aucunement contre nature, toutesfois, prendre gaing en la mutacion des monnoies est injustice et par aucune espécialle manière, naturelle. Chose naturelle est de multiplier et assembler aucunes naturelles Richesses, si comme, grains, blez, fromens et champs, que comme ilz sont bien semez et bien cultivez, respondent centuple grain, comme dit Ovide ; mais, chose monstrueuse est et contre nature que la chose non apte à porter enfante, ne que la chose stérile et seiche de toute espèce fructifie ou multiplie de soy mesme, si comme est pecune ou monnoie. Et comment donc ce peult-il faire que celle pecune en soy et de soy apporte gaing, car l'opposant et mectant hors pour marchandises de naturelles Richesses ou le dependre en son propre usaige est chose naturelle et licite, mais le recevant ou donnant en elles mesme, comme changeant une pièce pour une autre, ou baillant l'une pour l'autre, tel gaing est vil, inhonneste et contre nature. Par ceste raison

(1) Tout ce chapitre est le reflet de la conception erronée d'Aristote au sujet de la *stérilité* de la monnoie ; Oresme se sert de la même nature d'arguments contre le *change* des diverses sortes de monnoies, qu'il dénonce comme le résultat de l'altération des espèces.

preuve Aristote, ou premier des Politiques, que usure est chose contre nature, car le naturel usaige de la monnoie est qu'elle soit instrument à permuer et achecter les Richesses naturelles, comme souvent est dit; qui doncques use d'elle par autre manière, il se abbuse et fait contre l'institucion naturelle de la monnoie, quant il veult que le denier enfante et parisse ung denier, qui est chose contre nature. Encores, en ces mutacions où l'on prent gaing, il convient appeller denier ce que, en vérité, n'est point denier, et livre ce qui n'est livre, et ainsi des autres poix, comme il a esté dit devant. Il appert doncques que ces mutacions ne sont autre chose que troubler l'ordre de raison, comme dit Cassiodore : Donne ou preste certainement ton soult et se tu puis le reprend d'illec; pareil donne la livre, et se tu puis, aucune chose ne le diminue pas, car à toutes choses appartient estre prouveu par iceulx noms ou tu les rendes et bailles entiers, ou tu ne paye en iceulx ce que tu dois de droit. Car vous ne povez donner du tout l'entiereté des noms et faillir en la diminucion d'icelles; ainsi doncques effacier telz certains secretz de nature n'est autre chose que désirer cruellement et vouloir confondre les certains effectz de vérité; le poix et la mesure apperent premièrement en preuve, car toutes choses sont troublées se l'intégrité est avec fraulde et baratz meslée. De rechief, est dit aussi au Livre de Sapience que Dieu (fit) toutes choses en mesure en poix et en nombre; mais en mutacion de monnoie

Mutacions font désordre.

Mesure, poix, nombre.

Gaing est fraulde.

gaing ne se prent jamais, se en icelle mutacion fraulde et deception n'est commise, si comme dessus est dit et déclairé. Doncques, à Dieu et à nature desrogue et appose celluy qui prent, par ces manières de mutacions, gaings ou aucuns émolumens.

Le dixseptiesme chapitre. Gaing fait en mutacion des monnoies est pire que usure.

Trois manières sont, comme il me semble, par lesquelles aucun peult gaigner en monnoie, sans ce qu'il expose icelles en son usaige naturel : l'une des manières est par l'art de change, garder icelle ou estre marchant d'icelluy qui est ung; le second est usure et le tiers est par la mutacion des monnoies. La première manière est ville. La seconde est mauvaise, et la tierce est pire et très mauvaise. Des deux premières fist Aristote mencion et non pas de la tierce, car encores de son temps n'estoit point telle malice trouvée. Et que la première manière soit vile, inhonneste et vitupérable, Aristote le preuve par raison jà dessus alléguée, ou précédent chapitre, disant que ceste manière est aucunement faire parir la monnoie, et ceste appelle il *abolostaticon*, qui est vulgairement à dire *péaige* ou *tonlieu*. Pour quoy l'Apostre Saint Mathieu qui avoit esté changeur, ne retourna pas à son premier euvre, après la resurrection Jesu Crist, si comme fist Sainct Pierre qui avoit esté pescheur. Et, en assignant la cause de telle chose, dit Sainct Gregoire, que autre chose est de querir sa vie par peschier, et autre augmenter ses pecunes par gaignage de tonlieu et de péaige. Et dit en oultre que plusieurs euvres sont que, sans pécher aucunement, ne

Trois manières de gains en monnoie.

Mutacion se appelle péaige ou tonlieu.

Sainct Mathieu ne retourna au change.

Soulleure du corps.

se pevent faire ne exercer, car ilz sont aucuns ars vilains qui souillent le corps, si comme nectoyer basses chambres, cheminées et semblables. Et autres sont qui maculent et souillent l'âme, si comme ceulx dont à présent est question. De usure il est certain qu'elle est mauvaise, détestable et inique, et ainsi le treuve on en la Saincte Escripture; mais il reste maintenant à monstrer que prandre gaing dans la mutacion des monnoies est encores pire que usure : l'usurier donne sa pecune à celuy qui la reçoit voluntairement et de son bon gré et qui d'elle, par après, se peult aider et secourir à sa nécessité, et ce qu'il baille à celluy, oultre et par dessus ce qu'il a receu, est de certain contract entre eulx et dont ilz sont contens; mais le prince, par indeue et inconvéniente mutacion de la monnoie, prent de fait et non voluntairement la pecune de ses subjectz, car il defend le cours de la première monnoie qui mieulx vault et laquelle ung chacun mieulx vouldroit avoir que la mauvaise; et, en après, sans aucune nécessité utile ou prouffit qui d'illec puisse advenir aux subgectz, rend pecune et monnoie moins bonne; et s'il advient que la face meilleure que par avant, toutesfoiz cy esse affin que ja en arière elle soit empirée; et par ainsi leur baillera moins de la bonne, à l'équipolent qu'il en recepvra. Et par quelconque manière que ce soit il en retient part pour luy. En ce doncques que le prince reçoit gaing de la mutacion de la monnoie, oultre et par dessus le naturel taux en usaige, ceste acqueste est

Souilleure de l'âme.

Prandre gaing en la mutacion des monnoies est pire que usure.

De meilleure monnoie.

pareille et comme usure, mais encores est pire que usure, actendu qu'elle est moins voluntaire et contre la volunté des subgectz, sans aussi qu'elle leur porte prouffit et est de nulle nécessité; car le gaing d'un usurier n'est pas tant excessif ne si préjudiciable ou généralle à aucuns, si comme ceste mutacion, laquelle est imposée oultre et pardessus toute la communaulté; je diz qu'elle n'est seullement pareille à usure, ains est tyrannique et frauduleuse, tellement que je doubte s'elle se doit plus tost appeller violente proye ou exaction frauduleuse. Violente proye.

Le dixhuitiesme chapitre. Que telles mutations de monnoies, quant est en elles, ne sont à permectre.

Aucunesfoiz, affin que pis n'aviengne et pour éviter scandalle, on permect en la communaulté aucunes choses inhonnestes et mauvaises, si comme, bordeaulx publiques. Aucunesfoiz aussi, pour aucunes necessitez et opportunitez, on permect aucunes négociations villes, si comme est l'art de changer, et encores pire, si comme usure; mais de telle mutation de monnoie pour y prandre gaing, il n'appert aucune chose du monde nécessaire, ou autre, pour quoy le mauvais gaing se puisse ou doive permectre; car par cesluy on escheve pas scandalle, mais plus tost on li engende, si comme dit est ou viij[e] chapitre, et moult d'autres inconvénients à cause de ce sensuivent, desquelz les aucuns sont jà touchiez, et encores cy après seront veuz aucuns. Et si n'y a aucune nécessité ou opportunité de ce faire, ne si ne peult aucune chose proffiter à la chose publicque; et de laquelle chose manifeste signe est que telles mutacions sont nouvelles trouvées, comme desjà est touchié ou précédent chapitre.

Permissions de choses villes.

Inconvéniens

Oncques, en Citez ou Royaumes jadiz ou maintenant gouvernans prospereement, ne fut fait ne oncques trouvé histoires qui de ceste chose feist mencion, excepté en ung chapitre escript par Cassiodore, de Théodoric, roy d'Ytalie, une petite mutacion faicte au poix de la

Mutacions nouvellement trouvées.

Mutacion faicte par un roy d'Ytalie, reprouvée.

Monnoie, est reprinse diversement et efficassement est reprouvée, laquelle toutesfoiz (1) avoit fait, pour payer aucunes souldées, dont icelluy Roy rescripvant à Boëce sur icelle chose, entre plusieurs choses dit (2) : « Pourquoy vostre prudence approuvée d'enseignements et leçons vueille debouter la très perverse faulseté, de la compaignie de verité et ne soient aucuns de vous appetibles ne convoitables d'icelle intégrité destruire, seduire ou devorer, etc. » Et après plusieurs choses interposez, de rechief dit (3) : *la chose certe ne se doit multiplier ou amoindrir, qui se donne aux laboureurs, mais de celluy dont on requiert les loyaux faiz doit estre prestée et donnée compensation moindre.* Se donc les Ytaliens ou Rommains finablement firent telles mutacions, si comme encores on voit, d'aucune vielle mauvaise monnoie, laquelle on trouve aux champs aucunesfoiz, ceste chose, par adventure, fut l'une des causes par quoy leur noble Seigneurie devint à néant (4). Et ainsi il appert doncques que telles mutacions sont tant mauvaises que de leur nature ne sont aucunement à permectre.

Lettre qui reprouve la mutacion.

Cause d'anéantissement de la seigneurie des Ytaliens.

(1) « Quidam Arcarius. » (Texte latin.)

(2) « Quapropter prudentia vestra lectionibus crudita dogmativis scelestam falsitatem a consortio veritatis ejiciat, ne cui sit appetibile de illa integritate subducere. »

(3) « Mutilari certè non debet, quod laborantibus datur, sed a quo actus fidelis exigitur, compensatio minimum præstetur. »

(4) « Hoc fuit forte una de causis, quare eorum nobile dominium devenit ad nihilum. » (Texte latin)

Le dixneufviesme chapitre. D'aucuns inconvéniens touchans le prince, qui sensuivent des mutacions des monnoies.

Moultz grans inconvéniens sourdent et naissent, par plusieurs manières, des mutacions des monnoies; desquelz aucuns les plus principaulx touchant le prince, les autres, toutes les gens de son Royaume, comme en brief temps naguères passé a esté veu ou Royaume de France et appendances d'icelluy, pays voisins; et les aucuns inconvéniens ont esté diz devant : desquelz est expédiant les reciter. Premièrement, dont il est trop lait à ung prince de commectre fraulde en falsifiant sa monnoie, appelle or ce qui n'est or, et livre ce qui n'est point livre connue (1). Il a esté dit, en oultre, et est chose propre à ung Prince de condamner et pugnir les faulx monnoyers et ceulx qui en elle font aucune faulseté ou larrecins. Comment donc ne doit pas celluy avoir grant vergoigne, se on treuve en luy la chose qu'il devroit pugnir en ung autre par très laide et infâme mort? Encores est au prince ung moult grant scandale et pusullanimité, quant il souffre en son pays ou Royaume que sa monnoie jamais ne demeure en ung estat et valeur, ains de jour en jour se mue et varie à

La Monnoie doit demeurer en ung estat.

(1) « Fraudem committere, monetam falsificare, aurum vocare, quod « non est aurum et libram, quod non est libra. » (Texte latin.)

la voulenté du possessant, et aucunesfoiz vault plus une pièce d'or ou d'argent, en ung lieu ou ville, que en ung autre, pour ung mesme temps et jour, comme il est encores aujourduy, et souvent ignore le peuple de maintenant, pour les dictes mutacions, combien vault le denier d'or ou d'argent; pour quoy il leur convient aussi bien marchander et vendre leur Monnoie et denier, contre leur droit et propre nature, qu'il fait les marchandises; et aussi en la chose qui doit estre très certaine, il n'y a aucune certaineté (1); ains très incertaine et désordonnée; confusion ou vitupère et déshonneur du prince, qui de ce devroit prandre soli(ci)tude de pugnir les facteurs de celles mutacions. Item, chose moult vitupérable et de tous pays estranges à la noblesse royalle e(s)t defendre le cours de la bonne monnoie, en son Regne, et par sa convoitise commander, voire encores contraindre ses subgectz à user de la sienne qui est moins bonne, comme s'il voulsit dire que la bonne est mauvaise, et la scienne mauvaise estre bonne; actendu que par le prophète, Nostre Seigneur dit: *Malédiction soit à vous qui dit le bien estre mal et le mal...* (2). Et aussi est au Prince moult grant déshonneur non porter honneur à ses prédécesseurs, car ung chacun est tenu, par le divin commandement, honnorer ses parents; et celluy semble

Diversitez de pris.

(1) « Et sic rei quæ debet esse certissima, nulla est certitudo. » (Texte latin.)

(2) « Væ vobis qui bonum dicitis malum et malum bonum. »

estre et faire contre l'honneur de son progéniteur, quant il defend le cours de la monnoie d'icellui et ou lieu de la figure de son père, il faict mectre la sienne (1), de cuivre ou partie d'icellui. Laquelle chose il semble que nous en ayons figure ou Livre des Roys, où on lit que le roy Roboam osta les escus d'or que son père Salomon avoit fait, et ou lieu d'eulx prendre escuz faiz de cuivre. Icelluy mesme Roboam, pour ceste honte et

Roboam en perdit la Seigneurie des dix lignées.

autres, perdit la seigneurie de dix lignées de son peuple d'Israel, pour ce que, du commencement de son Regne, il greva trop excessivement et tyranniquement ses subgectz. A ces choses et exemples, le prince ou Roy doit avoir horreur de telles tyrannies, faictes comme est la mutacion de ses monnoies, qui est chose tant périlleuse et préjudiciable pour toute sa postérité, si comme sera encores demonstré.

(1) « Et loco monetæ aureæ, quam ipsi fabricaverunt, facit monetam « æream in parte. » (Texte latin.)

Le vingtiesme chapitre, Des inconvéniens touchant toute la communaulté.

Entre moult de inconvéniens venans par la mutacion de la monnoie, qui touchent et regardent toute la communaulté, il en est ung duquel a esté touché ou quinziesme chapitre, c'est assavoir, par lesquelles les princes pourroient attraire à eulx comme toute la pecune de la communaulté, et par ce tropt appouvrir les subgectz, et pareillement que aucunes maladies sont si contagieuses et plus périlleuses des autres, pour ce qu'elles sont plus sensibles et près des nobles membres (1); aussi telle evasion, comme est ceste mutacion, tant moins apparceue, de tant plus est périlleuse et dommaigeuse; car le grief qui par elle vient, n'est pas sitost sentu ne apparceu du peuple, comme il seroit par une autre cuillecte, et toutesfoiz nulle telle ou semblable ne peult estre plus griefve ne plus grande; et, en oultre, l'or et l'argent, par telles mutacions et empiremens, se amoindrist et diminue en ung Royaume, et, nonobstant toute la garde et defense que on en fait, sest transporte il dehors où l'on les aloue plus hault pris; car, par adventure, les hommes portent plus voulentiers leurs

Transport de monnoies.

(1) Le texte latin dit : « Et quemadmodum quædam aegritudines chro- « nicæ sunt aliis periculosiores et sunt minus sensibiles, ita talis exactio, « quanto minus percipitur tanto periculosius exercetur. »

monnoies aux lieux ou ilz scevent icelles plus valoir (1); de ce sensuivent doncques diminucions de matières et forger monnoie au Royaume ou pays où l'on fait empirances. Item, ceulx des pays estrangers aucunesfoiz contrefont semblable monnoie et la porte ou pays où elle a cours, et par tel larrecin ilz emportent le gaing que le prince cuide avoir. Encores aussi celle matière, en fondant et refondant, se consumme; et appert en partie toutes et quantesfoiz que telles mutacions se font, et aussi la matière monnoïable se diminue par trois manières, à l'occasion d'icelles empirances et mutacions, pour quoy elles ne pevent longuement durer ou pays. Voire se ce n'estoit en la matière monnoïable habondant, par minières ou autrement; et ainsi le prince, en la fin, n'auroit matière dont il peult faire bonne monnoie et souffisante. Encores par ces mutacions et empirances des monnoies cessent les marchans de venir de estranges Royaumes et apporter leurs bonnes marchandises et richesses naturelles ou pays où ilz scavent icelles mauvaises monnoies avoir cours: car la chose qui plus attraist le marchand à porter ses richesses naturelles et bonnes monnoyes en ung pays est ou bonne et certaine monnoie est et se fait. Encores, en la terre mesmes où telles mutacions se font, le fait de marchandise est si trouble que les marchans et mechanicques ne sçavent comment communiquer ensemble,

Monnoies contrefaictes.

Larrecin.

Diminution de la matière monnoïable

Trouble des marchans.

(1) « Homines enim conantur suam monetam portare ad loca, ubi eam « credunt magis valere. » (Texte latin.)

et pour ce, telles mutacions disans, es revenues du prince et des nobles, et les pensions et gaiges annuelz, les lievaiges et les sentiers et choses semblables, ne se pevent bien ne justement tauxer ne payer, comme il a esté et est de présent; et, qui pis est, la pecune et monnoie ne peult donner ou croire l'un à l'autre; et ainsi, pour telles mutacions le monde est trouble et mesmes le service divin et les aumosnes caritatives des pouvres membres de Dieu, et sont refroidées et retardées, et toutesfoiz souffisance de nature monnoïable, marchandises et toutes les autres choses devant dictes sont nécessaires et très utilles à nature humaine, et le contraire moult préjudiciable à toute la communaulté.

Le vingt uniesme chapitre. Des inconvéniens qui touchent partie de la communaulté, à cause d'icelles mutacions.

Aucunes parties de la communaulté sont occupées aux besongnes honnorables, utilles de toute la chose publicque, si comme en acquérir Richesses naturelles, aux prières et supplicacions de lay de divin, à soustenir la Justice, à traicter aucunes choses pour l'utilité et nécessité commune, comme sont Ecclésiasticques et Religieux, les Juges, les Chevaliers de la terre, les marchands, les gens de labour et les cultivemens de la terre, les mécaniques et semblables; mais l'autre part d'icelle communaulté n'est empeschée de croistre et multiplier sa pecune par venun acquest, si comme sont changeurs, marchans de Monnoies, billonneurs et telz semblables; laquelle mutacion est moult laide, comme il a esté dit au xviij[e] chapitre. De ceulx icy doncques qui sont comme non nécessaires à la chose publicque, les aucuns sont receveurs et qui traictent et reçoivent moult de pecunes, et telz hommes prennent moult grant partie de gaing, émolument, venant par les mutacions des monnoies, et malicieusement, voire par adventure, contre Dieu et justice, car ilz sont en moult grande richesse emiclopes, et si sont d'avoir tant de bien

Marchans de monnoies.

Abbuz des marchans et receveurs par les mutacions des monnoies.

indignes (1) ; dont les autres qui sont de la meilleure partie de la communaulté en sont apaouvris tellement que le prince, par ceste chose endommaige et griefve moult les meilleurs de ses subgectz ; et toutesfoiz le gaing ne parvient pas à lui, ains ceulx en ont la pluspart, desquelz leur négociation est ville et meslée de toute fraulde et déception, comme dit est. Et, oultre, quant le Prince ne donne point à congnoistre au peuple le temps et la manière qu'il entend faire en la monnoie, les aucuns, par cautelles ou par amys, sçavent ceste haulse secrectement et lors ilz achectent marchandises pour la foible monnoie les aucuns, et puis après les vendent pour forte ; et ainsi souldainement sont faiz riches, et gaignent trop tost et indeuement contre le naturel cours légitime de marchandise ; de quoy Monseigneur Sainct Augustin se esbaist et esmerveille moult et semble, à la vérité ceste chose estre une manière de monopole, ou préjudice et dommaige de toute la communaulté. Encores, ès pareilles mutacions est nécessaire que les rentes et revenues de pecune, tauxez au nombre, soient justement diminuez ou justement augmentez, si comme dit a esté ou chapitre de la mutacion de l'appellacion de la monnoie. Item, le Prince, par telles diversifications et sophistications des monnoies, donne occasion aux mauvaiz de faire faulse monnoie, et pour ce que leur semble estre moins contre

Pour avaluer les sommes et choses deues.

Occasion aux mauvais.

(1) « Quoniam ipsi sunt tot divitiis immeriti et tantis bonis indigni » (Texte latin.)

leur conscience falsifier la monnoie, actendu que leur appert que le prince mesme le fait ; ou que leur faulseté ne sera pas sitost reprinse ni congneue. Et ainsi telles mutacions courans, se pevent plus de maulx faire et perpétrer que s'il couroit tousjours une manière de bonne et loyalle monnoie. Et aussi, ses mutacions durans, adviennent toutes et innumerables perplexités, erreurs et inextricables difficultés, en comptes et en receptes entre les hommes, et oppinions diverses, et sourdent entre eulx plusieurs questions, fraudes, abusions et debatz, à cause de paye de ses mauvaiz deniers, lesquelz sçauroye à peine racompter avec eulx qui devant ay nommez (1) ; et ce m'est de merveille ; car, si comme dit Aristote, ung inconvenient donne, moult d'autres l'ensuivent, et ce nous a esté de présent assez cruel, Dieu y pourvoye !

Troubles des payemens par la mutacion.

(1) Les lignes qui suivent manquent dans l'édition latine.

Le vingt deuxiesme chapitre, se la communaulté peult faire telles mutacions en monnoies.

Puysque la monnoie est à la communaulté, comme dit est et demonstré ou vj[e] Chapitre, il semble que celle communaulté puisse d'icelle à sa voulenté ordonner, et par ainsi la muer et en prandre gaing à son plaisir, et faire d'elle comme de sa propre chose (1); et mesmement, si pour guerre et la rédemption de son prince prisonnier, ou autre cas de fortune, icelle communaulté nécessaire indigence auroit d'une grande somme de pecune, elle doncques le pourroit lors par la mutacion de la monnoie lever, et ne seroit point contre nature, ne aussi usure, actendu qu'elle ne feroit celle chose comme le prince seul, mais comme icelle communaulté à qui la monnoie appartient, par ce cesseroient et n'auroient lieu moult de raisons avant dictes contre la mu-

Pour rédemption du prince, ou cas de fortune.

(1) La fin de ce chapitre, telle que la donne la traduction française, et tout le chapitre XXIII manquent dans l'édition latine. L'hypothèse du droit de la communauté, si nettement posée et si vigoureusement combattue, forme cependant une des parties les plus remarquables du travail de Nicole Oresme. Dans le texte imprimé, le chapitre XXII (indiqué comme chapitre XX, par le motif que nous avons expliqué) se termine ainsi : « Sed hoc est contra honorem regni, attentare principem exhœreditare, « immo ipsum depauperare, et statu magnificientiæ destituere, non tam « injuste, quam etiam vituperabiliter pro tota communitate, quam non « decet habere Principem, nisi excellenti statu pollentem. »

tacion de la monnaie. Et ne semble point que la communaulté puisse ceste chose seullement faire, pour les causes dessus dictes; mais, qu'elle le doit faire, actendu que la cueillecte est nécessaire; car, à assembler ceste chose, il semble que tous hommes de bonne condicion y doivent condescendre, car en brief temps, celle taille et cuillecte porte moult grant gaing et si est legiere à cueiller et distribuer ou à l'assigner, sans l'occupacion de plusieurs et qui se peut recueillir à petit despens et sans la fraulde des receveurs qui la recueillent; nulle autre manière, aussi plus esgalle et proportionnalle se peut ymaginer, car qui plus a plus paye; et si est moins aparcevable ou sensible à chacun en son endroit, par ce plus supportable, sans peril de rébellion et sans le murmure du peuple. Elle est aussi très générallé, car ne clerc ne noble, par previleige ne autrement ne se peut d'icelle exempter, si comme font les plusieurs qui se vuellent d'autres cueillectes substraire, dont naissent plusieurs envies, dissentions, tensions, scandalles et moult d'autres inconvéniens, lesquelz ne viennent point par telle mutacion de monnoie. Ainsi doncques, ou cas devant dit, icelle mutacion se peult faire par la communaulté; toutesfois, il me semble de ceste chose, saulve tousjours meilleur jugement, de moy aussi, se le pois dire et faire, actendu que celle somme de pecune est à transporter en parties loingtaines et à despendre entre gens avec lesquelz on n'a aucune communication; et aussi ceste chose est si grande que la matière mon-

Les moiens pourquoy se doit faire.

noïable, par ce sera en ceste communaulté plus longuement moindre; et en cestui cas se peult faire cueillecte, par la mutacion des monnoies, ou en matière, ou en mixtion; se autrement faisoit telle permutacion, ce seroit, par après, pour la cause assignée et selon la manière mise au douziesme Chapitre. Et se la somme devant dicte n'estoit point si grande ou se tellement estoit despendue ou comment que ce soit, que de la matière monnoiable ne soit longuement moins à la communaulté; je diz, pour ceste cause, que, sans les inconvéniens commencez et ditz ou présent chapitre, encores ensuivroient plusieurs et pires dangiers, à cause de telle cueillecte et mutacion de monnoie, que ceulx qui sont devant narrez. Et principallement se en ensuivra péril que, à la fin le Prince ne vouldroit ceste chose se estre à luy attribuée; et lors tous les inconvéniens dessus diz retourneroient à la communaulté, et n'y fait riens la raison première, en laquelle on disoit que la pecune et monnoie appartient à la Communaulté, ne aucun ne peut justement abuser de sa chose, ou illicitement user, si comme feroit la communaulté, se elle faisoit la mutacion telle de monnoie. Et si, par adventure, icelle communaulté faisoit, par aucunes manières, telles mutacions, lors la monnoie seroit et devroit estre reduicte à estat deu le plustost que faire se pourroit, et devroit cesser la prinse du gain dessus icelle monnoie.

Cueillecte pour mutacion.

Forte monnoie.

Le vingt troisiesme chapitre. L'argument en quoy le Prince peult muer les Monnoies (1).

Cest coustume de dire, que, en cas de nécessité, toutes choses appartiennent au Prince, et ainsi doncques, par ceste raison, il peult des monnoies de son royaume, autant et ainsi qu'il luy plaist et voit estre expédient, prendre et ordonner, pour une apparente nécessité, ou pour la defense de la chose publicque, ou pour maintenir sa principaulté et estat, la manière de assembler et cueillir pecune, par la mutacion des monnoies est moult convenant et ydoine, comme il se peult prouver, par ce que dit est ou Chapitre précédent. Et supposé que le Prince ne puisse tellement muer les monnoies et dessus prandre tel émolument de droit ordinaire et commun; toutesfoiz on diroit qu'il pourroit ce faire, par autre privé droit, si comme de previlleige espécial à lui donné par le Pape, par l'Empereur, ou par la communaulté jadiz à luy octroyé, et en possesser et joïr, par droit héréditaire, pour ses bons mérites. Item, la monnoie, comme dit est dessus, appartient à la communaulté, et la peut muer, ainsi que dit est ou précédent Chapitre; doncques icelle commu-

Previlleige de muer.

(1) Dans ce chapitre, que ne donne point l'édition latine, l'auteur résume et accumule tous les arguments produits en faveur du droit du Prince sur les espèces.

naulté pevent icelle auctorité concéder et octroyer au Prince la puissance de muer icelles monnoies, et se desvestir d'icellui droit de permuer les monnoies et en donner partie au Prince qu'il en puisse lever gaing et émolument, à sa voulenté. Item, se de droit commun appartient à la communauté ordonner des monnoies, comme il est souvent dit, pour aucun discorde seurvenant entre la multitude de la communaulté, elle n'a peu convenir en une manière notable, et n'a icelle doncques peu descendre en ce que la totalle disposicion de la monnoie, dès lors et maintenant, fust en la voulenté du Prince, certes oyl, et que par la raison d'icelle chose, il pris un émolument et gaing en la mutacion ou ordinacion de la monnoie. Item, ou premier Chapitre, se disoit que certaine pension doit estre taxée et ordonnée pour la façon de la monnoie, et que sur icelle le Prince peut ou doit avoir et prendre sur ce plus, doncques par pareille raison il puet avoir et prendre sur ce plus, et par conséquant, autant comme par la mutacion des monnoies, et aussi pareillement par telles mutacions il puet icellui émolument lever. Item, il convient le Prince avoir certaines revenues et grandes sur la communaulté, par quoy il puisse tenir grant et noble estat et honneste, si comme il affiert à la magnificence royalle; il convient aussi que icelles revenues soient de la seigneurie du Prince et du propre droit de la couronne royalle. Il est donc possible que la pluspart d'icelles revenues jadiz luy furent assignées sur le fait

Pour émolument du Prince.

des monnoies tellement que au Prince fut licite de recevoir gaing en muant les monnoies. Il est aussi possible que se ceste chose fust ostée au Prince, [le] demourant de ses rentes ne souffiroient à son estat entretenir; vouloir doncques oster la puissance au Prince de muer les monnoies, quant il lui semble estre expédient et nécessaire, c'est actempter contre l'onneur du Royaume et déshériter le Prince, voires encores l'apouvrir et le destituer de l'estat de sa deue magnificence, et non pas encores si justement que vitupérablement, pour toute la communaulté à laquelle il n'appartient avoir Prince, s'il n'a excellent et noble estat.

Le vingt quatriesme chapitre. Responses aux argumens précédens et conclusion principalle.

Jaçoit que en la solution du premier argument, par adventure, moult de difficultés peussent seurvenir, toutesfoiz, en briefvement passant ce que pour le présent il me vient au devant, que, affin que le Prince ne faignist telle necessité estre, qui point ne le seroit, si comme faignent les tirans, comme dit Aristote, il est à déterminer par la communaulté ou par la pluspart d'icelle, expressément ou taisiblement, quant, quelle et comme grande nécessité appert de ce faire. Je diz expressément que à ce se doit assembler la communaulté, s'il est possible et que faculté y soit. Je dis aussi taisiblement, c'est à dire, que se la nécessité estoit si hastive que le peuple ne peust estre en temps appellé et qu'elle fut si évidente que, par après, apère notoirement, lors il est licite au Prince recevoir aucunes des facultez de ses subgectz, non par les mutacions des monnoies, mais par manière de prest, duquel ça en arrière il doit faire plenière restitucion (1). A l'autre argument où l'on disoit que le Prince pourroit avoir previlleige de muer les monnoies : premièrement, je

Quand on peult faire mutacion et prest.

Restitution.

(1) « Tunc non licet Principi aliquid recipere de facultatibus subdi-« torum per mutationem monetæ, sed per modum mutui, de quo postea « facienda est restitutio plenaria. »

Le Pape ne peult donner privilleige.

[ne] me entremectz de la puissance du Pape, mais je crois qu'il n'a oncques ceste chose octroyée ne aussi ne octroieroit jamais; car il donneroit licence de faire mal, laquelle oncques nul ne le peust desservir d'avoir, et aussi il ne peult donner une chose laquelle il mesmes ne luy fut oncques licite de faire (1). De la communaulté, aussi est dit ou vingt deuxiesme Chapitre, que elle ne peult muer les monnoies, fors en certain cas, et c'elle commectoit ceste chose au Prince faire, par raisonnable mutacion, laquelle elle peult, comme il appert par cestuy chapitre et autres desjà, le Prince ne feroit pas ceste chose, comme principal acteur, mais comme exécuteur de l'ordonnance publique. A l'autre ou on argue que la communaulté à laquelle appartient et est la monnoie, se peult despoullier de son droit et icelluy totallement donner au Prince et ainsi tout le droit de la monnoie seroit nuement desvolu au Prince; premièrement il m'est advis que ceste chose ne feroit nullement la commuaaulté bien conseillée, ne aussi à elle n'appartient aucunement muer les monnoies ou mauvaisement user de sa propre chose, comme dit est ou XXIIe chapitre (2). Item, communaulté de cytoiens,

Par privileige de communaulté.

(1) Il manque sans doute ici quelques mots, car la traduction ne correspond plus au texte latin : « De Imperatore autem Romano dico quod « ipse nulli principi potuit unquam privilegium dare, faciendi illud quod « sibimet non liceret : sicut est talis mutatio monetæ, ut patet ex præ« dictis. »

(2) « Nec etiam sibi licet quomodolibet mutare monetas, aut male uti « re sua. » (Texte latin.)

laquelle naturellement est franche et tend à liberté, jamais scientement ne se submectroit à servitude, ou s'abbaisseroit au joug de la puissance tyrannique Et se icelle desceue ou tropt espouvantée ou contraincte, l'octroye au Prince, certes telle mutacion non aiant eu regard aux inconvénients qui s'ensuivent, et avec ce se trouver ainsi estre subjecte, elle peult tantost ceste puissance revocquer et rappeler. Item, la chose qui appartient à aucun, comme de droit naturel, ne peult aucune foiz estre transportée justement à autruy, comme la monnoie appartient de droit à la communaulté, si comme assez appert par les chapitres dessusdiz. Si comme donc la communaulté ne peult octroyer au Prince qu'il ait la puissance et auctorité d'abbuser des femmes de ses cytoiens à sa voulenté et desquelles qu'il luy plaira, pareillement elle ne luy peult donner previleige de faire à sa voulenté des monnoies; duquel privilleige il ne pourroit sinon mal user et prandre tel gaing sur les mutacions d'icelles comme il luy plairoit. Et à ce que touchie est dessus que par ce la communaulté ne pourroit estre d'accord en la mutacion des monnoies, le droit pourroit descendre en la puissance du Prince, à ce je diz que ainsi se peult bien faire, quant à aucune partie et pour aucun temps, mais non pas lui octroyer ne donner la puissance de prandre tant de gaing, par les indeues mutacions dessus dictes. A respondre à l'autre argument prins du cinquiesme chapitre, de ce que le Prince peult avoir et prandre aucun

La communaulté peult révocquer sa puissance.

La communaulté ne peult donner le privilleige de prendre proffit.

Prendre petit proffit par le Prince.

émolument sur la Monnoie, on respond legièrement que c'est ainsi comme une pension petite et limitée, laquelle ne peult estre accreue aucunement par les mutacions devant dictes, mais doit demourer estable, sans mutacion aucune. A l'autre raison où l'on concède qu'il est licite au Prince avoir revenues pour tenir son estat honnestement et magnifiquement, il est vérité que avoir les doit, mais non pas sur les monnoies, ains se doivent assigner ailleurs et prendre par autre manière que par telles indeues mutacions, par lesquelles tant de maulx et inconvéniens naissent et sourdent, comme dessus monstré a esté; et combien que monstré a esté aucune partie d'icelle revenue soit mise sur la monnoie, si doit elle estre de certaine et déterminée quantité, comme de chacun marc d'or, six solz, et de chacun marc d'argent, un soult, ou autre gratieulx taux, lequel ne se doit muer ne augmenter, pour quelque cas irraisonnable qui surviengne, pour les enormes maulx, qui, à cause de telles exactions et détestables mutacions des monnoies, pevent advenir. De toutes lesquelles choses universellement est à conclure que le Prince ne les peult faire ne sur elles prendre aucun gaing, par droit commun ou ordinaire, ne de previleige ne de don, ne aussi par aucun pact ou autre auctorité, ne par aucune autre manière, ne si peult estre aucunement à luy appartenant par sa haultesse et seigneurie. Item, car ceste chose luy denier n'est pas icelluy deshériter ou aller contre la royalle majesté, comme aucuns menteurs,

Ne muer ne changer proffit.

Ne prandre gaing.

Se on peult denier au Prince.

flateurs et faulsaires traistres à la chose publicque luy dient et font entendre, dont aucunes foiz viennent grans inconvéniens. Et, en oultre, veu que le Prince n'est point tenu de ceste mutacion faire ne d'icelle prandre gaing, il n'est digne d'avoir aucune pension ou don, pour soy abstenir de telle abusive exaction, car ceste chose me semble fort le pris de redemption de servitude, laquelle nul roy ou aucun bon prince doit exigier ne requerre de ses bon subgectz. Item presupposé, et encores non concedé, que celluy prince auroit privilleige de faire aucune chose sur la monnoie, à cause de la faire bonne et entretenir en estat, encores devroit-il perdre icelluy son privilleige [ou cas] ouquel abuseroit d'icelluy et qu'il mueroit ou falsifieroit icelles monnoies pour son singulier gaing, ce non moins convoiteusement que laidement accroissant.

Le vingt cinquiesme chapitre. Que le Prince tyrant ne peult longuement durer.

En ce chapitre et ou derrenier ensuivant je entends monstrer et prouver que exigier et lever pecunes par telles mutations de monnoies est contre l'onneur du royaume et ou préjudice de toute la royalle postérite. Il est doncques assavoir que entre la bonne princi-paulté du royaume et la tyrannique est telle différence que le tyrant ayme et quiert plus son propre proffit qu'il ne fait porter ne vouloir l'utilité commune de ses subgectz, et à ce s'efforce affin que il tienne son peuple subject et serf. Et le bon roy ou prince, par le contraire, mect l'utilité publicque devant la sienne privée et propre, et par dessus toutes choses, après Dieu et son âme, il ayme le bien et liberté publicque de ses subgectz. Et ceste manière est la vraye utilité et noblesse du seignorant la seigneurie, duquel est de tant plus noble et meilleur, de quant elle regarde et apporte plus de prouffit à ses subgectz, si comme dit Aristote, et avec ce le roy ou prince est à durer plus longuement, entant qu'il vit en telle intencion et propos. A ce propos, dit Cassiodore : « la discipline de gouverner est amer la chose, qui à plusieurs est expédiente et nécessaire (1) ; »

Chose tyrannique.

Bien de liberté publique.

(1) « Disciplina imperandi est amare quod multis expedit. »

Dangiers de translations de pays.

car toutesfoiz que le royaume se tourne en gouvernement tyrannique il ne peult estre longtemps après gardé ne deffendu, car par icelles il se prépare en toutes manières à diminution, translation ou perdition, mesmement en region temperée, et loingtaine de gouvernement estrange, en laquelle sont hommes de conversation et de meurs francs et libres et non serfz, et qui, par longue coustume ne sont endurez ne accoustumez d'estre gouvernez par tyrannie; auxquelz la servitude leur seroit inexpédiant, involuntaire et oppressive, et par conséquent, violente, et par ainsi doncques non durable; si comme dit Aristote, choses violentes tantost se corrumpent; et pour ce dit Tulle que nulle force ou puissance de l'empire n'est tant grande, que, estant en doubte, ou pour paour, puist estre de longue durée (1); et Senèque, en ses tragedies dit: Nulle seigneurie violente n'est sans doubte, et domination modérée dure longuement (2); dont, après que les princes furent destituez, Notre-Seigneur les improperoit et redarguoit par le Prophète, disant, qu'ils impéroient et seigneurissoient par austerité et par ce ne povoit leur regne avoir longue durée (3). Encores à ce propos disoit Plutarque à l'empereur Trajan, que la chose publicque est ung corps qui, a la semblance de providence divine et par

(1) « Quod nulla vis imperii tanta est, quod premente metu possit esse « diuturna. »

(2) « Violenta nemo imperia continuat diu, Moderata durant. »

(3) « Quod imperabant subditis cum auctoritate et potentia. »

son bénéfice est animé et se fait par equité souveraine et qui se gouverne par aucune moderacion de raison (1); ainsi doncques la chose publicque ou royaume est ainsi comme ung corps humain, et ainsi le veult Aristote au cinquiesme livre des Politiques; et ainsi donc que le corps est mal disposé quant les excessives humeurs surhabondent à ung vray et royal membre d'icellui, tellement que ledit membre souvent de ce est enflammé et tropt engrossié, les autres demourans secz et attenués, car tel corps ne peult, sinon par deue et esgalle proportion, longuement vivre. Et ainsi pareillement se peult dire de la communaulté ou royaume, quant les richesses sont attraictes et accumulées oultre et par dessus bonne polyce d'une part, et par icellui qui y seigneurit et domine. Et la comparation en est assez legière à faire, car quant le prince ou aucun de quelque vocation ou dignité qu'il soit, veult attraire à luy et de fait parvient à ce qu'il assemble en grande multitude par dessus ses subgectz ou ses semblables, ou préjudice de eulx, plusieurs richesses, il est comme ung monstre à nature, si comme ung corps duquel la teste est si grosse que le residu d'icelui est si foible qu'il ne la peut soustenir. Ainsi doncques que tel homme ne se peult aider ne aussi longuement vivre, pareillement la communaulté ou royaume duquel le prince tire à soy

(1) « Respublica est corpus quod divini numinis instar beneficio animatur, et summæ æquitatis agitur nutu, et regitur quodam moderamine rationis. »

richesses excessivement, comme par mutacions de monnoies, gabelles, et telles exactions, ne pevt longuement durer en prospérité, si comme il appert par le vingtiesme chapitre ; de rechief, si comme en la mixtion des voix trop grande inéqualité ne plaist ne delecte et toute consonance destruit et enlaidist, ains est requis équalité proportionnée et amesurée, car les voix bien proportionnées font joyeuses modulations ou resonances ou chor ; ainsi doncques universellement, quant à toutes les parties de la communaulté la inéqualité des possessions et puissances ne appartiennent ne consonne en elle, ains tropt grande disparité discipe et corrumpt l'armonie et doulceur de la chose publicque, comme il appert par Aristote, ou cinquiesme livre des Politiques. Par plus forte raison donc icellui prince qui est ou royaume comme teneur et voix principalle (1) [si] est si grant qu'il excede toute la grandesse, et par icelle se discorde de la communaulté, par son avarice et amas des richesses oultre mesure, lors la doulce mélodie de la royalle police sera troublée. Pour laquelle chose, Aristote dit, aincores est une autre différence [entre] le roy et le tyrant, car le tyrant veult estre le plus puissant violentement dessus toute la communaulté, à qui il préside ; mais le roy et bon prince est tellement attrempé qu'il est voirement le plus puissant de tous ses subgectz, et toutesfoiz il est ou milieu d'eulx, constitué le moindre

(1) « Qui est in regno ut tenor et vox principalis in cantu. »

entre icelle communaulté d'euvres et forces (1); et pour ce que la réalle puissance communément et legierement tend en hault et a haultes choses (2), pour ce est il nécessaire de adjouster et mectre grande cautelle et vueillant garde voire très haulte, principalle prudence est requise à preserver icelle, affin qu'elle ne glische ou chée en tyrannie, comme dit Aristote, et principallement pour les fallaces et déceptions des adulateurs et flateurs qui tousjours incitent les princes à cheoir en tyrannie, comme dit Aristote. Ilz sont telz, comme dit ou livre de Hester, les flateurs deçoivent les simples oreilles des princes; estimans tous autres estre de leurs natures, par leurs decevables fraudes et par leurs subgestions empirent et perdent les estats des princes et roys. Mais pour ce que les eschiever et arrachier est chose difficile, celluy Aristote en donne une autre reigle par laquelle le royaume se peult longuement garder, laquelle est que le prince n'amplie pas (3) trop sa seigneurie sur ses subgectz, qu'il ne face exactions ou aucunes prises et detencions d'iceulx, hors les termes de justice, et que le droit veult qu'il leur laisse leurs franchises, s'ilz en ont; et s'ilz n'en

(1) « Regis vero temperantia est tali moderamine temperata, quod « ipse est major atque potentior, quam aliquis ejus subditus, et tamen « tota ipsa communitate inferior viribus et opibus, et sic in medio con- « stitutus. »

(2) « Potestas regia communiter et leviter tendit in majus. »

(3) « Non multum amplificet. »

ont, qu'il leur en donne, et en icelle ne les empesche, aussi qu'il n'en use pas de sa planière puissance mais de celle qui par les vrayes loix et bonnes coustumes luy sont limitées et réglées. Pou de choses, dit Aristote, sont à délaisser en l'arbitre du juge ou du Prince. Aristote aussi ameine une exemple de Theopompus, roy de Lacédémone, lequel, quant il fut venu à sa seigneurie, il delaissa et quicta à ses subgectz plusieurs tribuz et exactions que ses prédécesseurs leurs avoient imposez, dont sa femme fort pleurant et luy reprochant que c'estoit grant honte et pusillanimité à ung filz de tenir le royaume à luy délaissé par son père de moindre émolument et revenuz que de son père l'avoit receu, le bon roy, à deux parolles, respondit une raison : Je faiz mon royaume perpétuel (1). O divin oracle! O! de com grant poix fust ceste parolle et digne d'estre paincte ès salles des princes et roys en lectres de fin or. Je faiz mon regne perpetuel! comme s'il voulsist dire : J'ay plus acreu mon royaume par duracion de temps qu'il n'avoit esté diminué par modéracion de puissance. Certes voicy plus grant mot que de Salomon, car se Roboam, de quoy a esté dessus faicte mencion, eust receu de son père Salomon le royaume ainsi composé et l'eust en ce point entretenu, jamais il n'eust perdu les lignées d'Israel, comme il fist; et ne luy eust on jamais improperé ce que ce dit Exemple.

(1) « Trado diuturnius. »

est ou XLVIIe chapitre de l'Ecclésiastique : Tu as prophané et amené en mocquerie la sentence, en amenant la fureur d'ire et à tes enfants, et aux autres as demonstré ta follie, affin que feisse ton empire biparti, c'est à dire party en deux. Ainsi est doncques demonstré que la seigneurie qui de bon regime se convertist en tyrannie il convient que hastivement il fine.

Le vingt sixiesme et derrenier chappitre est que prandre gaing par mutacion de monnoie, préjudicie à toute la royalle postérité.

J'ay intention de déclarer que les mutacions précédentes sont contre l'onneur du Roy et prejudicient à la succession royalle, comme à ses enfans, pourquoy j'ameyne au devant trois poinctz : le premier est que la chose est en ung roy moult vitupérable et à ses successeurs moult préjudiciable, par laquelle le royaume se dispose à toute perdicion ou qu'il soit transféré aux estranges; et ne pourroit le roy se douloir assez ne pleurer, qui ainsi seroit malheureux et si misérable, quant, par sa negligence ou par son mauvais gouvernement, telle chose se feroit, dont luy et tous les autres perdroient possession du royaume acreu par les nobles vertus de ses prédécesseurs et qui par long temps l'avoient gracieusement garenty, ne aussi ne luy seroit pas chose glorieuse, ne sans le peril de son âme, se par le défault de son peuple, il souffroit tant de pestillences, tant de calamitez et de misères quantes et quelles soullent advenir en la distraction et translation des royaumes. Le second, je presuppose que par tyrannisation on expose le royaume à perdicion, si comme il a esté déclaré ou precedent chappitre. Et car il est escript, en l'Ecclésiastique, que le royaume se transfère

Transmutation de royaume.

et transmue de gent à autre et de peuple à autre, pour leurs injustices et injures, contumélies et diverses frauldes (1). Et avecques, affin que je descende à choses plus espécialles, comme ainsi fut que jà Dieu ne plaise que les francs couraiges des François fussent si abastardiz que voluntairement fussent faitz serfz, pour ce la servitude à eulx imposée ne pourroit longuement durer, car combien que la puissance soit grande des tyrans, toutes foiz elle est violente ès cueurs des libres enfans des subgectz advenir et à l'encontre des estrangiers non vallable (2). Quiconques donc vouldroient, par aucune manière, attraire et induire les seigneurs de France à cestuy regime tyrannique, certes ils exposeroient le royaume en grant descriement et honte et le prepareroient à sa fin; car oncques la très noble sequelle des roys de France n'aprint à tyranniser, ne aussi le peuple gallican ne s'accoustume à subjection servile; et pour ce, se la royalle sequelle de France delinque de sa première vertu, sans nulle doubte, elle perdra son royaume et sera translatée en autre main.

Le tiers poinct je le suppose ainsi, que desjà est assez prouvé et souvent reppeté, c'est que prandre ou augmenter son gaing ou demaine par les mutations des monnoies est un fait plain de tyrannie et injuste, et

(1) *Le latin ajoute :* « Tyrannis autem injuriosa est et injusta. »

(2) « Ideoque servitus eis imposita durare non potest. Quoniam, etsi « magna sit tyrannorum potentia, est tamen liberis subditorum cordibus « violenta, et adversus alienos invalida. »

avec ce, qui ne se pourroit continuer ou royaume, ne en quelque royaume que ce soit, ce ce n'estoit en pays accoustumé d'estre gouverné en tyrannie. Grans maulx et inconvéniens s'ensuivent et viennent à cause d'icelles mutacions, comme dit est ; mais encores convient il aucuns autres maulx précéder ceulx qui depuis les accompaignent, car telle fraude, et, si je ose dire, larcin, ne se pourroit conseiller de hommes qui ne fussent en leurs pensées et intencions corrumpues et prestz à toutes frauldes et perversitez tyranniques conseiller ou ilz verroient le prince ploier et encliner comme puis peu de temps en ça avons assez veu, par deffaulte de chief. Je diz doncques, par manière de recueil, que la chose par laquelle le royaume se dispose à perdicion est laide et prejudiciable au roy et à tous ses hoirs et successeurs; et ceste chose est entendue par gouverner tyranniquement ses subgectz et par leur exiger et prandre leurs substances par les mutations des monnoies ou autrement. Item, aussi telles mutacions et exactions sont contre l'onneur de toute la royalle postérité, et moult préjudiciables, comme assez dessus est prouvé.

Mal de proffit des Monnoies.

Conclusion du Translateur.

Les choses cy dessus premises soient dictes sans assertion ou affirmation et à la correction des saiges et prudens hommes, et mesmement de vous, mon très chier et honnoré seigneur, qui en la plupart d'icelles vous congnoissez et estes expert; car selon que dit Aristote, les besongnes civilles sont plus souvent doubteuses et incertaines. Se aucun doncques, pour amour de vérité enquerre, vouldroit contredire à icelles ou escripre contre, bien sera, mais se j'ay mal parlé porteige tesmongnage du mal avec raison, affin qu'il ne soit veu pour néant et de sa singulière voulenté temerairement condamner ce que bonnement ne se peult impugner ne contredire.

Finis tractatus de mutationibus monetarum a magistro Nycholao Oresme, sacre pagine professore editus.

TRACTATUS

DE ORIGINE, NATURA, JURE ET MUTATIONIBUS

MONETARUM

Nous croyons utile d'ajouter à cette publication de la traduction du *Traité des monnoies*, faite par l'auteur, le texte latin original de l'œuvre de Nicole Oresme.

Il a été imprimé pour la première fois, ainsi que nous l'avons dit dans notre travail, par Thomas Keet, à Paris, au commencement du seizième siècle. Il ne nous a pas été possible de nous procurer ce volume, fort rare, mais nous avons eu à notre disposition l'exemplaire des *Opusc. de monetis,* qui contient l'édition publiée à Lyon, en 1605, par Gothard Voegelin. Cette édition, bien que fautive et incomplète, est de beaucoup supérieure au texte compris dans la SACRA BIBLIOTHECA SANCTORUM PATRUM de *Margarinus de la Bigne* (Paris, 1589, vol. IX, p. 1291), et reproduit dans la MAX. BIBLIOTH. VETERUM PATRUM, *primò quidem a Margarino de la Bigne in lucem edita* (1697, Lugduni apud Anissonios). t. XXVI, p. 226 (1). L'ordre des chapitres révèle dans ces dernières, mieux que ne le fait l'édition de Voegelin, la principale lacune du texte imprimé, car après le chapitre XXII vient immédiatement le chapitre XXVI au lieu du chapitre XXIII, qui termine l'exemplaire de Voegelin.

M. Roscher parle de la réimpression, plus fautive encore,

(1) R. P. D. Nicolai Oresmii Lexoviensis Episcopi : De mutatione monetarum tractatus. Nous rencontrons ici l'indication de la qualité de précepteur de Charles V, attribuée à Oresme : Fuit hic Nicolaus Oresmius Caroli V Francorum Regis cognomento sapientis Præceptor, qui multos Aristotelis, Ciceronis aliorumque auctorum Libros convertit in gallicam linguam, florebat circa annum Domini 1376.

La *Gallia christiana* (t. II) s'exprime en termes analogues : « Nicolaus Oresme theologus parisiensis, collegii Navarini major magister et Caroli V Regis præceptor; ex decano rothomagensi fit episcopus lexoviensis, anno 1377. Scientiæ theologicæ ac profanæ in Parisiensi schola ætate sua coryphæus, unde et illi Carolus V jussit plura opera versione gallica donare, inprimis Ethica Aristotelis 1370. »

Præter tractatum de mutatione monetarum quem hic habes, composuit opus perutile inscriptum de communicatione idiomatum, item aliud contra astrologos judiciarios... Morte sublatus, anno 1382, sepulturam accepit in cathedrali juxta portam chori sinistram.

faite dans les actes publics monétaires de D. Th. de Hagelstein (Augsbourg, 1642).

Afin de donner une leçon plus correcte, nous avons collationné le volume de Voegelin (que nous désignons par *V*) avec les meilleurs manuscrits de la Bibliothèque impériale (1).

Ces manuscrits, qui ont servi à l'édition actuelle, sont au nombre de trois; nous les désignons par *A B C*.

A. Bibl. Imp. S. Germ. lat. 1103. — 1° Fol. 1, *Tractatus de mutatione monetarum;* — 2° fol. 27, *De quibusdam exordiis et eorum continuacione et adaptacione ad quascumque materias spirituales;* — 3° fol. 50ro, *De quibusdam brocardicis et regulis juris que interdum vel pro exordiis possent accipi, vel in exemplari dictamine adaptari;* — 4° fol. 66vo, *Dicta sive proverbia vulgaria concordata auctoribus Biblie vel Sanctorum.* Tout ce manuscrit est écrit de la même main; il est daté par une note placée à la suite du Traité de Nicolas Oresme, et ainsi conçue : *Expliciunt tytuli, Deo gracias, anno Domini* 1397.

B. Bibl. Imp. Carmes de la place Maubert, n° 10, sur papier, non paginé, écriture d'environ 1400, contient : 1° *Hugonis de Balma Tractatus de triplici vita ad sapientiam* (attribué également à J. Gerson); — 2° *J. Gerson, Tractatus de oratione;* — 3° *Hugonis de S. Victore Tractatus de oratione; J. Gerson, Tractatus de laude scriptorum doctrine salubris;* — 4° *Alius Tractatus incipiens : Nolite attendere fratres mei;* — 5° *Nic. Oresme, Tractatus de monetis;* — 6° *J. Gerson, De contractibus;* — 7° *Ejusdem De passionibus;* — 8° *Narratio diversarum sectarum;* — 9° *Albertani Doctrina dicendi et tacendi* (2).

C. Bibl. imp., fonds latin 8733, A. Manuscrit du quinzième siècle, contenant seulement le Traité de Nicole Oresme. Une miniature placée au premier folio de ce volume, et exécutée avec une grande perfection, représente un atelier de monnayage. Parmi les ornements qui lui servent d'encadrement on distingue la devise : *Plus est en vous*, deux bombardes et l'écusson fleurdelisé; la devise et les bombardes montrent que ce volume a fait partie de la bibliothèque du sieur de la Gruthuyse; les armes royales ont été plaquées après coup, lorsque les livres de ce riche collectionneur entrèrent à la bibliothèque du roi sous Louis XII.

(1) La Bibliothèque impériale en possède plusieurs autres qui sont la reproduction exacte de ceux que nous avons consultés et qui paraissent moins anciens. Nous devons remercier M. Paul Meyer, ancien élève de l'École des chartes, qui a bien voulu nous aider dans ce travail délicat et pénible.

(2) Cette notice est tirée du catalogue du fonds des Carmes de la place Maubert (Bibl. Imp., *Catalogues*, n° 8).

INCIPIT TRACTATUS DE ORIGINE, NATURA, JURE, ET MUTATIONIBUS MONETARUM, COMPOSITUS PER MAGISTRUM NICOLAUM ORESME SACRÆ THEOLOGIÆ PROFESSOREM (1).

Prologus.

Quibusdam videtur quod aliquis rex aut princeps auctoritate propria possit de jure vel (2) privilegio libere mutare (3) monetas in suo regno currentes, et de eis (4) ad libitum ordinare, ac super hoc capere lucrum seu emolumentum(5) quantumlibet (6) : aliis autem videtur oppositum. Propter quod intendo in præsenti tractatu de hoc scribere,

(1) *Cet incipit est donné par B ; C* incipit tractatus de origine et natura, jure et mutationibus monetarum. *C contient de plus ce titre écrit au dix-septième siècle :*

R. P. D.
Nicolai Oresmij Lexoviensis
Episcopi et præceptoris
Caroli V cognomento
Sapientis Regis Christ.
Tractatus
De origine et natura
Jure et mutationibus
Monetarum.

(2) *V* aut; *A* vel de p. — (3) *A* permutare. — (4) *C* eisdem. — (5) *V* aut. — (6) *Omis dans C.*

quid (1) secundum philosophiam (2) Aristotelis principaliter mihi videtur esse dicendum, incipiens ab origine monetarum : nihil temere asserendo, sed totum submitto (3) correctioni majorum, qui forsan ex eis quæ dicturus sum, poterunt excitari ad determinandum veritatem super isto, ita ut omni cessante scrupulo omnes in unam possint sententiam pariter convenire, et circa hoc invenire quod principibus et subjectis, immo toti reipublicæ proficiat in futurum.

Incipiunt capitula presentis tractatus (4).

(1) *V* quod. — (2) *C ajoute :* aut rationes. — (3) *A* subacto. — (4) *Le manuscrit* A *rejette cette table à la fin du Traité ; le texte imprimé la place en tête et avant le prologue ;* B C *lui assignent la place que nous lui conservons.* — (5) Et mixtione, *omis dans A C.* — (6) *V*, Q l. proveniens p. c. m. m. sit i.

Capitulum I.

Propter quid moneta sit inventa.

Quando dividebat Altissimus gentes, quando separabat Deutero.
filios Adam, constituit terminos populorum. Inde multipli- 32, 8.
cati sunt homines super terram, et possessiones prout expediebat divisæ sunt. Ex hoc autem contigit, quod unus habuit de una re ultra suam necessitatem ; alius vero de

(1) *Les chapitres XVI et XVII sont omis dans V.* — (2) *V* D. a. i. p. communitatis tangentibus. — (3) *A omet* tales. — (4) *Manque dans V.*

eadem re habuit parum aut nihil; et de alia re e contrario fuit, sicut forsan quis abundavit ovibus et pane indiguit, et agricola e converso. Una etiam regio superabundavit in uno, et defecit in alio. Cœperunt ergo homines mercari sine moneta, et dabat unus alteri ovem pro frumento, et alius de labore suo pro pane vel lana (1), et sic de aliis rebus. Quod adhuc longo postea tempore (2) fuit in quibusdam civitatibus institutum, prout (3) narrat Justinus. Sed tamen in hujusmodi permutatione et transportatione rerum, multæ difficultates acciderunt. Subtilisati sunt homines usum invenire monetæ (4), quæ esset instrumentum permutandi ad invicem naturales divitias, quibus de per se subvenitur naturaliter humanæ necessitati. Nam ipsæ pecuniæ dicuntur artificiales divitiæ : contigit enim his abundantem (5) mori fame, sicut exemplificat Aristoteles de rege cupido, qui oravit, ut quidquid ipse tangeret, aurum esset; quod Dii annuerunt, et sic fame periit, ut dicunt pœtæ; quoniam per pecuniam non immediate succuritur indigentiæ vitæ, sed est instrumentum artificialiter adinventum pro naturalibus divitiis levius (6) permutandis. Et absque alia probatione clare potest patere, quod numisma est valde utile bonæ communitati civili, et Reipublicæ usibus opportunum, imo necessarium : ut probat (7) Aristoteles .V. Ethicorum. Quanquam de hoc dicat Ovidius :

> Effodiuntur opes irritamenta malorum,
> Jamque nocens ferrum ferroque nocentius aurum
> Met., I, 140. Prodierat, etc.

Hoc enim facit perversa malorum cupiditas, non ipsa pe-

(1) *V* de labore suo panem vel lanam. — (2) *V* tempore postea; *les mots* in quibusdam civitatibus *sont omis*. — (3) *V* ut. — (4) *V* subtilisati homines usum monetæ invenere; *C* omnes *au lieu de* homines. — (5) *Sic V et B*, *A* abundantes, *C* superhabundantem. — (6) *V* leviter. — (7) *V* dicit.

cunia, quæ est humano convictui multum accommoda (1), et cujus usus per se bonus est. Inde aut Cassiodorus : *Pecuniæ ipsæ quamvis usu creberrimo* (2) *viles esse videantur, animadvertendum est quanta tamen* (3) *a veteribus ratione collectæ sunt.* Et in alio loco dicit, quod (4) constat *monetarios in usum publicum specialiter esse inventos.* Variar. 10.

Capitulum II.

De qua materia debet esse moneta.

Et quoniam moneta est instrumentum permutandi divitias naturales, ut patet ex capitulo præcedenti, conveniens fuit, quod ad hoc tale instrumentum esset (5) aptum : quod fit, si sit faciliter manibus (6) attrectabile seu palpabile, et leviter portabile, et quod pro modica ipsius (7) portione habeantur divitiæ naturales in quantitate majori, cum aliis conditionibus quæ postea videbuntur. Oportuit igitur quod numisma fieret de materia preciosa et rara (8), cujusmodi est aurum. Sed talis materiæ competens debet esse abundantia (9). Propter quod ubi aurum non sufficeret, moneta fit cum hoc de argento ; ubi autem ista duo metalla non sufficerent vel non haberentur, debet fieri mixtio (10), aut simplex moneta de alio puro metallo ; sicut antiquitus fiebat ex ære, ut narrat Ovidius I. Fastorum dicens :

Æra dabant olim, melius nunc omen in auro est, Fast., I, 220.
Victaque concedit prisca moneta novæ.

Similem etiam mutationem promisit Dominus per Esaiam Isa 60, 17.

(1) *V* accommodata. — (2) *A B C* celeberrimo. — (3) *V* tamen quanta. — (4) *A omet* quod. — (5) *V* fuerit. — (6) Faciliter manibus *omis dans V*. — (7) *V* ejus. — (8) *V* cara. — (9) *V* sed talis materia debet esse in competente abundantia. — (10) *C* commixtio.

prophetam (1) dicens : *Pro ære afferam aurum, et pro ferro afferam argentum.* Hæc enim metalla sunt ad monetam aptissima. Et, ut Cassiodorus inquit, *primi dicuntur Eacus aurum, argentum Indus rex Scythiæ reperisse* (2) *et humano usui summa laude tradidisse.* Et ideo non debet permitti quod tantum ex eis in usus alios applicetur, quod residuum non sufficiat pro moneta. Quod Theodoricus rex Italiæ recte advertens, aurum et argentum, quod more gentium in sepulchris mortuorum erat reconditum, jussit depromi, et usui monetæ ad utilitatem publicam fecit afferri dicens, *culpæ genus esse inutiliter in abditis relinquere mortuorum unde se vita potest sustentare viventium.* Rursum nec expedit politiæ quod talis materia sit nimis abundans : hac enim de causa moneta ærea recessit ab usu, ut ait Ovidius. Forsan etiam quod (3) ab hoc humano generi provisum est ut aurum et argentum, quæ sunt ad hoc aptissima, non facile habeantur in copia, et ut non possint per alchimiam leviter (4) fieri, sicut aliqui tentant, quibus, ut ita dicam, juste obviat ipsa natura, cujus opera frustra nituntur excedere.

Cassiodor. lib. IV, cap. XXXIV.

Capitulum III.

De diversitate materiæ (5) *monetarum et mixtione.*

Moneta, ut dicit primum capitulum, est instrumentum mercaturæ. Et quoniam communitati et (6) cuilibet expedit mercaturam fieri aliquotiens magnam seu grossam, quando-

(1) *V omet* prophetam. — (2) *V* primus dicitur aurum et argentum Indus rex Scythiæ recepisse. — (3) *V omet* quod. — (4) *V* faciliter. — (5) *V omet* materiæ. — (6) *V* Et quoniam contingit quod.

que vero minorem, et plerumque de parvis vel parvam (1), inde est quod conveniens fuit habere monetam pretiosam, quæ facilius portaretur et numeraretur (2), et quæ magis esset habilis ad mercaturas majores. Expedivit etiam habere argenteam, minus scilicet pretiosam, quæ apta est ad recompensationes et æquiparantias faciendas, et pro emptione mercimoniorum minorum. Et quoniam aliquotiens in una (3) regione non satis est competenter (4) de argento, secundum portionem divitiarum naturalium; imo portiuncula argenti, quæ juste dari deberet pro libra panis vel aliquo tali, esset minus bene palpabilis propter nimiam parvitatem, ideo facta fuit de minus bona materia cum argento ; et inde habuit ortum nigra moneta, quæ est congrua pro minutis mercaturis. Et sic convenientissime, ubi non abundat argentum, sunt tres materiæ monetarum, prima aurea, secunda argentea, et tertia nigra mixta. Sed animadvertendum (5) est et notandum pro regula generali, quod nunquam debet fieri mixtio, nisi tantummodo ex minus precioso metallo de quo consuevit fieri parva moneta. Verbi gratia, ubi haberetur moneta ex auro et argento, mixtio nunquam facienda est in moneta aurea, si tamen aurum talis naturæ fuerit, quod monetari possit immixtum. Et est causa, quoniam omnis talis mixtio de se suspecta est, nec facile possunt auri substantia, et ejus quantitas in mixtione cognosci. Propter quod nulla mixtio debet in monetis fieri, nisi propter necessitatem jam tactam; et tunc facienda est, ubi suspicio est minor vel deceptionis minoris, et hoc est in minus pretioso metallo (6). Rursum nulla talis mixtio facienda est, nisi duntaxat pro utilitate com-

(1) *A* seu parvam; *C omet ces deux mots.* — (2) *V* enumeraretur; *C* mutaretur. — (3) *V* aliqua. — (4) *V* non satis competenter habetur. — (5) *V* advertendum. — (6) *V* et hoc est de metallo minus precioso.

muni, ratione cujus moneta est inventa et ad quam naturaliter ordinatur, ut patet ex prius dictis. Sed nunquam est necessitas, nec apparet communis utilitas, faciendi mixtionem in moneta aurea, ubi habetur argentea; nec videtur posse bona intentione fieri, neque unquam factum (1) est in communitate prospere gubernata.

Capitulum IV.

De forma seu figura monetæ.

Cum primum cœpissent homines mercari sive comparare divitias mediante moneta, nondum erat in ea aliqua impressio vel imago, sed una portio argenti vel æris dabatur pro potu vel cibo, quæ quidem portio mensurabatur ad pondus. Et quoniam tædiosum erat ita crebro ad trutinam recurrere, nec bene poterat pecunia mercaturis (2) æquiparari per pondus; cum hoc esset ut in pluribus venditor (3) non poterat cognoscere metalli substantiam sive modum mixtionis, ideo per sapientes illius temporis prudenter (4) provisum est, quod portiones monetæ fierent de certa materia et determinati ponderis, quodque (5) in eis imprimeretur figura, quæ cunctis notoria (6) significaret qualitatem materiæ numismatis et ponderis veritatem, ut amota suspicione posset valor monetæ sine labore cognosci. Quod autem impressio talis instituta sit nuntius et in signum veritatis materiæ et ponderis nobis ostendunt antiqua nomina monetarum co-

(1) *V* facta. — (2) *V* mercatoris. — (3) *V* cum hoc etiam venditor (ut in pluribus); *C* cum hoc etiam in pluribus venditor. — (4) *A* sapienter. — (5) *V* et quod. — (6) *V*. notior.

gnoscibilium ex impressionibus vel figuris; cujusmodi sunt libra, solidus, denarius, obolus, as, sextula (1), et similia quæ sunt nomina ponderum (2) appropriata monetis, ut ait Cassiodorus. Similiter siclus (3) est nomen monetæ, ut patet in Genesi, et est nomen ponderis, ut patet ibidem. Genes. 23, 15.
Alia vero nomina monetæ (4) sunt impropria, accidentalia seu denominativa a loco, a figura, ab auctore (5), vel aliquo tali modo; portiones autem monetæ quæ dicuntur *numisma*, deberent esse figuræ et quantitatis habilis ad contrectandum et ad numerandum, et de materia numerabili, ac etiam ductibili ac recepticili impressionis sive tenaci. Et inde est quod non omnis res pretiosa (6) apta est ut fiat numisma : gemmæ enim, lazuleus (7), piper, et talia non sunt ad hoc apta nata, sed præcipue aurum et argentum, sicut fuit supra tactum.

Capitulum V.

Cui incumbit facere numisma.

Adhuc autem fuit antiquitus ordinatum, et propter deceptionem cavendam, quod non licet cuilibet facere monetam, aut hujusmodi figuram vel imaginem imprimere in suo proprio argento et (8) auro; sed quod moneta vel characteris impressio fieret per unam personam publicam, seu per plures a communitate ad hoc deputatas; quia, sicut præmissum est, moneta de natura sua instituta est et inventa pro bono communitatis. Et quoniam princeps est

(1) *V omet* as, sextula. — (2) *V* ponderis. — (3) *A* acus, *B* actus, *C* similis actus. — (4) *A omet* monetæ; *V* monete nomina. — (5) *C* actione. — (6) *V* preciosa res. — (7) *V omet* lazuleus. — (8) *V* vel.

persona magis publica, et majoris auctoritatis, conveniens est quod ipse, pro communitate, faciat fabricare monetam et eam congrua impressione signare. Hæc autem impressio debet esse subtilis, et ad effigiandum (1) seu contrafaciendum difficilis. Debet etiam prohiberi sub pœna (2) ne aliquis extraneus princeps vel alter fabricaret monetam similem in figura et minoris valoris, ita quod vulgus nesciret distinguere inter istam et illam. Hoc esset malefactum, nec aliquis potest de hoc habere privilegium; quia falsitas est, et causa juste bellandi contra talem extraneum.

Capitulum VI.

Cujus sit ipsa moneta.

Quamvis pro utilitate communi (3) princeps habeat signare numisma, non tamen ipse dominus seu proprietarius est monetæ currentis in suo principatu. Moneta siquidem est instrumentum æquivalens permutandi divitias naturales, ut patet ex primo capitulo. Ipsa igitur est eorum (4) possessio quorum sunt hujusmodi divitiæ. Nam si quis dat panem suum, vel laborem proprii corporis pro pecunia, cum ipse eam recepit (5), ipsa est sua, sicut erat panis vel labor corporis, qui erat in ejus potestate libera, supposito quod non sit servus. Deus enim a principio non dedit solis (6) principibus libertatem ad dominium rerum, sed primis parentibus et toti posteritati, ut habetur in Genesi. Moneta igitur non est solius principis. Si quis autem vellet

(1) *A* designandum, *B* effigendum, *C* effigiendum. — (2) Sub pœna, *omis dans V*. — (3) Communi, *omis dans V*. — (4) *V* ipsorum. — (5) *V* recipit. — (6) *V* solum.

opponere per hoc, quod Salvator noster, ostenso sibi quodam denario, interrogavit dicens, *Cujus est imago et superscriptio hæc?* et cum responsum esset (1), *Cæsaris*, ipse sententiavit dicens : *Reddite ergo* (2) *quæ sunt Cæsaris, Cæsari, et quæ Dei sunt, Deo.* Acsi diceret : Cæsaris est numisma, ex quo imago Cæsaris (3) in eo est impressa. Sed inspicienti seriem Evangelii patet facile, quod non ideo dicitur Cæsari deberi denarius, quia erat Cæsaris imagine superscriptus, sed quoniam erat tributum. Nam, ut ait Apostolus : *Cui tributum, tributum,* et *cui vectigal, vectigal.* Christus itaque signavit, per hoc posse cognosci cui debeatur tributum : quia (4) illi debebatur, qui pro republica militabat, et qui ratione imperii poterat fabricare monetam. Est igitur pecunia communitatis et singularium personarum : et ita dicit Aristoteles VII° Politicæ, et Tullius circa finem veteris Rhetoricæ.

Matth. XXII.

Capitulum VII.

Ad cujus expensas fabricanda sit moneta.

Sicut ipsa moneta est communitatis, ita facienda est ad expensas (5) communitatis. Hoc autem fit (6) convenientissime, si hujusmodi expensæ accipiantur supra totam monetam, per hunc modum quod materia monetabilis, sicut aurum quando traditur ad monetandum vel venditur pro moneta, detur pro minori pecunia quam possit fieri (7) ex ea sub certo pretio taxato (8), verbi gratia, si ex marca ar-

(1) *V* est. — (2) *V* igitur. — (3) *V* regis. — (4) *V* quod. — (5) *V* ita debet fabricari expensis. — (6) Fit, *omis dans V*. — (7) Fieri *omis dans V*. — (8) *V ajoute* haberi.

genti fieri possint LXII solidi, et pro labore et necessariis ad monetandum eam requirantur duo solidi, tunc marca argenti non monetata valebit LX solidos et alii duo erunt pro monetatione (1). Hæc autem portio taxata debet esse tanta quod sufficiat abundanter omni tempore pro fabricatione monetæ. Et si moneta possit fieri pro minori pretio, satis congruum est quod residuum sit (2) distributori vel ordinatori, scilicet principi vel magistro monetarum, et sic quasi (3) quædam pensio. Sed tamen hujusmodi portio debet esse moderata, et sufficienter satis parva, si monetæ sufficerent debito modo, ut dicetur postea. Et si talis portio vel pensio esset excessiva, hoc foret in damnum et præjudicium totius communitatis, sicut potest unicuique faciliter apparere.

Capitulum VIII.

De mutationibus monetarum in generali.

Ante omnia sciendum est, quod nunquam sine evidenti necessitate mutandæ sunt priores leges, statuta, consuetudines seu ordinationes quæcumque, tangentes communitatem. Imo, secundum Aristotelem in II° Politicæ, lex antiqua positiva non est abroganda pro meliore nova, nisi sit multum notabilis differentia in bonitate earum, quoniam mutationes hujusmodi diminuunt ipsarum legum auctoritatem et reverentiam, et multo magis si frequenter fiant. Ex hoc enim oritur scandalum et murmur in populo, et periculum

(1) F duo solidi, erunt pro monetatione LXIV. — (2) F est. — (3) F sicut.

inobedientiæ. Maxime autem (1) si tales mutationes essent in pejus, nam tunc forent intolerabiles et injustæ. Nunc autem ita est, quod cursus et pretium (2) monetarum in regno debet esse quasi quædam lex et quædam ordinatio firma. Cujus signum est, quod (3) pensiones et quidam reditus annuales taxati sunt ad pretium pecuniæ, scilicet ad certum numerum librarum vel solidorum. Ex quo patet, quod nunquam debet fieri mutatio monetarum, nisi forsan (4) emineret necessitas, aut (5) evidens utilitas pro tota communitate. Unde Aristoteles, v° Ethicorum, loquens de numismate, *Verumtamen*, inquit, *vult manere magis*. Mutatio autem monetæ (prout in generali possum perpendere) potest imaginari fieri multipliciter : uno modo in forma seu figura præcise, alio modo in (6) proportione, alio modo in pretio vel appellatione (7), alio modo in quantitate vel pondere, et alio modo in substantia materiæ. Quolibet (8) enim istorum quinque modorum sigillatim aut pluribus simul potest mutari moneta. Bonum est igitur istos modos discurrendo declarare, et per rationem inquirere, si aliquo eorum potest juste mutari moneta, et quando, et per quem, et qualiter, et propter quid.

Capitulum IX.

De mutatione monetæ in figura.

Figura impressa seu character monetæ potest dupliciter innovari. Uno modo, non prohibendo cursum monetæ

(1) *V omet* autem. — (2) *V* ipsarum. — (3) *V ajoute* quœdam. — (4) *V* forte ; *C* forsitan. — (5) *V ajoute* forte. — (6) *V omet* in. — (7) *V* in appellatione vel nomine. — (8) *V* In quolibet.

prioris, ut si princeps in moneta, quæ sit suo tempore, inscriberet nomen suum, permittendo semper (1) cursum præcedentis. Et hoc (2) non est proprie mutatio, nec est magna vis si hoc fiat, dum tamen non implicetur cum hoc alia mutatio. Alio modo potest innovari figura, faciendo novam monetam cum prohibitione cursus antiquæ. Et est proprie mutatio ; et potest fieri juste propter alteram duarum causarum. Una est si aliquis princeps extraneus, vel aliqui falsarii, malitiose effigiarint vel contrafecerint modulos seu cuneos monetarum, et inveniatur in regno moneta sophistica, falsa et similis bonæ in colore et figura : tunc qui non posset aliter remedium apponere, expediret mutare modulos et figuram impressionis monetæ. Alia causa posset esse, si forsan antiqua moneta esset vetustate nimia impejorata (3), vel in pondere diminuta : tunc cursus deberet prohiberi, et in nova meliore esset facienda impressio differens, ut vulgus sciret per hoc distinguere inter istam et illam. Sed non videtur mihi, quod princeps posset (4) inhibere cursum prioris monetæ sine altera istarum causarum ; alias enim talis mutatio esset præternecessaria, scandalosa, et communitati damnosa. Nec apparet quod princeps ad talem mutationem posset (5) aliunde (6) moveri, nisi propter alterum duorum : aut videlicet, quia (7) vult ut in quolibet numismate inscribatur nomen suum et nullum (8) aliud, et hoc esset facere irreverentiam prædecessoribus suis et ambitio vana; aut quia (9) vult plus fabricare de moneta, ut ex hoc habeat plus de lucro, juxta illud quod tactum est supra in

(1) *V* super ; *B C* semper ; *A omet ce mot.* — (2) *V* hæc. — (3) *A* pejorata. — (4) *A* Sed videtur mihi quod princeps non posset. — (5) *C* possit. — (6) *Omis dans V.* — (7) *V* nisi altero istorum modorum, videlicet aut quod. — (8) *V* non. (9) quod.

capitulo VII, et hoc est prava cupiditas, in præjudicium et damnum totius communitatis.

Capitulum X.

De mutatione proportionis monetarum.

Proportio est rei ad rem comparatio, vel habitudo : sicut in proposito monetæ aureæ ad monetam argenteam debet esse certa habitudo in valore et pretio. Nam secundum hoc quod aurum est de natura sua pretiosius et rarius argento, et ad inveniendum vel habendum difficilius, ipsum aurum æqualis ponderis debet prævalere in certa proportione (1); sicut forsan esset proportio viginti ad unum, et sic una libra auri valeret viginti libras argenti et una marcha xx marchas, et una uncia xx uncias, et sic semper conformiter. Et possibile est quod sit una alia proportio, sicut forte xxv ad tria, et quævis alia. Verumtamen ista proportio debet sequi naturalem habitudinem auri ad argentum (2) in pretiositate, et secundum hoc instituenda est hujusmodi proportio, quam non licet voluntarie transmutare, nec potest juste (3) variari, nisi propter causam realem (4), et variationem ex parte ipsius materiæ, quæ tamen (5) raro contingit. Ut si forsan notabiliter minus inveniretur (6) de auro, quam ante, tunc oporteret quod esset carius in comparatione (7) ad argentum, et quod mutaretur in pretio et valore. Si parum aut nihil sit mutatum in re, tunc hoc nullo modo posset licere principi. Nam si hujusmodi proportionem ad libitum immutaret, ipse per hoc posset attrahere sibi inde-

(1) In certa proportione, *omis dans V.* — (2) *A* auri et argenti. — (3) *V* jure. — (4) *A C* rationalem. — (5) *V* causa. — (6) *A* inveniatur. — (7) *V* proportione.

bite pecunias subditorum, ut si taxaret aurum ad parvum pretium, et illud emeret pro argento, deinde (1) augmentato pretio, rursum venderet aurum suum vel monetam auream, vel conformiter de argento : illud esset (2) simile (3), sicut si poneret pretium in toto frumento regni sui, et emeret et postea venderet pro majori pretio. Quisque certe potest clare videre (4) quod ista esset injusta exactio, et vere tyrannis : immo videretur violentior et pejor quam illa fuerit quam fecit Pharao in Ægypto. De qua Cassiodorus
Genes. 41. inquit (5) : *Joseph legimus contra famem funestam, emendi quidem tritici dedisse licentiam, sed tale posuisse pretium, ut suæ subjectionis avidus populus se venderet, potius alimoniam mercaturus. Quale fuit rogo tunc miserum vivere, quibus acerba subventio libertatem suam videbatur adimere, ubi non minus ingemit liberatus* (6) *quam potuit flere* (7) *captivus. Credo virum sanctum hac necessitate constrictum, ut et avaro principi satisfaceret, et periclitanti populo subveniret.* Hæc ille. Istud autem monopolium monetarum adhuc esset verius tyrannicum, eo quod foret magis involuntarium et communitati non necessarium, sed præcise (8) damnosum. Si quis autem dicat quod non est simile de frumento, quia (9) aliqua spectant specialiter ad principem in quibus potest statuere pretium prout placet, sicut dicunt aliqui de sale, et fortiori ratione de moneta; istud autem monopolium seu gabella salis, aut cujuscumque rei necessariæ communitati, injusta est. Et si qui principes statuerint (10) leges hoc eis
Isai. 10, 1. concedentes, ipsi sunt de quibus Dominus per Isaiam prophetam dicit, *Væ qui condunt leges iniquas et scribentes*

(1) *V* et inde. — (2) *C* est. — (3) *V* similiter. — (4) *V* vendere. — (5) *V* ait. — (6) *V* liberalitas. — (7) *V* scire. — (8) *A* præcipue. — (9) *V* quod. — (10) *V* statuerent.

injustitias (1) *scripserunt*, etc. Rursum ex primo et sexto capitulis satis patet, quod pecunia est ipsius communitatis. Ideoque, et ne princeps possit malitiose fingere causam mutationis proportionis monetarum in præsenti capitulo assignatam, ipsi soli communitati spectat decernere (2), si et quando et qualiter et usquequo immutanda est hujusmodi proportio, nec princeps hoc debet sibi quomodolibet usurpare.

Capitulum XI.

De mutatione appellationis monetæ (3).

Sicut fuit dictum capitulo IIII, quædam sunt appellationes seu necessaria accidentalia monetarum, denominativa ab auctore, vel a loco, et ista quasi nihil vel modicum faciunt ad propositum. Sed alia sunt magis essentialia et appropriata numismati, sicut denarius, solidus, libra, et similia, quæ denotant pretium, sive pondus, et quæ fuerunt alta consideratione et magno mysterio ab antiquis imposita. Unde Cassiodorus, *Animadvertendum est*, inquit, *quanta ratione ipsæ pecuniæ a veteribus collectæ sunt. Sex millia denariorum solidum esse volebant, scilicet ut radiantis metalli formata rotunditas ætatem mundi, quasi sol aureus, convenienter includeret. Senarium* (4) *vero* (*quem non immerito perfectum antiquitas docta definivit*) *unciæ, qui mensuræ primus gradus est, appellatione significavit, quam duodecies similitudine mensium computatum in libræ plenitudinem ab anni circulo collegerunt. O inventa prudentium!*

(1) *V* et scribent et injustitias. — (2) *V* discernere. — (3) *V* monetarum. — (4) *B C* denarium.

O provisa majorum! Exquisita res est, quæ et usui humano necessaria distingueret, et tot arcana naturæ figuraliter contineret. Merito igitur dicitur libra, quæ tanta rerum est consideratione trutinata. Hæc ille. Si autem alio modo utamur pro nunc istis nominibus et nummis, nunquam tamen immutanda sunt frustra. Sint (1) igitur, gratia exempli, tres modi numismatis : primum valeat unum denarium, secundum unum solidum, et tertium unam libram. Si ergo (2) appellatio unius immutetur, et non alterius, jam variabitur proportio. Sicut qui vocaret vel faceret valere primum numisma duos denarios, aliis non mutatis, proportio esset variata; quod non licet fieri (ut patet ex capitulo præcedenti) nisi forte rarissime, et hoc ad præsens non curo. Oportet igitur si proportio remaneat immutata, et unum numisma mutet (3) appellationem, quod aliud etiam proportionabiliter immutetur : ut si primum vocetur duo denarii, secundum vocetur duo solidi, et tertium duæ libræ. Si autem non fieret alia mutatio, oporteret mercimonia ad majus pretium comparare proportionabiliter seu appellare. Sed talis mutatio nominum (4) fieret frustra, et non est facienda, quia scandalosa esset, et appellatio falsa. Illud enim vocaretur (5) libra, quod in veritate non esset libra; quod est inconveniens, ut nunc dictum est. Verumtamen nullum aliud inconveniens sequeretur, ubi non essent pensiones vel aliqui reditus ad pecuniæ numerum assignati; ubi vero essent, statim patet, quod cum inconvenientibus prædictis hujusmodi reditus ex tali mutatione proportionaliter minuerentur, aut crescerent irrationabiliter et injuste, ac etiam in præjudicium multorum. Nam ubi pensiones vel

(1) *V* sunt. — (2) *V* igitur. — (3) *V* mutaret. — (4) *V ajoute* non. — (5) *V* appellaretur.

reditus aliquorum essent nimis (1) parvi, deberent per alium modum specialem augeri, et non isto modo præjudiciali et damnoso. Hæc ergo (2) appellationis mutatio præcise (3) nunquam est facienda, et maxime princeps in nullo casu debet hoc attentare.

Capitulum XII.

De mutatione ponderis monetarum.

Si pondus numismatis mutaretur, et cum hoc variaretur proportionabiliter pretium, et appellatio cum figura, hoc esset facere aliud genus monetæ ; sicut qui faceret de uno denario duos obolos (4), vel aliquid tale, sine perditione vel lucro. Et istud posset licite (5) aliquotiens fieri propter aliquam transmutationem realem in materia monetabili, quæ non potest nisi rarissime contingere, sicut de (6) quadam alia mutatione dictum est cap. x. Nunc autem volo dicere de præcisa mutatione ponderis seu quantitatis monetæ, quæ fieret appellatione et pretio non mutatis. Et videtur mihi quod talis mutatio est simpliciter illicita, potissime principi qui nullo modo potest hoc facere, nisi turpiter et injuste. Primo namque, quoniam imago seu (7) superscriptio in numismate per principem ponitur ad designandam certitudinem ponderis, et materiæ qualitatem, sicut fuit ostensum supra cap. III. Ergo (8) si non responderet veritas in pondere, patet statim quod esset falsitas vilissima et deceptio fraudulenta. Sæpe enim mensuræ

(1) *V* minus. — (2) *V* igitur. — (3) *A B* præcisa. — (4) Obolos, *omis dans V*. — (5) *A* juste. — (6) *V* in. — (7) Quoniam imago seu, *omis dans V*. — (8) *V* igitur.

bladi et vini et aliæ signatæ sunt publico signo regis, et si quis in istis fraudem committat, reputatur (1) falsarius. Omnino autem consimiliter suscriptio numismatis significat mensuram ponderis et materiæ veritatem. Quam igitur sit iniquum, quam detestabile, præcipue in Principe, sub eodem signo pondus minuere, quis sufficeret explicare? De hoc enim ad istud propositum Cassiodorus v°(2) Variarum sic inquit : *Quid enim tam nepharium, quam ut præscriptionibus liceat etiam in ipsa trutinæ qualitate*(3) *peccare, ut quod est justitiæ* (4) *proprium datum, hoc per fraudes noscatur esse corruptum.* [Idemque lib. I, cap. x : *Talia igitur secreta violare, sic certissima velle confundere, nonne veritatis ipsius videtur esse crudelis ac fœda laceratio? Exerceantur negociatores in mercibus ; emantur late quæ vendantur angustius. Constet populis pondus ac mensura probabilis : quia cuncta turbantur, si integritas cum fraudibus misceatur. Da certe solidum, et aufer inde, si prævales. Trade libram, et aliquid inde, si potes, imminue. Cuncta ista, nominibus ipsis constat esse provisum, aut integra tribuis, aut non ipsa quæ dicuntur, exsolvis. Non potestis omnino, non potestis nomina integritatum dare, et scelestas imminutiones efficere*] (5). Adhuc autem Princeps per hunc modum sibi posset adquirere pecuniam alienam (6), nec aliunde potest moveri (7) ad mutationem hujusmodo faciendam. Reciperet (8) enim numismata boni ponderis, et ex eis fabricaret et traderet (9) numismata (10) tempore mutilato pondere. Et hoc non est aliud quam quod in multis locis sacræ

(1) *V* committeret, reputaretur. — (2) *V* libro, *B* vero, *C* vero varium. — (3) *V* certa æqualitate. — (4) *V* ut que proprium. — (5) *Tout le passage renfermé entre* [ ] *manque dans les manuscrits.* — (6) *V* aliam. (7) *V* et pecunia alia potest movere. — (8) *V* recipit. — (9) *V* acciperet et fabricaret. — (10) *V ajoute* cum.

Scripturæ prohibetur a Deo : Inde (1) ait sapiens : *Pondus* Proverb.
et pondus, mensura et mensura, utrumque abominabile apud 10, 11.
Deum. Et in Deuteronomio dicitur, *quod Dominus* (2) *abomi-* Deuter.
natur eum qui facit hoc. Et ideo divitiæ taliter congregatæ 25, 15.
in malum domini sui, consumuntur in brevi, quia, sicut ait Tullius, *male parta male dilabuntur.*

Capitulum XIII.

De mutatione materiæ monetarum.

Aut materia numismatis est simplex, aut mixta (3), ut patuit ex capitulo tertio. Si simplex, ipsa potest propter defectum dimitti : ut si nihil aut modicum auri possit inveniri, oportet (4) ipsum desinere monetari ; et si de novo reperiretur sufficiens abundantia ejus, incipiendum esset facere monetam ex ipso, sicut aliquotiens fuit factum. Rursus aliqua materia deberet dimitti monetari propter abundantiam excessivam. Propter hoc enim æerea moneta olim recessit ab usu, ut dictum fuit in eodem capitulo tertio. Sed hujusmodi causæ eveniunt rarissime, et in nullo alio relinquenda est vel assumenda noviter pura sive simplex materia monetarum. Si autem in tali materia sit mixtio, ipsa debet fieri solum in minus precioso metallo per se monetabili (ut probatum fuit in eodem capitulo tertio) et in nigra moneta, ut cognoscatur purum a mixto. Hæc autem (5) mixtio debet esse secundum certam proportionem, sicut decem de argento contra unum, vel contra tria de alio me-

(1) *V* vide. — (2) *V* Deus. — (3) *A* composita. — (4) *A B* posset .. oporteret. — (5) *V* etiam.

tallo, vel alio (1) modo, sicut expedit, secundum prius dicta in capitulo tertio. Et ista proportio potest mutari propter aliquam proportionem seu variationem realem in natura materiæ vel æquivalentis, et dupliciter : aut propter defectum materiæ, sicut qui non haberet argentum, nisi multum notabiliter minus quam ante, tunc potest diminui proportio argenti ad reliquum metallum in nigra moneta ; aut si haberetur de argento abundanter plus quam ante, tunc plus de eo deberet poni in ista mixtione. Sed, sicut prædictum est, istæ causæ valde raro contingunt, et si forsan talis casus aliquotiens evenerit, adhuc hujusmodi proportionis sive mixtionis mutatio facienda est per communitatem ad majorem securitatem habendam, et deceptionis malitiam evitandam; sicut de mutatione proportionis monetarum dictum est in capitulo x. In nullo vero alio casu debet mutari mixtio talis sive proportio mixtionis, potissime nunquam potest hoc licere Principi, propter rationes factas (2) in capitulo præcedenti, quæ de directo faciunt ad istud (3) propositum, quoniam impressio monetæ est signum veritatis materiæ et hujusmodi mixtionis ; hanc igitur mutare, esset monetam falsificare. Præterea (4) in quibusdam nummis inscribitur (5) nomen Dei (6), vel alicujus sancti, et signum crucis ; quod fuit inventum et antiquitus institutum in testimonium veritatis monetæ in materia et pondere. Si igitur Princeps sub ista inscriptione immutet materiam sive pondus, ipse videtur tacite mendacium et perjurium committere, et (7) falsum testimonium perhibere, ac etiam prævaricator fieri illius præcepti legalis quo dicitur : *Non assumes nomen Dei tui* (8)

(1) *V* aliquo. — (2) *V* tactas. — (3) Istud, *omis dans V*. — (4) *Sic A B C* propterea, *V* propter quod. — (5) *A* inscribere. — (6) *V ajoute* ve B. Virginis. — (7) *V omet* et. — (8) *V omet* tui.

in vanum. Etiam ipse abutitur hoc vocando (1) monetam; Exod 20, 7.
nam (2), secundum Hugutionem, *moneta dicitur a moneo,* quia monet ne fraus in metallo vel pondere sit (3). Rursum princeps per hunc modum ad se posset (4) trahere populi substantiam indebite, sicut fuit dictum de mutatione ponderis in priori capitulo, et multa alia inconvenientia sequerentur. Imo pro certo ista falsitas esset pejor quam in mutatione ponderis : quia magis est sophistica, et minus perceptibilis, et magis potest nocere et plus lædere communitatem. Et propter hoc, ubi fit talis mixtio (5) vel nigra moneta, communitas debet custodire penes se, in loco ve locis publicis, exemplar istius proportionis et qualitatem mixtionis, pro vitandis periculis; ne videlicet Princeps (quod absit!) vel monetarii mixtionem hujusmodi occulte falsificarent. Sicut etiam apud communitatem servantur quandoque aliarum mensurarum exemplaria (6).

Capitulum XIIII.

De mutatione composita monetarum.

Mutatio monetæ (7) composita est, quando plures mutationes simplices implicantur in unam, sicut qui mutaret simul proportionem monetæ vel mixtionem materiæ, vel cum hoc etiam pondus. Et sic (8) multipliciter fierent combinationes possibiles quandoque mutationum (9) simplicium superius positarum. Et quoniam nulla mutatio simplex debet

(1) *A* vocabulo. — (2) *A* quia. — (3) *V* fiat. — (4) *A C* potest. — (5) *V* mutatio — (6) *A* quandoque aliarum exempla monetarum vel mensurarum. — (7) Monetæ, *omis dans V*. — (8) *C* si, *V* hic. — (9) *V* et hic quandoque multiplicantur combinationes possibiles mutationum; *A B donnent la leçon que nous adoptons, mais omettent* fierent.

fieri, nisi propter reales et naturales causas jam dictas, quæ rarissime accidunt, sciendum quod adhuc rarius, imo forte nunquam, contigit vera occasio faciendi mutationem monetæ compositam. Et si forsan contingeret, adhuc fortiori ratione quam de simplici, talis mutatio composita nunquam debet per Principem fieri, propter pericula et inconvenientia prius tacta, sed per ipsam communitatem. Nam si ex mutationibus simplicibus indebite factis tot abusiones sequuntur, sicut dictum (1) est ante; multo majores et pejores (2) sequerentur ex mutatione composita (3). Moneta (4) namque debet esse vera et justa in substantia et pondere, quod nobis signatum est in sacra scriptura, ubi de Abraham dicitur, quod ipse emit (5) agrum, pro quo dedit cccc siclos argenti probatæ monetæ publicæ. Si igitur ipsa foret bona, et non mutaretur indebite, cum ipsa sit longo tempore durabilis, non oporteret de ea multum fabricare, nec plures monetarios ad expensas communitatis habere. Et in hoc esset utilitas communis, sicut tactum fuit capitulo VII°. Universaliter igitur ex præmissis concludendum est, quod nulla mutatio monetæ, sive simplex, sive composita, est sola principis auctoritate facienda; et maxime ubi hoc vellet facere propter emolumentum et lucrum ex tali mutatione sumendum.

Capitulum XV.

Quod lucrum quod provenit principi ex mutatione monetæ sit injustum.

Videtur mihi, quod principalis et finalis causa, propter

(1) *B C V* prædictum est ante. — (2) *A* majora et pejora. — (3) *V* ex compositis. — (4) Moneta, *omis dans V*. — (5) *A* emeret.

quam princeps vult sibi assumere potestatem mutandi monetas, est emolumentum vel lucrum quod potest inde habere : aliter enim frustra faceret tot et tantas mutationes. Volo ergo (1) adhuc plenius ostendere, quod talis adquisitio (2) est injusta. Omnis enim mutatio monetæ, præterquam in rarissimis (3) casibus prius dictis, falsitatem et deceptionem includit, et non potest principi pertinere, sicut probatum est ante. Ex quo ergo princeps hanc rem (4) de se injustam usurpat injuste, impossibile est quod ibi capiat emolumentum juste. Præterea, quantum princeps capit ibi de lucro tantum necesse est ipsam communitatem habere de damno. Quidquid autem princeps fecit in damnum communitatis injustitia est et factum tyrannicum, non regale, ut ait Aristoteles. Et si ipse diceret, sicut solent mentiri tyranni, quod ipse tale lucrum convertit in publicam utilitatem, non est concedendum sibi, quia pari ratione posset mihi tunicam amovere et dicere quod ipse indigeret ea pro communi commodo. Etiam secundum apostolum non sunt facienda mala ut eveniant bona. Nihil ergo debet turpiter extorqueri ut postea in pravos usus fingatur expendi. Rursum, si princeps de jure potest facere unam simplicem mutationem monete et ibi capere aliquod lucrum, pari ratione potest facere majorem mutationem et capere majus lucrum, et mutare pluries et adhuc plus habere de lucro et facere mutationem vel mutationes compositas, et semper augere lucrum secundum modos prius tactos ; et verisimile est quod ita procederet ipse vel successores sui, aut proprio motu aut per consiliarios, ex quo istud liceret, quia natura humana inclinatur et prona est ad augendum sibi divitias quando hoc potest leviter facere, et sic tandem

(1) *Sic B C*, *A* Ergo volo, *V.* Volo igitur. — (2) *A* mutatio. — (3) *Ici s'ouvre dans V une lacune.* — (4) *A omet* hanc rem.

princeps potest sibi attrahere quasi totam pecuniam sive divitias subditorum et eos in servitutem redigere, quod esset directe tyrannisare, imo vera et perfecta tyrannis, sicut patet per philosophos et per historias antiquorum.

Capitulum XVI.

Quod lucrum in mutatione monetæ est innaturale.

Quamvis omnis injustitia sit quodam modo (1) contra naturam, verumtamen accipere lucrum ex mutatione monetæ est quodam speciali modo injustum in naturale. Naturale enim est (2) quibusdam naturalibus divitiis se multiplicare, sicut cerealia grana *quæ sata cum multo fenore reddit ager,* ut ait Ovidius, sed monstruosum est et contra naturam quod res infecunda pariat, quod res sterilis a tota specie fructificet vel multiplicetur ex se, cujusmodi est pecunia. Quum igitur ipsa pecunia affert (3) lucrum non exponendo eam in mercatione naturalium divitiarum ac in usum proprium ac sibi naturale, sed eam transmutando in semetipsam, sicut mutando unam in aliam vel tradendo unam pro alia, tale lucrum vile est et præter naturam. Per hanc enim rationem probatur Aristoteles primo Politicæ quod usura est præter naturam (4), quia naturalis usus monetæ est quod ipsa sit instrumentum permutandi divitias naturales, ut sæpe dictum est. Qui igitur utitur ea alio modo, ipse abutitur contra institutionem naturalem monetæ; facit enim, ut ait Aristoteles, quod denarius pariat denarium, quod est contra naturam. Adhuc (5) autem, in istis mutationibus ubi

(1) *A* quoddam c. — (2) *A* quia naturale est. — (3) *A* habet. — (4) *Les mots* Per hanc... quia *manquent dans A*. — (5) *C* ad hec.

capitur lucrum, oportet vocare denarium illud quod in veritate non est denarius et libram illud quod non est libra, et ita de aliis sicut dictum fuit ante. Constat autem quod hoc non est aliud nisi naturæ et rationis ordinem perturbare ; unde Cassiodorus ait : *Da certe solidum et aufer inde si prævales ; trade* (1) *libram et aliquid si potes minue, cuncta* (2) *ista nominibus ipsis constat esse provisum aut integrum tribuis aut non ipsa quæ dicuntur* (3) *exsolvis non potestis omnino nomina integritatum dare et scelestas imminutiones efficere.* Talia ergo naturæ secreta violare, sic certissima (4) velle confundere nonne veritatis ipsius videtur crudelis ac fœda laceratio ? Constat prius pondus ac (5) mensura probabilis quia cuncta turbantur si integritas cum fraudibus misceatur. Rursum in libro Sapientiæ dicitur quod omnia Deus disposuit mensura, pondere et numero, sed in mutatione monetæ lucrum non capitur nisi fraus in istis rebus (6) certissimis committatur, sicut prius declaravi. Ergo Deo et naturæ derogat qui sibi ex hujusmodi mutationibus lucrum captat.

Capitulum XVII.

Quod lucrari in mutatione monetæ pejus est quam usura.

Tres sunt modi, prout mihi videtur, quibus aliquis potest in moneta lucrari, absque hoc quod exponat eam in usu suo naturali : unus per artem campsoriam, custodiam vel mercantiam monetarum ; alius est usura ; tertius monetæ mutatio. Primus modus vilis est, secundus malus, et ter-

(1) *C* tarde. — (2) *B* contra. — (3) *C* debentur. — (4) *A* certissimum. — (5) *C* vel. — (6) *A omet* rebus.

tius pejor. De primis duobus fecit Aristoteles mentionem et non de tertio, quia tempore suo talis malitia nondum fuerat(1) adinventa. Quod autem primus sit vilis et vituperabilis hoc probat Aristoteles per rationem jam tactam in præcedenti capitulo; hoc enim est quodam modo facere pecuniam parere. Artem etiam campsoriam vocat *abolostaticam,* quod vulgariter solet dici *pictavinagium;* propter quod sanctus Matheus apostolus qui fuerat campsor, non est reversus ad priorem operam post resurrectionem dominicam, sicut fecit Petrus qui fuerat piscator; et in assignando causam hujusmodi, dicit Beatus Gregorius quod *aliud est victum per piscationem quærere aliud thelonei lucris pecunias augere. Sunt enim, inquit, pleraque negotia quæ sine peccatis aut vix aut nullatenus exerceri possunt, etc.* Nam sunt quædam artes banausæ quæ maculant corpus, sicut est cloacaria, et aliæ maculant animam sicut est ista. De usura vero certum est quod est mala, detestabilis et iniqua, et ista habentur ex sacra Scriptura; sed nunc restat ostendere quod lucrum sumere in mutatione monetæ est adhuc pejus quam usura. Usurarius vero tradidit pecuniam suam (2) ei qui recipit eam voluntarie et qui postea potest ex ea se juvare ac inde suæ necessitati succurrere, et illud quod dat alteri ultra sortem est ex contractu voluntario inter partes, sed princeps(3) in indebita mutatione monetæ accipit (4) simpliciter involuntarie pecuniam subditorum, quia (5) prohibet cursum prioris monetæ, melioris (6), et quam quilibet plus vellet habere quam malam (7); deinde præter necessitatem absque utilitate, quæ ex eo posset provenire subditis, ipse

(1) *A* fuit. — (2) *A omet* suam. — (3) *A omet* in. — (4) *A ce mot reprend V.* — (5) *V* quod. — (6) *V ajoute* forte; *A omet* melioris et. — (7) *V* aliam, *A* malam vel aliam; *ces deux derniers mots paraissent un addition, car la version française ne les contient pas.*

reddet eis pecuniam minus bonam. Etsi faciat meliorem quam ante, hoc tamen est ut deterioretur in posterum et tribuat eis minus æquivalenter de bona quam receperat de alia, et qualitercunque sit, ipse retinet profecto partem pro se. In hoc igitur quod ipse supra pecuniam recipit incrementum, contra et præter naturalem ipsius usum, ista (1) adquisitio par est ipsi usuræ, sed (2) pejor quam usura, eo quod est minus voluntaria vel magis contra voluntatem subditorum, et absque hoc quod possit ipsis proficere, et præter necessitatem penitus. Et quoniam lucrum fœneratoris non tantum excedit, nec est ita præjudiciabile generaliter multis, sicut istud quod contra et supra totam communitatem impositum, non minus tyrannice quam dolose, ita ut sit mihi dubium an potius debeat dici violenta prædatio, ved actio fraudulenta.

Capitulum XVIII.

Quod tales mutationes monetarum, quantum est ex se, non sunt permittendæ.

Aliquotiens ne pejus eveniat, et pro scandalo evitando, permittuntur in communitate (3) aliqua inhonesta et mala, sicut lupanaria publica. Aliquando etiam pro aliqua necessitate vel oportunitate permittitur aliqua negotiatio vilis, sicut est ars campsoris, vel etiam prava, sicut est usura. Sed de tali mutatione monetæ pro lucro accipiendo, non apparet aliqua causa mundi, quare tantum lucrum debeat an possit admitti. Quoniam per istud non evitatur scandalum, sed potius generatur, ut satis patet ex octavo ca-

(1) V ipsa. — (2) V et. — (3) A civitate.

pitulo, et multa inconvenientia inde sequuntur, quorum aliqua jam tacta sunt, et adhuc aliqua (1) postea videbuntur, nec est aliqua necessitas sive oportunitas hoc faciendi, neque potest reipublicæ expedire. Cujus rei manifestum signum est, quod mutationes hujusmodi sunt noviter adinventæ, sicut jam tactum est in capitulo præcedenti. Nunquam enim sic factum est in civitatibus aut regnis olim prospere gubernatis, nec unquam reperi historiam quæ de
Lib. I, epist. 10. hoc faceret mentionem, hoc excepto quod in quadam epistola Cassiodori scripta nomine Theodorici Regis Italiæ, una parva mutatio in pondere facta, durissime reprehenditur, et multum efficaciter reprobatur, quam quidem efficacius (2) fecerat pro quibusdam stipendariis persolvendis. Unde prædictus rex Boëtio de hoc scribens, inter cætera dicit : *Quapropter prudentia vestra lectionibus erudita dogmaticis scelestam falsitatem a consortio veritatis ejiciat, ne cui sit appetibile aliquid de illa integritate subducere.* Et quibusdam interpositis rursum inquit : *Mutilari certe non debet, quod laborantibus datur, sed a quo actus fidelis exigitur, compensatio minuta* (3) *præstetur.* Si vero Italici seu Romani tales mutationes finaliter fecerunt, sicut videtur ex quadam prava moneta veteri quæ quandoque reperitur in campis, hoc fuit forte una de causis quare eorum nobile dominium devenit ad nihilum. Sic igitur patet quod istæ mutationes tam malæ sunt quod de natura sua non sunt aliquatenus permittendæ.

(1) *B C* alia. — (2) *V* quam quidam Arcarius. — (3) *V* imminuta.

Capitulum XIX.

De quibusdam inconvenientibus tangentibus principem, quæ sequuntur ex mutationibus (1) *monetarum.*

Multa et magna inconvenientia oriuntur ex taliter mutando monetas, quorum aliqua principalius respiciunt principem, alia totam communitatem, et alia magis partes ipsius communitatis. Unde brevi tempore nuper transacto quam plurima talia in regno Franciæ visa sunt evenire, aliqua etiam jam tacta sunt ante quæ tamen expedit recitare. Primo namque nimis detestabile et nimis turpe est principi fraudem committere, monetam falsificare, aurum vocare quod non est aurum, et libram quod non est libra, et sic de talibus prius positis XII et XIII capitulis. Præterea sibi incumbit falsos monetarios condemnare. Quomodo igitur satis potest erubescere, si reperiatur in eo, quod in alio deberet turpissima morte punire (2) ! Rursum, magnum scandalum est sicut dicebatur VIII° capitulo et vile principi, quod moneta regni sui nunquam in eodem statu permanet, sed de die in diem variatur ; et quandoque in uno loco plus valet quam in alio pro eodem tempore. Item, sæpissime ignoratur his durantibus temporibus vel mutationibus, quantum valeat hoc numisma vel illud, et oportet (3) mercari seu emere vel vendere monetam, seu altercari de precio, quod est contra ejus naturam ; et sic rei quæ debet esse certissima nulla est certitudo, sed potius incerta et inordinata confusio in vituperium principantis (4). Item, absurdum est et penitus alienum a regia nobilitate, pro-

(1) *V* permutationibus, *B* mutatione. — (2) *A C* puniri. — (3) *V* hoc. — (4) *V* principatus.

hibere cursum veræ et bonæ monetæ regni, et ex cupiditate præcipere, imo cogere subditos ad utendum minus bona moneta, quasi velit dicere quod bona est mala, et e con-
Isai. 5, 20 verso ; cum tamen talibus dictum est a Domino per prophetam, *Væ vobis qui bonum dicitis malum, et malum bonum.* Et iterum dedecus est principi, irrevereri prædecessores suos, nam quisque (1) tenetur ex dominico præcepto honorare parentes (2). Ipse autem progenitorum videtur detrahere (3) honori, quando bonam monetam eorum abrogat, et facit eam cum eorum imagine scindere : et loco monetæ aureæ, quam ipsi fabricaverunt, facit monetam æneam (4) in parte. Quod videtur fuisse figuratum in III° (5) Regum (6), ubi legitur quod rex Roboam abstulit scuta aurea, quæ fecerat pater ejus Salomon, pro quibus fecit scuta ænea. Idem quoque Roboam perdidit quinque (7) partes populi sui, pro eo quod ipse voluit in principio nimis gravare subditos (8). Adhuc autem rex debet nimis abhorrere tyrannica facta, cujusmodi est mutatio talis, ut prædictum est sæpe ; quæ etiam est præjudiciabilis et periculosa pro tota posteritate regali, sicut in sequentibus diffusius ostendetur.

Capitulum XX.

De aliis inconvenientibus totam communitatem tangentibus.

Inter multa inconvenientia ex mutatione monetæ venientia, quæ totam communitatem respiciunt, unum est

(1) *A C* quilibet. — (2) *V ajoute* suos. — (3) *A* protrahere. — (4) *A C* æream. — (5) *V* in libris. — (6) Reg. III, 14. — (7) *V* bisquinque. — (8) *V ajoute* aut subjectos.

quod prius tangebatur capitulo xv principaliter, quia videlicet (1) princeps per hoc posset (2) ad se trahere quasi totam pecuniam communitatis, et nimis depauperare subjectos. Et quemadmodum quædam ægritudines chronicæ sunt aliis periculosiores, eo quod sunt (3) minus sensibiles, ita talis exactio, quanto minus percipitur, tanto periculosius exercetur ; non enim ita cito gravamen ipsius sentitur a populo, sicut per unam aliam collectam. Et tamen nulla fere talia potest esse gravior, nulla generalior, nulla major. Rursum (4) aurum et argentum propter tales mutationes et impejorationes minorantur in regno ; quia non obstante custodia deferuntur (5) ad extra, ubi carius allocantur (6). Homines enim conantur suam monetam portare ad loca, ubi eam credunt magis valere. Ex hoc igitur sequitur diminutio monetarum materiæ in regno. Item, illi de extra regnum aliquotiens contrafaciunt et afferunt similem monetam in regno, et sic attrahunt sibi lucrum, quod rex ille credit habere. Adhuc etiam forsitan ipsa monetæ materia in parte consumitur, fundendo eam et refundendo totiens quotiens solet fieri, ubi mutationes hujusmodi exercentur. Sic ergo (7) materia monetabilis tripliciter minuitur occasione mutationum prædictarum. Igitur non possunt, ut videtur, longo tempore permanere, ubi non exuberaret materia monetabilis in mineriis vel aliunde (8) ; et sic tandem princeps non haberet unde facere posset sufficienter de bona moneta. Item, propter istas mutationes, bona mercimonia seu divitiæ naturales de extraneis regnis cessant ad illud afferri, in quo moneta sic mutatur, quoniam mercatores cæteris partibus prædiligunt ad ea loca transire, in quibus recipiunt mone-

(1) *V* quod, *et* videlicet *omis.* — (2) *A* potest, *C* principes... possent. — (3) *V* et sunt. — (4) *A* Præterea. — (5) *V* defertur. — (6) *V* collocantur. (7) *V* igitur. — (8) *V* muneris ab aliunde.

tam certam et bonam. Adhuc autem intrinsecus in tali regno negociatio mercatorum per tales mutationes perturbatur et multipliciter impeditur; præterea his mutationibus durantibus, reditus pecuniæ, pensiones annuales, locagia, censivæ (1), et (2) similia, non possunt bene et juste taxari seu appreciari, ut notum est. Item nec pecunia potest secure mutuo dari seu tradi, et sic de talibus; imo multi nolunt ista charitativa subsidia facere, propter tales mutationes. Et tamen sufficientia materiæ monetabilis, mercatores et omnia prædicta (3) sunt aut necessaria, aut valde utilia (4) naturæ humanæ; et opposita sunt præjudiciabilia, et nociva toti communitati civili.

Capitulum XXI.

De aliis inconvenientibus quæ tangunt partem communitatis.

Quædam partes communitatis occupatæ sunt in negotiis honorabilibus aut utilibus toti reipublicæ, ut in divitiis naturalibus, ad crescendum vel tractandum pro necessitate communitatis, cujusmodi sunt viri ecclesiastici, judices, milites, agricolæ, mercatores, artifices, et similes. Sed alia pars auget divitias proprias vili quæstu, sicut campsores, mercatores monetæ, sive billonatores : quæ quidem negociatio turpis est, prout dicebatur (5) cap. XVIII. Isti igitur qui sunt quasi præternecessarii reipublicæ, et quidam alii, sicut receptores et tractatores pecuniæ, et tales, capiunt magnam partem emolumenti sive lucri provenientis ex mutationibus monetarum, et maliciose aut fortuito ditantur

(1) *C V* censuræ. — (2) *V ajoute* hujusmodi. — (3) *V ajoute* alia. — (4) *V* sunt necessaria aut valde bona et utilia. — (5) *V* dictum est supra.

inde contra Deum et justitiam, quoniam ipsi sunt tot di vitiis immeriti et tantis bonis indigni. Alii vero depauperantur ex hoc, qui sunt optimæ partes illius communitatis, ita quod princeps plures et meliores subditos suos (1) per istud damnificat, et (2) nimium gravat, et tamen non totum lucrum venit ad ipsum, sed magnam partem habent isti prædicti, quorum negotiatio vilis est et admixta cum fraude. Rursum, quando princeps non facit præscire populo tempus et modum futuræ mutationis monetæ quam intendit facere, aliqui per cautelas aut amicos hoc secrete provident, et tunc emunt mercimonia pro moneta debili, et postea vendunt pro forti, et subito fiunt divites, et nimium lucrantur indebite contra naturalis mercationis legitimum cursum. Et videtur esse quodammodo genus monopolii, in præjudicium et damnum totius communitatis residuæ. Adhuc autem (3) per tales mutationes necesse est reditus taxatos ad numerum pecuniæ aut injuste minui, aut injuste saltem augeri, sicut tactum fuit ante capitulo XI de mutatione appellationis monetæ. Item, princeps per tales diversificationes et sophisticationes monetarum dat malis occasionem faciendi falsam monetam, aut, quia minus est contra conscientiam eorum, ipsam falsificare, ex quo apparet eis quod ita princeps feçit aut quia eorum falsitas (4) non ita cito deprehenditur, et possunt facilius et plura mala his stantibus perpetrare quam si semper curreret bona moneta. Præterea, istis durantibus (5), quam innumerabiles perplexitates, obscuritates, errores et inextricabiles difficultates accidunt in computis, demisiis et receptis (6)!

(1) *V omet* suos — (2) *V ajoute* sic. — (3) Autem, *omis dans V*. — (4) *V* ut quia non nimis est contra conscientiam ipsorum quod falsitas. — (5) *V* stantibus. — (6) *A* accidunt de compositis, de mixtis et receptis.

Oriuntur etiam inde materiæ litigiorum, et variæ quæstiones : malæ persolutiones debitorum, fraudes, inordinationes, abusiones quam plurimæ, et inconvenientia multa, quæ nescirem explicare, forsan quibusdam enumeratis prius, majora et deteriora; neque mirum, quia, sicut ait Aristoteles, uno inconvenienti dato multa sequuntur, et hoc non est (1) difficile videre.

Capitulum XXII.

Si communitas potest facere tales mutationes monetæ.

Cum moneta sit communitatis, ut ostensum est capitulo sexto, videtur quod ipsa communitas possit de ea ad libitum ordinare. Ergo etiam eam potest quomodolibet variare, et super hoc capere quantum placeat, et de ea facere (2) sicut de re sua, maxime autem si pro guerra vel pro redemptione sui principis de captivitate, vel aliquo tali casu fortuito, ipsa communitas indigeret una magna pecuniæ summa. Ipsa enim tunc posset eam levare (3) per mutationem monetæ, nec esset (4) contra naturam aut sicut usura, ex quo hoc non faceret princeps sed (5) ipsa communitas cujus est ipsa moneta. Per hoc enim cessarent nec haberent hic locum multæ rationes prius factæ contra mutationes monetæ. Nec solum videtur quod communitas hoc facere potest, sed etiam quod hoc deberet (6) ex quo necessaria (7) est collecta, quoniam in tali mutatione aggregari videntur quasi omnes bonæ conditiones requisitæ in aliqua tallia (8) seu collecta, nam

(1) *V* deteriora, et hoc est difficile videre. — (2) *Ici s'ouvre dans V une nouvelle lacune.* — (3) *C omet* eam, *A* potest eam variare. — (4) *A* est. — (5) *A* vel. — (6) *A* fieri deberet. — (7) *A* necessario. — (8) *A* tali facta, *C* tabula.

in brevi tempore (1) multum lucrum affert, facillima est ad colligendum et distribuendum seu assignandum sine occupatione multorum et sine fraude colligentium et cum parvis expensis. Nulla etiam potest imaginari magis æqualis seu proportionalis, quia fere qui plus potest, plus solvit, et est secundum sui quantitatem minus perceptibilis seu sensibilis, et imo magis portabilis sine periculo rebellionis et absque murmure populi. Est enim generalissima, quod neque clericus neque nobilis ab ea se potest per privilegium vel alias eximere, sicut multi volunt ab aliis collectis, unde oriuntur invidiæ, dissentiones, lites, scandala et multa alia inconvenientia quæ non veniunt ex tali mutatione monetæ; ergo in casu predicto ipsa potest et debet fieri per ipsam communitatem. De isto autem, salvo meliore judicio, mihi videtur ad præsens sic posse dici quod videlicet aut illa summa pecuniæ qua communitas indiget transferenda est vel exponenda (2) in remotis partibus et inter gentes cum quibus non habetur communicatio; et etiam tanta est quod materia monetabilis diu erit ex hoc notabiliter minor in ista communitate. Et in isto casu potest (3) fieri collecta per mutationem monetæ vel in materia vel in mixtione, quia si fieret (4) aliter, talis mutatio esset postea facienda propter causam assignatam et secundum modum positum in capitulo XII. Si vero summa prædicta non sit ita magna vel si aliter exponatur, quomodocumque sit, quod ne materia monetabili non sit diu notabiliter minus in communitate propter istud, dico quod præter inconvenientia incepta in præsenti capitulo, adhuc sequerentur plura et majora et pejora quam superius explicata de tali mutatione monetæ quam de una alia collecta; et potissime sequeretur periculum

(1) *A* brevitate. — (2) *B* reponenda, *C* et exponenda. — (3) *B* posset. — (4) *A* esset.

ne tandem princeps vellet sibi hoc attribuere et tunc reverterentur omnia inconvenientia prius dicta; nec obstat ratio prima in qua dicebatur quod pecunia est communitatis, quia nec communitas nec aliquis juste potest abuti re sua seu illicite uti, ea sicut faceret communitas si taliter mutaret monetas. Et si forsan communitas ipsa qualitercumque faceret talem mutationem, tunc moneta citius quam post reducenda est ad statum debitum et permanentem et cessare debet captio lucri super istam monetam.

Capitulum XXIII.

In quo arguitur quod princeps possit mutare monetas.

Solet dici quod in casu necessitatis omnia sunt principis. Ipse ergo de monetis regni sui potest quantum et qualiter sibi videtur expediens accipere pro imminenti vel instanti necessitate seu pro defensione reipublicæ aut principatus sui regni; modus vero colligendi pecuniam per mutationem monetæ est valde conveniens et idoneus ut probaretur per ea quæ dicta sunt capitulo præcedenti. Adhuc autem, supposito quod princeps non potest (1) taliter mutare monetas et tantum emolumentum super hoc sumere de jure ordinario vel communi, tamen diceretur quod hoc ipse potest alio privato jure, ut puta privilegio speciali a Papa vel ecclesia vel Imperatore Romano, vel etiam communitate olim sibi hereditarie concesso propter bona merita sua. Item, moneta est ipsius communitatis, ut patet ex capitulo VI, et ipsa potest eam sic mutare sicut dictum est capitulo præcedenti: ergo ipsa communitas potest aut potuit auctoritate taliter

(1) *B* posset.

mutandi monetas principi concedere et se ipsam spoliare jure ordinationis et mutationis monetæ, et partem monetæ principi dare ab eo capiendam quomodo vellet. Item si de jure communi spectat ad communitatem ordinare de monetis ut dictum est sæpe, et ipsa propter discordiam multitudinis non potuit convenire in unum modum, nonne ipsa potuit in hoc condescendere quod totaliter dispositio monetæ ex tunc et de cætero staret in principis voluntate ? Certe, sic et quod ratione hujus ipse caperet emolumentum in mutatione sive ordinatione monetæ. Item, in capitulo VII dicebatur quod certa pensio debet esse taxata pro factione monetæ et quod de et super illa pensione princeps potest aut debet aliquid habere. Ergo pari ratione potest habere vel accipere super hoc plus et plus, et per consequens tantum sicut per mutationem monetæ ; ergo eodem modo per tales mutationes potest illud emolumentum levare. Item, oportet principem habere redditus certos et magnos super communitatem unde ipse possit tenere statum nobilem et honestum, prout decet magnificentiam principalem sive regiam majestatem. Oportet etiam quod isti reditus sint de dominio principis seu de jure proprio coronæ regalis. Possibile est ergo quod una et magna pars istorum reddituum olim fuerit assignata super factum monetarum taliter quod liceret principi lucrum recipere mutando monetas. Possibile est etiam quod isto dempto residui redditus numquam sufficerent pro statu principi pertinenti. Velle ergo amovere sibi (1) potestatem mutandi monetas, sed hoc est contra honorem regni attentare, principem exhæreditare, imo ipsum depauperare et statu magnificentiæ destituere, non tam injuste quam etiam vituperabiliter pro tota communitate, quam non decet habere principem, nisi excellenti statu pollentem.

(1) *Ici se termine la lacune de* V.

Capitulum XXIV.

Responsio ad prædicta et conclusio principalis.

Quamvis in solutione primi argumenti forsan multæ difficultates possent occurrere, verumtamen breviter transeundo pro nunc occurrit mihi quod ne princeps fingeret talem necessitatem esse quando non est, sicut fingunt tyranni, ut dicit Aristoteles determinandum est per communitatem vel per valentiorem ejus partem, expresse vel tacite, quando qualis et (1) quanta necessitas imminet. Expresse dico, quod ad hoc debet congregari communitas, si adsit facultas (2); tacite vero, si fuerit tam festina necessitas, quod populus vocari non possit, et tam evidens quod postea appareat notorie; tunc enim licet (3) principi aliquid recipere de facultatibus subditorum non per mutationem monetæ, sed per modum mutui, de quo postea facienda est restitutio plenaria. Ad aliud cum dicitur, quod princeps potest habere privilegium mutandi monetas, primo non intromitto me de potentia papæ, sed puto quod nunquam hoc concesserit, nec concederet; quoniam sic ipse daret licentiam malefaciendi, quam nullus bene operando meretur accipere. De Imperatore autem Romano dico, quod ipse nulli principi potuit unquam privilegium dare faciendi illud quod sibimet non liceret, sicut est talis mutatio monetæ, ut patet ex prædictis. De communitate etiam dictum est in capitulo XXII quod ipsa non potest mutare monetas, nisi in certo casu, et tunc si ipsa committeret hoc principi cum limitatione rationabili, quæ potest ex eodem capitulo et

(1) *V* vel. — (2) *A* difficultas. — (3) *B V* tunc non licet *et omettent* non *avant* per.

aliis apparere, jam hoc non faceret princeps tanquam principalis auctor, sed sicut (1) ordinationis publicæ executor. Ad aliud autem cum dicitur quod communitas cujus est moneta, potest se spoliare suo jure, et illud totum principi tradere (2), et sic totum jus monetæ devolveretur ad principem ; primo videtur mihi quod hoc nunquam faceret communitas bene consulta ; nec etiam sibi licet quomodolibet mutare monetas aut male uti re sua, ut dictum est capitulo XXII. Item, communitas civium, quæ naturaliter est libera, nunquam scienter se redigeret in servitutem, aut se subjiceret jugo tyrannicæ potestatis. Si igitur ipsa decepta, aut (3) minis territa vel coacta, concedat principi tales mutationes, non advertens inconvenientia quæ sequuntur, et ex hoc serviliter se fore subjectam, ipsa potest hoc statim aut quomodolibet revocare. Item, res quæ spectat alicui quasi de jure naturali, non potest ad alterum juste transferri. Si autem pertinet moneta ipsi liberæ communitati, ut satis patet ex capitulis I et VI, sicut ergo communitas non potest concedere principi quod ipse habeat auctoritatem abutendi uxoribus civium quibuscumque voluerit, ita non potest ei dare tale privilegium monetarum quo ipse non posset nisi male uti, exigendo tale lucrum super mutatione earum ; ut satis patet ex multis præcedentibus (4) capitulis. Per hoc etiam patet illud, quod addebatur ulterius de communitate non concordi in ordinatione monetæ, quæ potest condescendere, quantum ad hoc, in principis arbitrio. Dico quod sic potest quantum ad aliqua et ad tempus, sed non sibi concedendo potestatem tanti lucri sumendi super indebitis mutationibus supradictis. Ad aliud argumentum sumptum ex capitulo VII, de hoc quod princeps potest aliquod

(1) *V* tanquam. — (2) *A* dare. — (3) *V* vel. — (4) *V omet* precedentibus.

emolumentum habere super monetam, respondetur faciliter, quod hoc est quasi quædam parva pensio et limitata, quæ non potest quantumlibet augeri per mutationes prædictas, sed stat sine mutatione quacumque. Ad aliud conceditur, quod princeps potest habere reditus, et debet habere magnificum et honestissimum statum; sed isti reditus possunt et debent alibi assignari et aliter sumi quam per tales mutationes indebitas ex quibus tanta mala et tot inconvenientia oriuntur, sicut ostensum est ante (1). Posito etiam, quod aliqua pars istorum redituum est super monetam, ipsa tamen debet (2) esse certæ et determinatæ quantitatis, sicut supra quamlibet marcham quæ monetaretur, duo solidi, vel sic; et tunc istud esset absque quacumque mutatione sive lucri augmento irrationabili et enormi quod potest provenire ex detestabilibus mutationibus sæpe dictis. De quibus universaliter (3) concludendum est : quod princeps non potest eas facere aut taliter lucrum accipere, nec de jure communi seu ordinario, nec de privilegio sive dono, concessione, pacto, sive quavis alia auctoritate, vel alio modo quocumque, nec potest esse de suo dominio, aut sibi quomodo libet pertinere. Item, quod istud (4) sibi denegare non est ipsum exhæreditare, aut majestati regiæ contraire (5), sicut mentiuntur falsiloqui adulatores, sophistici, et reipublicæ proditores. Rursum, cum princeps teneatur hoc non facere, ipse non meretur habere aliquam pensionem seu dominium (6) pro abstinendo a tali abusiva exactione; hoc enim aliud non videtur esse nisi pretium redemptionis a servitute, quod nullus rex aut bonus princeps debet a subditis exigere. Item, supposito et non concesso, quod

(1) *A* dictum est ante. — (2) *V* essent... debent. — (3) *V* finaliter. — (4) *A* Ideoque, *V* Imo illud. — (5) *A* aut majestate regia expellere. — (6) *A* seu aliquid donum.

ipse haberet privilegium capiendi aliquid supra monetam pro faciendo eam bonam et pro tenendo eam in eodem statu, adhuc etiam ipse deberet tale privilegium perdere in casu in quo tantum abuteretur quod ipse mutaret et falsificaret monetam pro suo lucro non minus cupide quam turpiter adaugendo (1).

Capitulum XXV.

Quod Tyrannus non potest diu durare.

In istis duobus capitulis intendo probare, quod exigere pecuniam per tales mutationes monetæ, est contra honorem regni, et in præjudicium totalis regalis posteritatis. Sciendum est igitur, quod inter principatum regium et tyranicum hoc interest, quod tyrannis plus diligit et plus quærit proprium bonum quam commune conferens subditorum, et ad hoc nititur ut populum teneat sibi serviliter subjugatum ; rex autem e contrario, utilitati privatæ publicam præfert, et super omnia, post Deum et animam suam, diligit bonum et libertatem publicam subditorum. Et hæc est vera utilitas et nobilitas principatus, cujus dominium tanto est nobilius, tanto melius, quanto est magis liberorum sive meliorum, ut ait Aristoteles, et eo (2) diuturnius, quo in tali proposito intentio regis perseverat, dicente Cassiodoro, *disciplina imperandi est amare quod multis expedit*. Quotiens enim regnum in tyrannidem vergitur (3), non longo tempore post custoditur ; quia per hoc ad diminutionem (4), translationem, aut perditionem omnimodam (5)

(1) *V* agendo. — (2) *A* et tanto... quanto, *V* et ex eo. — (3) *C V* vertitur. — (4) *A* divisionem. — (5) *V* omnimode.

properatur (1), maxime in regione temperata et remota a servili barbaria, ubi sunt homines conversatione, moribus et natura liberi, non servi nec sub tyrannide per consuetudinem indurati, quibus servitus foret inexpediens, involuntaria, et oppressio tyrannica simplicer violenta; ergo non diu permansura, quia, sicut ait Aristoteles, *violenta citissime corrumpuntur*. Ideo dicit Tullius, *quod nulla vis imperii tanta est, quæ premente metu possit esse diuturna*. Et Seneca in tragœdiis inquit:

Troad. 259, 60. Violenta nemo imperia continuat diu,
Moderata durant.

Unde principibus destitutis improperabat Dominus per prophetam dicens, *quod imperabant subditis cum austeritate et potentia*. Adhuc autem propositum aliter declaratur : ait enim Plutarchus ad Trajanum imperatorem, *quod respublica est corpus quoddam* (2), *quod divini numinis instar* (3) *beneficio animatur, et summæ æquitatis agitur nutu, et regitur quodam moderamine rationis*. Est igitur respublica sive regnum, sicut quoddam corpus humanum, et ita vult Aristoteles v Politicæ. Sicut igitur corpus male disponitur, quando humores excessive fluunt in unum ejus membrum, ita quod illud membrum (4) sæpe ex hoc inflatur (5) et nimium ingrossatur, reliquis exsiccatis et nimis attenuatis (6), tolliturque debita proportio, neque tale corpus potest diu vivere; ita conformiter est de communitate vel regno, quando divitiæ ab una ejus parte attrahuntur ultra modum. Communitas namque vel

(1) *A* imparatur, *B C* præparatur. — (2) *V* quodammodo. — (3) *V* numinis beneficio veluti animatur. — (4) *V omet* ita *et* illud membrum. — (5) *C V* inflammatur. — (6) *A* et extenuatis.

regnum, cujus principantes (1), in comparatione ad subditos, quantum ad divitias, potentiam et statum, enormiter crescunt, est sicut monstrum unum, sicut (2) unus homo, cujus caput est ita magnum et tam grossum, quod non potest a reliquo debili (3) corpore sustentari. Quemadmodum igitur talis homo non potest sese juvare, neque sic diu vivere, ita neque regnum permanere poterit cujus princeps trahit ad se divitias in excessu, sicut fit per mutationes monetæ, ut patuit capitulo xx. Rursum, sicut in mixtione vocum non placet aut delectat æqualitas (4) nimia vel indebita, quæ totam consonantiam destruit et deturpat, imo requiritur proportionata inæqualitas et commensurata, qua perseverante eminent (5) læti blanda modulamina chori; sic etiam universaliter (6), quoad omnes partes communitatis, æqualitas possessionum vel potentiæ non convenit nec consonat, sed et nimia disparitas harmoniam reipublicæ dissipat et corrumpit, ut patet per Aristotelem v Politicæ. Potissime vero ipse princeps, qui est in regno veluti tenor et vox principalis in cantu, si magnitudine excedat, et a reliqua communitate discordat, regalis politiæ melos tunc erit turbatum. Propter quod, secundum Aristotelem, adhuc est alia differentia inter regem et tyrannum. Tyrannus enim vult esse potentior tota communitate cui præsidet violenter, regis vero temperantia est tali moderamine temperata (7), quod ipse est major atque potentior, quam aliquis ejus subditus, est (8) tamen ipsa (9) tota communitate inferior viribus et opibus, et sic in medio constitutus. Sed quia potestas regia communiter et leviter tendit in

(1) *A* participantes, *V* partes principantes. — (2) *V* atu. — (3) *V omet* debili. — (4) *A C* inæqualitas, *B* æqualitas et inæqualitas — (5) *A* emiscent, *B C* emisceret. — (6) *V* utiliter. — (7) *V* moderata — (8) *V* et. — (9) *B V omettent* ipsa.

majus, ideo maxima cautela adhibenda est et pervigil custodia, imo altissima et principalis prudentia requiritur ad eam præservandam, ne labatur ad tyrannidem, præcipue propter adulatorum fallacias, qui (1) semper principes ad tyranniam impulerunt, ut ait Aristoteles. Ipsi enim, ut in libro Esther legitur, aures principum simplices, et ex sua natura alios existimantes, callida fraude decipiunt, et eorum suggestionibus regum studia depravantur. Sed quoniam eos evitare aut extirpare difficile est, ipse Aristoteles dat aliam regulam, per quam regnum potest longo tempore conservari. Et est, quod princeps non multum amplificet dominium supra subditos, exactiones, captiones non faciat, libertates eis dimittat aut concedat, nec eos impediat, neque utatur plenitudine potestatis, sed potentia legibus (2) et consuetudinibus limitata vel regulata. Pauca enim, ut ait Aristoteles, sunt judicis vel principis arbitrio relinquenda. Aristoteles enim adducit exemplum de Theopompo Lacedæmoniorum rege, qui, cum multas potestates atque tributa populo remisisset (3) ab antecessoribus imposita, ipse quidem uxori ploranti et improperanti, *turpe esse regnum minoris emolumenti filiis tradere* (4) *quam suscepisset a patre*, respondit dicens: *trado diuturnius.* O divinum oraculum! O quanti ponderis verbum, et in palatiis regiis literis aureis depingendum. *Trado*, inquit, *diuturnius*, ac si diceret: *plus auxi regnum duratione temporis*, *quam sit diminutum moderatione potestatis.* Ecce plusquam Salomon hic. Nam si Roboam, de quo supra memini, a patre suo Salomone regnum sic compositum recepisset et tenuisset, nunquam decem de duodecim tribubus Israel perdidisset (5), nec sibi improperatum fuisset: *Prophanasti semen tuum inducere*

(1) *A* quæ. — (2) *V* jure. — (3) *A* dimisisset. — (4) *A B C* traditurum. — (5) *V* d.d. tribus p.

iracundiam ad liberos tuos, et cæteris stultitiam tuam, ut faceres imperium bipartitum. Sic igitur ostensum est, quod dominium quod ex regno in tyrannidem vertitur, oportet ut celeriter finiatur.

Capitulum XXVI.

Quod capere lucrum ex mutatione monetarum, præjudicat toti regali potestati.

Declarare propono quod mutationes prædictæ sunt contra honorem regis, et generi regio præjudicant. Pro quo tria præmitto : Primo, quod illud est in rege vituperabile, et successoribus ejus præjudiciabile, per quod regnum perditioni disponitur, aut ut ad alienigenas transferatur; nec rex posset satis dolere (1) vel flere, quam esset ita infelix ita (2) miserabilis, qui per negligentiam suam aut per malum regimen ejus aliquid faceret, unde ipse vel hæredes sui perderent regnum tot virtutibus auctum, tanto tempore gloriose servatum. Necnon in periculo animæ suæ gloriosæ foret, si ex defectu suì populus pateretur tot pestilentias, tot calamitates et tantas, quot et quantæ solent accidere in dissipatione sive in translatione regnorum. — Secundo, suppono quod per tyrannisationem regnum perditioni exponitur, sicut declaratum est in capitulo præcedenti. Et quoniam, sicut in Ecclesiastico scribitur, *Regnum a gente in gentem transfertur propter injustitias et contumelias, et diversos dolos,* tyrannis autem injuriosa est et injusta. Cum hoc etiam, ut ad specialia descendam, absit quod in tantum degeneraverint (3) Francigenarum corda libera,

(1) *V* dicere. — (2) *V omet* ita... ita. — (3) *V* degenerarent.

quod voluntarie servi fiant, ideoque servitus eis imposita durare non potest, quoniam si magna sit tyrannorum potentia, est tamen liberis subditorum cordibus violenta, et adversus alienos invalida. Quicumque igitur dominos Franciæ ad hujusmodi regimen tyrannicum quocumque modo traherent, ipsi regnum magno discrimini exponerent, et ad terminum præpararent. Neque enim regum Franciæ generosa propago tyrannisare didicit, nec serviliter subjici populus Gallicus consuevit. Ideo, si regia proles a pristina virtute degenerat, procul dubio regnum perdet. — Tertio, suppono, tanquam jam probatum et sæpius repetitum, quod capere vel augere lucrum super mutatione monetæ, est factum dolosum, tyrannicum et injustum, cum etiam non possit continuari in regno, quod quidem regnum non sit jam, quoad alia multa, in tyrannidem versum. Unde non solum inconvenientia sequuntur ex isto, sed oportet quædam mala alia esse prævia, alia concomitantia; quia hoc non potest a viris consuli qui non sunt in intentione corrupti, atque ad omnem fraudem et nequitiam tyrannicam consulendam parati, ubi viderent principem ad hoc inclinari vel posse flecti. Dico itaque recolligendo, quod res per quam regnum perditioni disponitur turpis est et præjudiciabilis regi, sed hoc est protrahi vel converti, et (1) hæredibus suis (2), et hoc fuit primum suppositum, in tyrannidem, et hoc fuit secundum (3), et ad hoc vergitur per mutationes monetæ, ut dicitur tertium. Igitur exactio quæ fit per tales mutationes est contra honorem regis, et præjudiciabilis toti posteritati (4) regali, quod erat probandum.

(1) *A* in. — (2) *V ajoute* præjudiciabile. — (3) *V* dictum. — (4) *A* potestati.

Hæc igitur, ut præmisi, sine assertione dicta sint cum correctione prudentum. Nam, secundum Aristotelem, civilia negotia plerumque dubia et incerta. Si quis igitur, amore veritatis inveniendæ, his dictis voluerit contradicere vel contra scribere, bene faciet ; et si male locutus sum, perhibeat testimonium de malo, sed cum ratione, ne ipsa videatur gratis et voluntarie condemnare, quod non potest efficaciter impugnare.

Explicit tractatus de mutatione monetarum.

DEUXIÈME PARTIE.

NICOLAS COPERNIC

AVERTISSEMENT.

Les doctrines relatives à la monnaie dont Nicole Oresme s'est rendu l'habile interprète, ont rencontré au commencement du seizième siècle un défenseur illustre. Le grand Copernic a retracé en 1526, sur l'invitation du roi de Pologne, Sigismond Ier, et du chancelier Szydlowiecki, dans son *Système de la monnaie* (*Monetæ cudendæ ratio*), les véritables principes de la matière. Ce petit traité a été publié pour la première fois dans le *Mémorial de Varsovie* (*Pamietnik Warszawski*), numéro d'août 1816, par le savant professeur d'histoire Félix Bentkowski, qui joignit une traduction polonaise au texte original, écrit en latin. Il a été reproduit dans la dernière édition des œuvres de Copernic (1).

Cette publication a été faite d'après la copie authentique du manuscrit original, qui se trouve conservé aux archives de Kœnigsberg. Il y a été découvert vers 1815, par Severin Vater, professeur de théologie à l'université de Kœnigsberg, membre correspondant de l'ancienne *Société des amis des lettres* de Varsovie, honorablement connu par ses recherches sur la langue et les antiquités polonaises. Sur la demande d'un autre savant distingué, Samuel Linde, recteur du lycée de Varsovie, Vater

(1) Varsovie, 1854, un magnifique volume in-folio de 641 pages : Nicolai Copernici Turoniensis, de revolutionibus orbium cœlestium libri sex, accedit G. Joachimi Rhetici narratio prima, cum Copernici nonnullis scriptis minoribus nunc primum collectis, ejusque vita. Varsaviæ, anno MDCCCLIV. — Le texte latin est accompagné d'une traduction polonaise de M. Jean Baranowski. La *Monetæ cudendæ ratio* occupe les pages 565-574.

fit exécuter une copie authentique de ce travail, déposée à la bibliothèque de ce dernier établissement, avec l'attestation suivante : « Præmissam hanc copiam cum vero suo originali in tabulario sanctiore regni Prussiæ existente verbotenus convenire, adpresso sigillo Archivi ideo requisitus testor. Regiomonti Kal. februarii MDCCCXVI. Car. Faber S. R. M. archiv. int. »

Le conservateur des archives de Kœnigsberg, Faber, donne une description du manuscrit, conçue en ces termes : « Opinion de Copernic sur la fabrication d'une monnaie nouvelle en Prusse. — De l'année 1526. — Cette production autographe de Copernic est, comme le prouvent des corrections nombreuses de la main de l'auteur, l'original même de la rédaction première. Ce document se trouve relié dans un volume qui contient diverses autres dissertations sur la monnaie de Prusse jusqu'en 1528. Il se trouvait parmi de nombreux manuscrits enlevés par les Suédois pendant la guerre et envoyés à Stockholm. Le gouvernement prussien en a obtenu la restitution en 1801 ; il est déposé aux archives de Kœnigsberg, 1re sect., n° IX. »

L'auteur de la *Vie de Copernic* (1), M. Julien Bartoszewicz, insiste avec raison sur l'importance du *Traité de la monnaie*, dû au génie de ce savant célèbre. Ce travail se recommande en effet à l'attention comme un document historique d'une grande importance. Copernic y révèle le vif sentiment du patriotisme qui lui faisait placer l'attachement à la puissance royale et l'amour de la patrie polonaise au-dessus de l'esprit provincial.

Le grand maître de l'ordre Teutonique, Albert de Brandebourg, s'était emparé des biens du chapitre de Warmie, dont Nicolas Copernic faisait partie comme chanoine de Frauenburg. Copernic fut envoyé en 1521 et 1522 à l'assemblée des terres de Prusse, tenue à Graudentz, pour soutenir devant le roi de Pologne la plainte portée contre l'usurpation commise. En dehors de cet intérêt particulier, un grave intérêt général avait été

(1) Elle forme le préambule de l'édition de 1854, parfaitement exécutée.

mis en échec par les procédés abusifs des *grands maîtres*. Depuis la paix de Thorn (1466), qui leur avait fait reconnaître la suzeraineté du roi de Pologne pour la Prusse orientale érigée en fief, tandis que la Prusse occidentale avait fait retour à la Pologne, ceux-ci n'avaient point cessé d'altérer la monnaie, en l'avilissant par un alliage frauduleux. Les villes de Thorn, d'Elbing, de Dantzig, entraînées par ce mauvais exemple, et, s'appuyant sur leurs priviléges, frappèrent également monnaie et dégradèrent le *titre*, à l'envi les unes des autres.

Le roi Sigismond voulut porter remède à ce désordre, il s'occupa de ramener à l'unité la monnaie prussienne et la monnaie royale du reste de la Pologne. Copernic appuya énergiquement ce projet : il savait que la mauvaise monnaie avait chassé la bonne; les pièces de meilleur aloi avaient quitté le pays ou bien s'étaient précipitées dans le creuset des fondeurs.

Sous Albert de Brandebourg, l'argent fin n'entrait plus que pour la proportion d'*un douzième* dans la composition de monnaies fabriquées primitivement au titre de neuf douzièmes !

Copernic s'efforça vainement de faire rétablir une monnaie droite de poids et de titre : les villes se firent une arme de leur pauvreté même et de la rareté du métal précieux pour maintenir ce qu'elles réclamaient comme un droit, la faculté d'émettre un numéraire dégradé.

L'opinion de Copernic, si remarquable par la connaissance exacte de la matière, la clarté de l'exposé et l'équité des propositions inspirées par l'amour éclairé du bien public, ne fit qu'exciter contre lui les murmures des représentants de Dantzig, de Thorn et d'Elbing, qui entraînèrent le vote contraire de la noblesse.

La question de la monnaie prussienne ne fut résolue qu'en 1526, par Sigismond Ier, qui, persévérant dans la pensée d'unité, avait fait compléter par Copernic la première rédaction du remarquable écrit reproduit dans ce volume. Une convention de 1528, dont parle Lengnich, dans son grand ouvrage sur l'histoire des *Terres de Prusse*, termina ce différend (1).

On ne connaissait le travail de Copernic sur la monnaie que par la reproduction partielle faite en vieille langue allemande, à peine intelligible aujourd'hui, par C. Schütz, dans sa *Historia rerum Prussicarum oder wahrhafte und eigentliche Beschreibung der Lande Preussen, etc., durch N. C. Schützen* (*Leipzig*, 1599, *in-folio, p.* 480). L'auteur dit qu'il donne littéralement l'exposé de Copernic; il entend parler, sans doute, de l'opinion communiquée à l'assemblée de Graudentz, en 1522, opinion que Copernic a développée et complétée, en 1526, sur l'invitation du roi de Pologne. C'est aussi la pensée que semble admettre David *Braun*, dans son ouvrage sur les monnaies de Pologne et de Prusse (2).

Felix Bentkowski indique comme preuve décisive de la date de l'écrit de Copernic, postérieure à l'assemblée tenue en 1522, à Graudentz, le passage où il est question *du prince de Prusse*. Chacun sait, en effet, qu'Albert ne prit ce titre, consenti par Sigismond Ier, qu'en 1525. C'est alors que le grand maître Albert fit sa paix avec le roi, en lui rendant hommage pour les possessions prussiennes, converties, sur l'avis de Luther, en duché séculier (1525).

Sigismond Ier avait su apprécier la valeur des arguments produits par Copernic en 1522. Il le fit inviter à rédiger un mémoire plus étendu; telle a été l'origine de la : *Monetæ cudendæ ratio*, qui servit de base aux décisions prises par le roi en 1526.

Ce travail, destiné à provoquer une réforme économique et politique, nous a paru d'une importance suffisante et par son

(1) Cet ouvrage compte sept volumes in-folio. Il porte pour titre : Geschichte der Preussichen Lande Königlich Polnischen Antheils unter der Regierung Sigismundi Augusti. Alles aus Geschriebenen Nachrichten zusammen getragen, und mit gehörigen Urkunden versehen, von GOTTFRIED LENGNICH. Dantzig, 1723.

(2) Bericht vom Polnisch- und Preussischen Münzwesen. Elbing, 1722, in-4°, p. 50.

mérite propre et par le nom de l'auteur, pour que nous le joignions au traité de Nicole Oresme, en réunissant les deux documents historiques les plus intéressants, relatifs à la *præclara res numeraria*. Nous avons placé une traduction française en regard du texte latin de Copernic.

Il nous reste à dire quelques mots au sujet de l'*entretien familier* qui précède le *Système de la monnaie*.

Invité à participer aux *conférences de la salle Barthélemy*, nous avons essayé, devant un auditoire de trois mille personnes, composé en partie de dames, de traduire, sous la forme la plus accessible à tous, les vérités de la science. La question de la *monnaie* est peut-être celle au sujet de laquelle il circule le plus d'erreurs et de préjugés. Il nous a semblé utile de l'aborder en cette circonstance, d'autant plus que nous nous trouvions ainsi amené à parler d'une des gloires de la Pologne, de Copernic, et que nous pouvions faire connaître une production remarquable dont on ne soupçonnait guère l'existence.

Nous avons hésité quelque temps pour reproduire ici une causerie dont le style, plus littéraire que scientifique, risquait de faire disparate avec la gravité de ce volume. Nous ne nous y sommes décidé que sur le conseil d'hommes distingués, qui ont approuvé cet essai de populariser quelques idées saines au sujet d'un des problèmes les plus ardus de l'économie politique.

Une fois notre résolution prise, nous n'avons rien voulu changer à ce que nous avions dit, et nous reproduisons cet *entretien familier* tel qu'il a été recueilli par la sténographie, avec tous les hasards de la parole improvisée. L. W.

ENTRETIEN FAMILIER

SUR LE TRAITÉ

DE LA MONNAIE

DE NICOLAS COPERNIC

Le sujet de notre entretien de ce soir a peut-être excité quelque surprise ; c'est un sujet assez aride de sa nature : la monnaie. Je dois faire connaître les raisons qui ont déterminé ce choix. C'est d'abord un motif personnel ; en second lieu, l'intérêt qui se rattache à l'œuvre remarquable due à un des plus glorieux représentants de l'ancienne Pologne, dans le domaine de la science, à Copernic ; enfin l'importance du sujet lui-même.

Bien que ce ne soit peut-être pas très-convenable, permettez que je commence par moi-même.

J'ai choisi ce sujet, parce que plus que personne je crains de céder, dans cette enceinte, aux entraînements de la parole ; je crains d'aller trop loin, et j'ai voulu mettre un lingot à côté du cœur pour en contenir les mouvements.

Mon second motif, c'est Copernic, c'est cette grande figure qui se détache dans le passé, pour porter avec son nom dans l'univers entier, dont il a pénétré le mystère, la gloire du pays qui lui a donné le jour.

En vous parlant de Copernic, je n'entends pas le suivre dans les cieux ; ma tâche sera plus modeste, je resterai sur terre. Je n'aurai point la témérité de vous entretenir de son grand ouvrage du mouvement des corps célestes, de cette admirable découverte du véritable système du monde. Mon savant confrère, M. Bertrand, de l'Académie des sciences, prépare en ce moment un travail des plus remarquables qui doit épuiser ce qui concerne Copernic sous ce grand rapport. Je ne prétends aborder que par un petit côté la manifestation de ce puissant génie.

Copernic est l'auteur d'un *Traité de la monnaie*, fort peu connu, mais qui mérite de l'être. J'ai revendiqué récemment pour ma seconde patrie, la France, l'honneur d'avoir précédé les autres nations dans la saine appréciation des graves et importants problèmes qui se rattachent à la monnaie. J'ai essayé de montrer comment Nicole Oresme, évêque de Lisieux, conseiller du roi Charles V, dit le Sage, avait, dès la fin du quatorzème siècle, posé avec une précision merveilleuse les vrais principes touchant la monnaie. Permettez-moi d'associer à cette gloire le pays où je suis né, cette noble terre arrosée aujourd'hui de sang et de larmes, car Copernic a fourni un travail non moins remarquable sur cette grande question.

Aujourd'hui, bien qu'il circule encore à cet égard beaucoup d'idées singulières, le problème de la monnaie est généralement connu, familièrement abordé. Il en était autrement dans les temps passés. L'erreur dominait sur ce point comme sur beaucoup d'autres. Les Italiens, qui jusqu'ici avaient été regardés comme les précurseurs de la vérité dans cette branche de l'économie politique, n'ont traité de cette matière, d'une façon approfondie, qu'à la fin du seizième siècle. La première publication consacrée en Italie à cette question est de Scaruffi ; elle date des dernières années du seizième siècle (1582). L'Angleterre, ce pays qui s'est élevé si haut dans le domaine des sciences économiques, et qui brille surtout par ses institutions de banque, ses opérations de crédit, ainsi que le mouvement de la production et de la circulation des richesses, n'a vu paraître qu'au commencement du dix-septième siècle (1630) le premier traité de la monnaie qui soit parvenu jusqu'à nous, celui de Rice Vaughan. Or, comme Oresme date de la fin du quatorzième siècle, la priorité appartient incontestablement à la France.

Mais il faut le dire, dans ces temps difficiles les idées ne faisaient pas rapidement leur chemin. On ne rencontrait point les voies de communication, grâce auxquelles le monde entier tend de plus en plus aujourd'hui à devenir comme une seule famille, dotée du patrimoine commun des trésors de l'intelligence. On ne soupçonnait pas les chemins de fer, les chaussées existaient à peine. Le mouvement des idées se concentrait dans un rayon étroit ; les plus belles productions risquaient d'être oubliées, à moins de s'adresser au sentiment religieux, à la passion populaire, ou d'élever les âmes aux accents de la poésie. Les idées de Nicole Oresme expirèrent en quelque sorte avec lui ; Copernic, quand il s'empara du même problème, eut un véritable mérite d'invention, d'originalité ; il travailla sur son propre fonds, et non sur le fonds d'autrui.

Ai-je besoin de vous rappeler ce que fut Copernic? Si nous connaissons aujourd'hui le véritable système du monde, c'est à lui que nous le devons ; un écrivain, chez lequel les connaissances les plus variées s'alliaient au génie le plus fin et à ce bon sens admirable, caractère essentiel de l'esprit français, Voltaire, disait : « Le trait de lumière qui éclaire aujourd'hui le monde est parti de la petite ville de Thorn. »

Copernic est né en 1473, à Thorn, dans la Prusse polonaise. C'est là qu'il écrivit cet admirable livre des révolutions célestes, ce livre qui, détruisant d'anciennes erreurs, cessa de faire regarder la terre comme le centre du monde et l'homme comme le but unique de la création. Sous le compas de Copernic, la terre n'apparaît plus que comme une planète qui, emportée par un double mouvement, décrit autour du soleil son orbite annuel, en roulant ellemême sur son axe dans l'espace de vingt-quatre heures. Ce système déroute singulièrement les locutions vulgaires. Le soleil se lève, disons-nous chaque jour, tandis que c'est le soleil qui reste immobile et la terre qui tourne !

Une idée aussi extraordinaire dut rencontrer beaucoup d'incrédules ; dans les premiers temps on persifla Copernic et sa découverte. Les comédiens traduisirent sur la scène les effets singuliers qu'aurait produits, selon eux, la rotation de la terre, si cette rotation avait été autre chose qu'une chimère. Mais ces plaisanteries n'ont pas empêché la vérité de luire enfin à tous les yeux, et d'appeler l'admiration universelle sur la magnifique découverte du système du monde.

Sans vouloir insister sur ce point, j'ai besoin de rappeler que ceux qui se sont partagé les dépouilles de l'ancienne Pologne ont voulu aussi s'emparer de sa gloire en lui disputant Copernic.

On a essayé d'en faire un Allemand. Pour faire justice d'une pareille prétention, il suffit de rappeler que Humboldt et Arago l'ont hautement condamnée ; il suffit de dire que la Pologne entière, en souscrivant au monument qui s'élève à Varsovie pour consacrer la mémoire de Copernic, a protesté contre cette nouvelle usurpation dont on voulait la rendre victime !

Un des grands poëtes de ce pays, si riche en belles

œuvres littéraires, Louis Osinski, n'a jamais été aussi bien inspiré que dans la sublime *Ode à Copernic;* elle suffirait pour lui assigner un rang élevé parmi les écrivains de notre époque. Il revendique pour la terre polonaise l'honneur d'avoir produit Copernic, et parle en vers, dignes d'un tel sujet, de celui qui a su découvrir :

Caly ten swiat nowy
Dziwniejszy swo prostoto, nizeli ogromem.

Une traduction, qui, à défaut d'autre mérite, possède celui de la fidélité, fera au moins apprécier la pensée, si je n'ai point réussi à rendre la mâle grandeur de la poésie originale. Osinski célèbre celui qui a tracé :

..... Ce plan nouveau du monde
Dont la simplicité dépasse la grandeur.

Copernic a brisé sans retour la structure compliquée des cieux de cristal de Ptolémée ; il a fait voir la simple et admirable harmonie qui relie les corps qui roulent dans l'espace, comme une harmonie pareille relie en réalité les intérêts de la société, si divers en apparence !

La rectitude de vue, la sûreté de jugement qui ont amené la grande découverte du système du monde guidèrent également Copernic quand il aborda le sujet délicat, compliqué, difficile *de la monnaie*.

On s'est plaint de tout temps de ce *maudit argent*, dont on ne possède jamais assez au gré de ses désirs. L'argent traduit tout le mouvement de la production et de la distribution des richesses ; on ne voit que lui dans l'œuvre du travail et des échanges ; on le rend donc responsable de tout, et beaucoup d'intérêts conspirent pour entretenir les erreurs et les préjugés. Personne ne pouvait gagner ni perdre à ce que la terre tourne autour du soleil, ou bien qu'elle demeure immobile, et cependant on a longtemps résisté à l'évidence scientifique. Il en est autrement de l'*argent* envisagé comme élément de la richesse ; on n'a été que trop enclin à le chercher dans le creuset de nouveaux alchimistes, et à le confondre avec la richesse ; en réalité, il est le *medium* de la circulation, *medium* qui réalise des merveilles autrement sérieuses que celles de certains autres *mediums* venus, eux aussi, d'Amérique.

Les choses changent de forme, de place ou de main. Elles changent de forme par l'industrie humaine ; elles changent de place quand les objets qui surabondent en certains endroits se trouvent portés en d'autres ; elles changent de main, quand l'échange procure à ceux qui désirent quelque chose l'objet qui leur manque, moyennant l'abandon de ce qu'ils possèdent ou les services qu'ils peuvent rendre. La monnaie intervient ici dans sa toute-puissance.

Il est un point sur lequel je dois insister, car il a été peu abordé jusqu'ici, et il permet de rendre compte, de la manière la plus nette, de l'importance et de l'utilité de ce grand instrument du travail humain qui est *la monnaie*. Elle constitue en réalité une machine puissante et féconde de décomposition et de recomposition du travail ; elle apparaît comme le plus énergique levier de l'association humaine. On l'accuse souvent et on la condamne bien à tort, parce que l'on ne connaît pas suffisamment les services qu'elle seule peut rendre.

C'est grâce à la monnaie que chaque travail (qu'il soit fourni sous forme de service salarié ou sous forme d'association) est immédiatement apprécié et rencontre instantanément sa récompense. C'est grâce à la monnaie qu'on met en œuvre le temps, cette étoffe dont la vie est faite, qu'on recueille et qu'on accumule le produit des heures et des minutes, de manière à rendre moins misérable le sort de tous. La monnaie joue le rôle le plus important, le plus actif dans les relations des peuples. Nous reviendrons tout à l'heure sur ce point.

Jadis la monnaie était tenue en grand honneur. On présente notre siècle comme un siècle d'argent! Il semble qu'on le calomnie; sur ce point comme sur beaucoup d'autres, il vaut mieux qu'on ne le suppose. Si nous nous reportons vers l'antiquité, nous voyons la véritable idolâtrie du métal précieux, sous toutes les formes; plus tard, comme dans les temps anciens on avait épuisé tous les moyens pour appeler le plus possible de cette richesse dans l'intérieur de chaque pays, on épuisa tous les artifices légaux pour arriver au même résultat. Dans une de ses tragédies, Crébillon fait dire à Rhadamiste, afin de montrer combien certaines contrées sont condamnées à un sort sévère et dur:

La nature marâtre, en ces affreux climats,
Ne produit, *au lieu d'or*, que du fer, des soldats.

Nous croyons que le fer et les soldats peuvent être une très-bonne chose, surtout par le temps qui court. Mais l'or apparaissait à tous les yeux comme le but le plus élevé vers lequel pouvaient se porter les désirs de l'homme.

Dans l'antiquité l'or était divinisé. Un des brillants poëtes de la Grèce, celui qu'on nommerait le Molière de l'antiquité, si quelqu'un pouvait être mis en parallèle avec Molière, Aristophane présente, dans une de ses piquantes comédies, l'aveugle et inerte Plutus, le dieu de l'or, courtisé par toutes les divinités de l'Olympe. Jupiter, le roi des dieux, déclare lui-même que sans Plutus il mourrait de faim, et Mercure, le dieu du commerce, abdique son caducée pour se mettre au service de Plutus, tourner sa broche et laver sa vaisselle. Où trouver une image plus frappante de l'adoration de l'or?

Les anciens ont entrevu aussi le côté faible que présente cet élément si envié de tous. Vous connaissez la vieille fable du roi Midas, de ce roi dont certains roseaux indiscrets découvraient les oreilles. Midas, qui ne voulait qu'amasser des trésors, fut condamné à voir tout se transformer en or sous ses mains, et il est mort de faim. L'allégorie dévoile l'erreur qui confond la richesse avec la possession des métaux précieux; ceux-ci sont le véhicule de la richesse, et non pas la richesse elle-même.

Un rapprochement se présente à ma pensée, je ne résiste point au désir de vous le communiquer. Dans ma jeunesse (il y a malheureusement longtemps) je lisais avec avidité et je répétais avec enthousiasme les vers d'un grand poëte, d'une des gloires les plus pures de la Pologne, d'Adam Mickiewicz, ce puissant génie sur le front duquel brille la double auréole de la gloire et du malheur. Dans son poëme des *Aïeux*, Mickiewicz dépeint une position bien différente de celle du roi Midas, pour arriver à un enseignement analogue. Il s'agit d'un jeune homme qui a aimé et qui est trahi; sa fiancée l'abandonne pour épouser un homme riche. Dans sa douleur il invoque un châtiment semblable à celui que les dieux avaient infligé à Midas.

J'ai essayé (j'avais alors dix-huit ans) de traduire Mickiewicz, car j'ai commis beaucoup de vers dans ma jeunesse; et je suis doublement coupable, j'en ai commis en polonais et en français. Je me rappelle encore ce passage, et je vais vous le dire en réclamant quelque indulgence, car je n'ai point la vaine prétention de reproduire l'inimitable beauté de l'original. Je voudrais seulement en retracer les contours; excusez les fautes de traducteur :

Comme en de purs ruisseaux se mirent les rivages,
Nos cœurs se reflétaient sur nos jeunes visages.
Dieu même avait uni ton destin et le mien,
Et tu brises ce lien !...
Si du choix j'étais le maître,
Et si je voyais paraître
Une vierge aux divins appas,
Plus belle qu'un rêve de poésie,
Plus belle que toi, mon amie,
Je n'en voudrais pas.
Quand elle aurait en héritage
Tout l'or du Tage,
Quand elle m'ouvrirait le ciel à mon trépas,
Je n'en voudrais pas !...
Femme, frêle duvet, futile créature,
De tes attraits les anges sont jaloux,
Et ton âme est plus impure...
L'or t'a fait choisir un époux,
Tu ne prises que les richesses....
Que tes baisers, que tes caresses
Ne rencontrent que de l'or ;
Que tout, sous ta lèvre traîtresse,
Devienne or ;
Que partout ta main ne presse
Que de l'or !

Singulière rencontre du génie du poëte, qui traduit les souffrances de l'âme, et de l'antique fable qui parle des mésaventures de Midas !

L'or était le point de mire de la société ancienne ; les Argonautes s'élançaient à la conquête de la *toison d'or !* le monde moderne n'a pas non plus manqué d'Argonautes

Au moyen âge on compta beaucoup de nouveaux Jasons qui se précipitaient à la poursuite de l'or, de ce merveilleux élément, en qui l'on concentrait toute la félicité humaine. Chose singulière ! et ce n'est pas la seule circonstance où l'on soit amené à faire cette remarque ; les méprises mêmes de l'esprit humain servent quelquefois à la marche, au progrès de la civilisation et de l'humanité. Cette grande erreur, cette confusion faite entre le métal et la richesse, arracha les hommes à leur immobilité routinière, au sol sur lequel ils semblaient avoir pris racine ; elle les poussa aux découvertes lointaines, les mêla les uns aux autres. Quand on ne rencontrait pas l'or dans le sein d'un sol jaloux, on allait le chercher ailleurs. C'est l'or qu'ils poursuivaient, ces hardis navigateurs qui ont abordé les diverses parties du monde, ces intrépides aventuriers qui ont tant contribué à la découverte d'un nouvel hémisphère !

Une autre erreur économique surgit plus tard, elle avait toujours le même but : attirer le plus d'or possible. Je veux parler du système mercantile sur lequel ont été entés le système prohibitif et le système ultra-protecteur dont, Dieu merci ! nous voici débarrassés aujourd'hui.

L'or suscitait une superstition véritable ; le moment de la réaction devait arriver. On l'avait trop exalté, on a fini par l'abaisser beaucoup trop.

Une lettre de Christophe Colomb (je ne saurais choisir un exemple pris plus haut), adressée à Ferdinand et à Isabelle après son quatrième voyage, porte la preuve du respect, de l'adoration dont l'or était l'objet. « L'or est une chose excellente, écrit-il. Avec de l'or on forme des trésors ; avec de l'or on fait tout ce qu'on désire en ce monde, on fait même arriver les âmes en paradis. »

Aujourd'hui, autour de ce magnifique piédestal sur lequel vous voyez élever le dieu de l'or, il en est beaucoup qui répètent le fameux refrain de *Robert le Diable : L'or est une chimère ;* pour beaucoup d'esprits, quelque peu aventureux, l'or, pendant un certain temps, a paru n'être qu'une coûteuse déception.

Christophe Colomb et Robert ont tort tous les deux. Il ne faut ni diviniser l'or, ni songer à en dénier l'action utile et féconde. M. Michelet, l'éminent historien qui sait allier une imagination pittoresque à une vive pénétration, l'a justement indiqué :

« Gardons-nous de dire du mal de l'or. Comparé à la propriété féodale, à la terre, l'or est une forme supérieure de la richesse. Petite chose mobile, échangeable, divisible, facile à manier, facile à cacher, c'est la richesse subtilisée déjà, j'allais dire spiritualisée... Le docile métal sert toute transaction; il suit, facile et fluide, toute circulation (1). »

N'était le brillant de l'expression, et si l'on s'en tenait à l'exactitude du jugement, on croirait qu'un économiste a tracé ces lignes. Les vertus de l'or se trouvent, en effet, admirablement résumées et définies dans le court passage dont je viens de vous donner lecture.

A ceux qui parlent de la tyrannie de l'or, d'une royauté usurpée, de l'inutilité de ce rouage dans la machine sociale, j'opposerai quelque chose à quoi j'attache un grand prix et qui me semble l'emporter même sur les plus brillantes théories : c'est le consentement unanime du genre humain. Molière, quand il voulait être sûr de la justesse d'une idée, consultait sa servante. Je crois que beaucoup d'hommes d'État feraient bien de consulter cette servante de Molière, qui est le bon sens universel.

(1) *Histoire de France*, t. III, p. 107.

Non, l'or ne saurait être dédaigné. Ce n'est pas un vain signe de la richesse, imposé par l'autorité et accepté par une confiance aveugle, un signe qui ne vaudrait que par l'empreinte qui le décore, qui se prêterait avec une singulière commodité à toutes les altérations et qui favoriserait ainsi les exploits des faux monnayeurs, plus ou moins haut placés.

Il fut un temps où les faux monnayeurs ne se cachaient point dans des cavernes pour exercer leur industrie. Ils gouvernaient l'État et faisaient leur métier en toute sécurité de conscience. La volonté du souverain ne suffisait-elle pas pour donner de la valeur aux disques du métal mis en circulation, afin de représenter toutes les autres valeurs, tous les autres produits? Attribuer un certain prix à une certaine pièce de monnaie, n'était-ce pas assez pour donner à cette pièce la valeur que portait le titre (1)? Cependant, quelles que fussent leur autorité et la violence qui en accompagnait l'exercice, ils échouaient toujours dans ces entreprises et ils ne pouvaient rien comprendre à ces échecs.

Quelquefois l'Église voulut châtier de pareils procédés; les papes lançaient des bulles d'excommunication contre les falsificateurs de la monnaie ; ils répondaient ainsi aux cris de douleur du peuple; la grande querelle de Philippe

(1) Au seizième siècle, le grand jurisconsulte Dumoulin avait signalé cette dangereuse erreur; fidèle à la même pensée, d'Aguesseau écrivait ces paroles pleines de sagesse et empreintes d'une rare justesse, à l'époque livrée aux hasardeuses déceptions de Law : « L'or et l'argent ont une valeur naturelle et qu'ils ne tiennent nullement du prince. En vain, le prince voudrait forcer ce principe et faire violence à la nature même : l'autorité n'a pas le pouvoir de subjuguer pleinement la raison et d'asservir le sens commun. » (*Considérations sur la monnaie.*)

le Bel avec le saint-siége se rattache en partie à l'altération de la monnaie. Le Dante, dont un de mes honorables collègues (1) vous a entretenus d'une manière brillante, précipite les faux monnayeurs au fond de l'enfer, et parmi ces damnés figure Philippe le Bel (2).

L'exemple de ce roi n'était pas un exemple isolé. La sérénité de conscience qui provenait, chez la plupart des souverains, de la fausse idée qu'ils se faisaient de la monnaie, rendait de tels procédés à peu près uniformes dans l'Europe entière, excepté dans un pays qui s'est presque toujours gardé de ces abus, et ce pays, c'est celui qu'on voudrait effacer aujourd'hui de la carte du monde !

La Pologne a, plus que tout autre État, gardé fidèlement une monnaie droite de titre et de poids. Elle a aussi été à l'abri d'un autre inconvénient (j'emploie un terme fort adouci), de celui du papier-monnaie, dernière expression de l'altération de la monnaie. En effet, à mesure qu'on diminue la dose d'or et d'argent fin dans chaque pièce de monnaie, à mesure qu'on accroît la quotité de l'alliage, la valeur intrinsèque de chaque pièce décline ; si cette dose diminue jusqu'à une quotité vraiment homœopathique, c'est du papier-monnaie que l'on fabrique.

Le souvenir des années de collége me servira à rendre exactement ma pensée. Qui n'a goûté de l'*abondance ?* Ce breuvage peu fortifiant contient beaucoup d'eau mêlée à un peu de vin. C'est l'image de la monnaie avilie, de l'abondance factice que l'on prétend produire au moyen de l'altération de la monnaie. Comme celle du collége, cette fausse *abondance* ne profite guère.

(1) M. le comte Foucher de Careil.

(2) « Là si vedrà il duol che sopra Senna
Induce, falseggiando la moneta »

Je me laisse aller à cette causerie, et je risque de trop laisser à l'écart le sujet principal qui nous a réunis. Je dois vous faire faire connaissance avec le traité de Copernic sur la monnaie. Ce travail remarquable et généralement ignoré, il faut que je l'aborde.

Copernic comprenait bien l'importance de la pureté et de la fixité de la monnaie; il déniait aux princes le pouvoir d'en constituer la valeur à volonté. Voici le préambule de son traité :

« Quelque innombrables que soient les fléaux qui d'ordinaire amènent la décadence des royaumes, des principautés et des républiques, les quatre suivants sont, à mon sens, les plus redoutables : la discorde, la mortalité, la stérilité de la terre, et la détérioration de la monnaie. Pour les trois premiers, l'évidence fait que personne n'en ignore. Mais pour le quatrième, qui concerne la monnaie, excepté quelques hommes d'un grand sens, peu de gens s'en occupent ; pourquoi ? parce que ce n'est pas d'un seul coup, mais petit à petit, par une action en quelque sorte latente, qu'il *ruine* l'État. »

Ces paroles sont admirables de netteté et de vérité. — Copernic passe ensuite à une esquisse de la nature de la monnaie.

« L'or et l'argent, marqués d'une empreinte, constituent la monnaie destinée à déterminer le prix des choses qui s'achètent et qui se vendent, selon les lois établies par l'État ou par le prince. La monnaie est donc en quelque sorte une mesure commune d'estimation des valeurs ; cette mesure doit être fixe et conforme à la règle établie. Autrement, il y aurait de toute nécessité désordre dans l'État. Acheteurs et vendeurs seraient à tout moment trompés, comme si l'aune, le boisseau ou le poids ne conservaient pas une quotité certaine. Or, cette mesure réside, selon moi, dans l'estimation de la monnaie. Bien que cette estimation ait pour base la bonté de la matière, il faut cependant la discerner de la *valeur* elle-même. La monnaie, en effet, peut être estimée plus que la matière dont elle est faite et *vice versâ.* »

Ainsi que l'explique Copernic, la monnaie métallique, à la fois *signe* et *gage*, renferme en elle la loi d'équilibre de l'échange et devient le régulateur de la circulation. Elle constitue le terme fixe de comparaison auquel tout se rapporte, et elle sert ainsi d'échelle commune à toutes les marchandises dont elle facilite l'échange.

« L'établissement de la monnaie, dit Copernic, a la nécessité pour cause. Bien qu'en pesant seulement l'or et l'argent on aurait pu pratiquer les échanges, ces métaux étant considérés partout, du consentement unanime des hommes, comme choses de prix, cependant, comme il y aurait de nombreux inconvénients à être obligé d'apporter toujours des poids avec soi, et tout le monde n'étant pas apte à connaître du premier coup d'œil la pureté de l'or et de l'argent, on convint de faire marquer par l'autorité la monnaie d'une empreinte, destinée à révéler ce que chaque pièce contient d'or et d'argent, et à servir de garantie à la foi publique. »

Ainsi donc les idées émises il y a quelque temps encore, afin de montrer qu'au lieu de donner aux pièces d'or une valeur déterminée, on pourrait les faire peser, apprécier à chaque moment, en les traitant dans la circulation comme une marchandise, s'étaient déjà présentées à Copernic, mais c'était pour se voir combattues par cet esprit supérieur. Cette façon d'estimer les métaux est employée dans un pays qui ne se distingue guère par une marche rapide dans la voie du progrès. En Chine on pèse la monnaie, à laquelle on donne une forme emblématique, celle de petits souliers, comme pour faire comprendre que, grâce à la monnaie, le monde marche. Singulier moyen de marcher que de se heurter sans cesse contre le besoin de soumettre chaque pièce à une expertise individuelle ! L'empreinte apposée par l'autorité, en faisant connaître la quantité de matière précieuse et en déterminant le prix des espèces, sert singulièrement à la facilité des échanges, à la promptitude des transactions. L'autorité joue dans ce but un rôle considérable pour tous les agencements de la monnaie ; elle doit le remplir avec une exactitude scrupuleuse, et veiller à ce que chaque pièce de monnaie soit la représentation exacte de la valeur qu'elle énonce, du titre qu'elle proclame. L'autorité ne doit pas faire comme ces empereurs romains qui dégradaient sans cesse la composition des espèces. La monnaie rend un son plus ou moins pur suivant la nature de sa composition ; ce son, plus ou moins altéré, pouvait servir à marquer les diverses périodes de la décadence.

L'avilissement de la monnaie et les graves conséquences qu'il entraîne ont parfaitement été appréciés, et condamnés par l'esprit droit et le génie élevé de Copernic. Il a aussi compris l'utilité de l'unité monétaire. Le vœu séculaire de la France, c'était d'arriver à ce que nous possédons aujourd'hui, à ce dont chacun jouit sans s'en apercevoir, comme il respire l'air qui l'environne, sans se rendre compte du service qu'il en reçoit ; c'était d'avoir *une loi*, *un poids*, *une mesure*, *une monnaie* (1). L'unité de la monnaie était placée au nombre des conditions qui intéressent de la manière la plus directe l'organisation de l'État; en réalité, toute atteinte portée, soit à l'unité, soit à l'intégrité de la monnaie, entraîne une véritable lésion dans le corps social; elle a des conséquences incalculables. Un des hommes les plus distingués et les plus honorables qui aient dirigé les finances de la France, Mollien, a merveilleusement défini le caractère, les fonctions de la monnaie, et les conditions qui doivent être maintenues afin que cet organe important du corps social ne soit jamais atteint.

Pourquoi y attachons-nous une si grande importance? C'est que nous y voyons, comme nous le disions en commençant, un instrument d'association, un instrument de coopération d'hommes qui s'ignorent les uns les autres et qui travaillent cependant les uns pour les autres, et en même temps un instrument de cette division du travail dont vous connaissez les merveilleux résultats, et qui accroît la production dans des proportions si considérables.

Grâce à la monnaie, à l'estimation directe, instantanée, qu'elle permet de faire de la part que chacun prend à la production commune, cette production marche, se développe avec rapidité, les échanges se multiplient, et la société devient de moins en moins misérable. Pour mieux fixer votre pensée à cet égard, j'appellerai un moment votre attention sur quelque chose d'élémentaire, dont chacun de vous peut se rendre aisément compte. On publie aujourd'hui beaucoup de journaux et même de journaux illustrés. Ceux qui achètent ces feuilles se sont-ils demandé combien

(1) Le poëte Stigellius disait :

« Unum pondus, mensura una, moneta sit una,
Status et illæsus totius orbis erit. »

d'hommes ont coopéré à la production de ces petits carrés de papier, qui se vendent cinq ou dix centimes, et comment chacune des fractions, payées par chacun des acheteurs, se réunit ensuite dans la masse, qui se déverse entre tous ceux qui ont coopéré à cette production ?

On a dit, avec raison, qu'il n'y avait pas un clou dans le monde qui ne fût le résultat de la coopération du genre humain. Chacun travaille pour tous, et tous travaillent pour chacun. C'est la grande association, éternelle et toujours rajeunie, qui vit par l'échange des services ; grâce à cette force inépuisable, la société humaine devient de plus en plus une association de producteurs ; celle-ci se manifeste clairement dès que l'on essaye de pénétrer l'essence de chaque œuvre produite. J'ai choisi pour exemple le journal illustré. Ce journal a besoin de papier pour être imprimé, de caractères que le compositeur réunit pour former les mots, d'encre qui recouvre ces caractères, de machines puissantes qui les reproduisent rapidement sur une feuille de papier promenée sous la presse, d'artistes qui le décorent, de dessinateurs, de graveurs, d'écrivains qui travaillent de leur intelligence, de leur plume, pour le remplir de choses curieuses, intéressantes, instructives. Les hommes qui coopèrent à une pareille création ne se trouvent pas tous réunis dans le même lieu. Le journal se fabrique, par exemple, à Paris, mais avec du papier qui n'est pas fait à Paris. Le plomb des caractères vient peut-être de l'Angleterre. La houille qui fait marcher les machines peut arriver de Belgique, d'Allemagne. Beaucoup d'éléments qui entrent dans la composition matérielle de ces machines, de l'encre, du papier, ont franchi l'Océan, sans parler de mille objets divers qui ont servi à l'existence des hommes réunis par le lien de ce travail commun. Il est des milliers, peut-être des millions de coopérateurs divers, qui ont contribué à créer cette petite feuille que vous achetez chaque jour. Eh bien ! c'est à l'aide du centime, du décime, donné pour l'acquisition du journal que se constitue la somme des rémunérations destinées à tous ceux qui ont coopéré à l'œuvre ; chaque acheteur, en payant celui qui lui livre le journal, récompense sans s'en douter tous ceux à qui il doit le plaisir ou l'instruction qu'il se procure.

J'ai dit en deux mots la puissance et l'efficacité de la monnaie, comment elle devient un instrument d'agrégation d'efforts et de division du travail, comment elle sert à augmenter la production par la facilité des échanges. — L'échange, dans les temps anciens, était un fait local, et alors ses avantages étaient faibles. Aujourd'hui il devient un fait universel; le monde se trouve relié par un immense réseau de rapports mutuels. Les hommes, quelque distants qu'ils soient, communiquent entre eux ; et ici me revient à la mémoire la parole sublime de Sully à Henri IV :

« Votre Majesté doit mettre en considération qu'autant il y a de divers climats, régions et contrées, autant semble-t-il que Dieu les ait voulu directement faire abonder en certaines propriétés, commodités, denrées, matières, arts et métiers spéciaux et particuliers, qui ne sont point communs ou pour le moins de telle beauté aux autres lieux, afin que par le trafic et commerce de ces choses, dont les uns ont abondance et les autres disette, la fréquentation, conversation et société humaines soient entretenues entre les nations, tant éloignées peuvent-elles être les unes des autres. »

La *conversation entre tous les hommes* est singulièrement aidée par ces petits disques de métal qui, dans leur pureté, représentent l'équivalent des divers services rendus, et qui permettent, par la facilité de l'estimation, d'arriver à la composition et à la décomposition du travail général de la société !

Aussi Mirabeau (non pas le grand orateur, mais Mirabeau le père) écrivait-il un jour que les trois plus grandes inventions de l'esprit humain étaient l'*alphabet, la monnaie et le tableau économique.* J'avoue que je n'ai pas la même assurance pour le tableau économique que pour les deux autres. Mais l'alphabet et la monnaie ont été deux admirables découvertes, qu'on reporte à la même origine. Les Phéniciens ont inventé l'alphabet, qui permet de communiquer les pensées, et la monnaie, cet alphabet de l'échange, qui permet de communiquer les produits entre les hommes.

Si le temps l'avait permis, et si je ne craignais point de vous fatiguer, je vous aurais entretenus des conditions essentielles de la monnaie, de la nécessité qu'elle eût une valeur intrinsèque et une valeur élevée sous une petite forme, qu'elle fût d'un transport facile, qu'elle pût passer de main en main, qu'elle demeurât durable et inaltérable (1).

(1) Nous ne saurions mieux suppléer à ce qui se trouve omis dans cette exposition rapide qu'en rappelant l'admirable exposé fait par Turgot (*Sur la formation et la distribution des richesses*) :

§ XLI. *Toute marchandise a les deux propriétés essentielles de la monnaie, de mesurer et de représenter toute valeur ; et dans ce sens toute marchandise est monnaie.*

Ces deux propriétés de servir de commune mesure de toutes les valeurs, et d'être un gage représentatif de toute marchandise de pareille valeur, renferment tout ce qui constitue l'essence et l'utilité de ce qu'on appelle monnaie ; et il suit des détails dans lesquels je viens d'entrer que toutes les marchandises sont à quelques égards monnaie et participent à ces deux propriétés essentielles, plus ou moins à raison de leur nature particulière Toutes sont plus ou moins propres à servir de commune

La condition de durée, en empêchant cette portion de la richesse de s'évaporer, entraîne un effet économique très-important. La masse des métaux précieux se conserve et s'accroît sans cesse ; aussi l'expression du rapport qui existe entre la production annuelle et la quotité déjà acquise, diminue, de manière à donner à la valeur une stabilité plus grande ; cela nous explique en partie comment les prédic-

mesure à raison de ce qu'elles sont d'un usage plus général, d'une qualité plus semblable, et plus faciles à se diviser en parties d'une valeur égale. Toutes sont plus ou moins propres à être un gage universel des échanges à raison de ce qu'elles sont moins susceptibles de déchet et d'altération dans leur quantité et dans leur qualité.

§ XLII. *Réciproquement, toute monnaie est essentiellement marchandise.*

On ne peut prendre pour commune mesure des valeurs que ce qui a une valeur, ce qui est reçu dans le commerce en échange des autres valeurs ; et il n'y a de gage universellement représentatif d'une valeur qu'une autre valeur égale. Une monnaie de pure convention est donc une chose impossible.

§ XLIV. *Les métaux, et surtout l'or et l'argent, y sont plus propres qu'aucune autre substance, et pourquoi ?*

Nous voici arrivés à l'introduction des métaux précieux dans le commerce. Tous les métaux, à mesure qu'ils ont été découverts, ont été admis dans les échanges à raison de leur utilité réelle : leur brillant les a fait rechercher pour servir de parure ; leur ductilité et leur solidité les ont rendus propres à faire des vases plus durables et plus légers que ceux d'argile. Mais ces substances ne purent entrer dans le commerce sans devenir presque aussitôt la monnaie universelle. Un morceau de quelque métal que ce soit a exactement les mêmes qualités qu'un autre morceau du même métal, pourvu qu'il soit également pur. Or, la facilité qu'on a de séparer, par différentes opérations de chimie, un métal des autres métaux avec lesquels il serait allié, fait qu'on peut toujours les réduire au degré de pureté ou, comme on s'exprime, *au titre* qu'on veut, alors la valeur du métal ne peut plus différer que par son poids. En exprimant la valeur de chaque marchandise par le poids du métal qu'on donne en

tions faites sur l'immense révolution qu'allait accomplir dans le monde l'inondation de l'or de la Californie et de l'Australie, ont été démenties par l'expérience ; loin d'en souffrir, nous ne nous sommes pas mal trouvés de cette inondation, et l'or n'a encore ruiné personne. En vertu de la solidité qu'il offre, la masse du métal augmente, elle ne se consomme et ne se détruit presque pas ; les diverses por-

échange, on aura donc l'expression de toutes les valeurs la plus claire, la plus commode et la plus susceptible de précision, et dès lors il est impossible que dans l'usage on ne la préfère pas à toute autre. Les métaux ne sont pas moins propres à devenir le gage universel de toutes les valeurs qu'ils peuvent mesurer ; comme ils sont susceptibles de toutes les divisions imaginables, il n'y a aucun objet dans le commerce dont la valeur, petite ou grande, ne puisse être exactement payée par une certaine quantité de métal. A cet avantage de se prêter à toute sorte de divisions, ils joignent celui d'être inaltérables, et ceux qui sont rares, comme l'argent et l'or, ont une très-grande valeur sous un poids et un volume très-peu considérables.

Ces deux métaux sont donc de toutes les marchandises les plus faciles à vérifier pour leur qualité, à diviser pour leur quantité, à conserver éternellement sans altération, et à transporter en tous lieux aux moindres frais. Tout homme qui a une denrée superflue, et qui n'a pas dans le moment besoin d'une autre denrée d'usage, s'empressera donc de l'échanger contre de l'argent, avec lequel il est plus sûr qu'avec toute autre chose de se procurer la denrée qu'il voudra, au moment du besoin.

§ XLV. *L'or et l'argent sont constitués, par la nature des choses, monnaie et monnaie universelle, indépendamment de toute convention et de toute loi.*

Voilà donc l'or et l'argent constitués monnaie et monnaie universelle, et cela sans aucune convention arbitraire des hommes, sans l'intervention d'aucune loi, mais par la nature des choses. Ils ne sont point, comme bien des gens l'ont imaginé, *des signes de valeur ;* ils ont eux-mêmes une valeur. S'ils sont susceptibles d'être la mesure et le gage des autres valeurs, cette propriété leur est commune avec tous les autres objets qui ont une valeur dans le commerce.

Ils n'en diffèrent que parce qu'étant à la fois plus divisibles, plus inal-

tions de métal s'ajoutent les unes aux autres, par conséquent la progression devient peu sensible, relativement à la quotité des métaux déjà réunis. La monnaie acquiert ainsi un des caractères essentiels pour lui faire remplir l'office d'intermédiaire dans la circulation ; la valeur en est la moins changeante de toutes celles qui appartiennent aux choses de ce monde, surtout pour les transactions accomplies à des intervalles de temps assez rapprochés. Dans cette limite, la valeur de la monnaie devient presque invariable.

Pour se plier à tous les besoins de la circulation, il faut aussi que la monnaie puisse se diviser et se réunir à vo-

térables et plus faciles à transporter que les autres marchandises, il est plus commode de les employer à mesurer et à représenter les valeurs.

§ XLVI. *Les autres métaux ne sont employés à ces usages que subsidiairement.*

Tous les métaux seraient susceptibles d'être employés comme monnaie. Mais ceux qui sont fort communs ont trop peu de valeur sous un trop grand volume pour être employés dans les échanges courants du commerce. Le cuivre, l'argent et l'or sont les seuls dont on fait un usage habituel.

Et même, à l'exception de quelques peuples auxquels ni les mines ni le commerce n'avaient point encore pu fournir une quantité suffisante d'or et d'argent, le cuivre n'a jamais servi que dans les échanges des plus petites valeurs.

§ L. *L'usage de l'argent a beaucoup facilité la séparation des divers travaux entre les différents membres de la société.*

Plus l'argent tenait lieu de tout, plus chacun pouvait, en se livrant uniquement à l'espèce de culture ou d'industrie qu'il avait choisie, se débarrasser de tout soin pour subvenir à ses autres besoins, et ne penser qu'à se procurer le plus d'argent qu'il pourrait par la vente de ses fruits ou de son travail, bien sûr, avec cet argent d'avoir tout le reste : c'est ainsi que l'usage de l'argent a prodigieusement hâté les progrès de la société.

lonté. Un diamant brisé, fût-il le Koï-Noor lui-même, perdrait singulièrement de valeur, et l'on ne pourrait plus le rétablir dans la forme première. Le métal est fusible, il se divise et se recompose aisément, en permettant de suivre toutes les variations de la circulation.

Le métal précieux est toujours et partout homogène. Que l'or vienne de la Californie, de l'Australie ou de l'Altaï, que l'argent arrive du Mexique, du Pérou ou de la Saxe, ils présentent une identité qui ne se trouve dans aucune autre chose. On ne rencontrerait nulle autre part cette qualité essentielle de l'identité, de l'homogénéité et de la divisibilité.

Dans les temps primitifs on employait les bestiaux comme instrument d'échange. Aujourd'hui encore cela se pratique en Amérique, et peut convenir, à la rigueur, pour des transactions d'une certaine valeur. Mais il est difficile, pour des achats peu considérables, de dépecer des bœufs en biftecks et en côtelettes, et plus difficile encore de les recomposer et de les transporter d'un lieu dans un autre. La monnaie *vivante* entraîne aussi d'autres inconvénients et d'autres embarras; on ne peut ni la conserver sans frais, ni l'emmagasiner sans perte (1).

Une autre qualité des métaux précieux, c'est d'être fa-

(1) Le temps ne nous a pas permis de citer à l'appui un document curieux, qu'on sera peut-être étonné de rencontrer au milieu de ces recherches sur la monnaie, la lettre d'une artiste du Théâtre-Lyrique, qui s'est rendue il y a quelques années, avec son frère et plusieurs autres virtuoses, pour chercher fortune au delà des mers; le tableau animé et pittoresque qu'elle retrace n'est pas sans fournir des indications utiles au sujet du grave problème que nous étudions en ce moment. Nous ne modifions en rien cette naïve et vive peinture :

« On m'assure que ma lettre te parviendra, c'est ce qui me décide à l'écrire, bien qu'un grand doute me reste, car il me semble que ces îles

ciles à éprouver, comme aussi à recevoir et à conserver une empreinte délicate.

La monnaie doit être rare pour avoir une valeur élevée. Un kilogramme d'or vaut trois mille quatre cents francs, et un kilogramme de fonte vaut trois sous. Cela montre combien la masse d'or qui existe dans le monde est peu considérable. On possède aujourd'hui, selon des calculs approximatifs, vingt milliards d'argent et vingt milliards d'or. C'est peu de chose comme masse, puisque un kilogramme d'or vaut trois mille quatre cents francs, et une tonne d'or vaut

Hervey (de l'archipel de Cook) sont au bout du monde ! Enfin, je dois croire qu'on en revient, puisqu'on y est venu.

« Hier, pour la troisième fois, le roi Makea a assisté à notre concert en personne. Il est du plus beau noir ; et dans son palais, où les missionnaires avaient laissé un Christ en 1857, il a fait peindre le divin Rédempteur en noir.

« Il faut avoir traversé le grand océan Équinoxial pour voir des choses pareilles. Notre salle de concert est un grand hangar où l'on a pendant longtemps entassé des poissons desséchés. Le poisson est parti, l'odeur est restée. Il n'y avait rien de plus approprié à nos exercices dans l'île de Manaïo, même dans le palais de Sa moricaude Majesté.

« Tu as peut-être lu, dans un roman de M. Léon Gozlan, je ne sais plus lequel, le récit d'une recette de spectacle faite en *nature?*

« C'est de la réalité de cette plaisanterie littéraire qu'on nous paye ici. Le roi lui-même, faute de monnaie, même petite, nous a donné des calebasses gravées. L'une offre son portrait en profil ; je te la garde, ma chère tante ; tu pourras en faire un sucrier, en y mettant un petit pied. Tu boiras ton café en songeant que ta pauvre Zélie est allée chercher cela au milieu d'un archipel appelé *des Amis*, sans doute parce qu'on n'y rencontre que des sauvages, et auprès des îles dites *de la Société*, probablement parce qu'elles sont à peu près désertes.

« J'ai, comme tu le penses bien, la plus forte part du programme, ce qui fait que j'ai aussi la plus grande partie de la recette. Enfin, j'ai un tiers à moi seule ; la Campana, Ferioti et mon frère, notre infatigable chef d'orchestre, se partagent le reste. Or, en échange d'un air de l'*Anna*

trois millions quatre cent mille francs. Toute la quotité de l'or qui existe aujourd'hui dans le monde équivaut à peine à sept mille tonnes d'or. Savez-vous ce que nous produisons de fer en Europe? une quotité qui dépasse six millions de tonnes par an; la quantité de la houille extraite est vingt fois plus considérable, elle s'élève à cent vingt millions de tonnes. Vous voyez combien l'or conserve une attitude modeste en face du fer et de la houille. Un salon de Paris qui mesurerait cinq mètres de long sur huit de large, avec une hauteur de cinq mètres, c'est-à-dire trois

Bolena, du duo de *Norma* et *Adalgisa*, du brindisi de *Lucrezia*, de l'air du ténor : *Ah ! quel plaisir d'être soldat !* et de l'air des *Fraises*, du Théâtre-Lyrique, j'ai encaissé, pour ma part des huit cent seize billets pris au bureau hier soir : trois porcs, vingt-trois dindons, quarante-quatre poules, cinq mille noix de coco, mille deux cents ananas, cent vingt boisseaux de bananes, cent vingt citrouilles, mille cinq cents oranges. Que faire d'une pareille recette? En France, à la Halle, son estimation monterait bien à quatre mille francs, en supposant que les noix de coco et les bananes y soient de bonne défaite. Quatre mille francs, c'est beau, pour avoir chanté cinq morceaux, bien que ce ne soit pas tout à fait un cochon par air, ni tout à fait cinq dindons ; mais, ici, comment revendre, comment monnayer tout cela ? Le fait est qu'il est assez difficile d'espérer de trouver de l'argent chez des acheteurs qui eux-mêmes ont payé en citrouilles et en cocos le plaisir de nous entendre. Le peu de pièces monnayées qui existent dans l'île sont réservées à payer l'impôt, parce que Sa Majesté Makea n'entend pas qu'on garnisse ses caisses de légumes et de volailles. Donc, que faire de la recette? la consommer? Mais relis un peu, chère tante, ce qui m'est revenu hier pour ma part ; fais l'addition des deux autres concerts, et songe un peu ce que la pauvre Zélie pourrait faire d'un pareil menu.

« On me dit qu'un spéculateur de l'île voisine appelée *Mangéa* (qu'elle est bien nommée, cette île, si elle avale mon butin), doit arriver demain pour nous faire des offres en *espèces* à mes camarades et à moi. En attendant, pour tenir nos porcs en vie, nous leur donnons à manger les citrouilles ; les dindons et les poules nous dévorent les bananes et les oran-

cent vingt mètres cubes, contiendrait toute la masse d'or produite dans le monde !

Cette masse, réunie à celle d'une valeur à peu près égale de l'argent, augmente à peine d'*un quarantième* par an, tandis que les emplois auxquels servent les métaux précieux se multiplient avec les progrès de la civilisation. Sans parler du luxe des dorures qui ruisselle de toute part, ni de la poudre d'or que la mode essaye de répandre sur les cheveux des dames (comme c'est fort laid, nous espérons qu'on n'en fera pas grand usage), que l'on songe à la quantité de bijoux, précieux et doux souvenirs, depuis l'*alliance*, qui sanctifie l'union des époux, jusqu'à la croix, signé vénéré du salut dont la paysanne aime à se parer ; qu'on tienne compte de tant d'autres objets de goût et de fantaisie, dont l'aisance croissante des populations généralise l'emploi. Jadis une montre était un objet de luxe, aujourd'hui elle est devenue presque un objet de première nécessité, et les cuvettes en or se multiplient au moins autant que les cuvettes en argent. Le commerce et l'industrie convertissent de plus en plus les métaux précieux en objets qui répondent à des besoins d'usage. Permettez-moi un calcul qui marquera, non la réalité des choses, mais la tendance à laquelle elles obéissent. Un couvert d'argent,

ges, de sorte que, pour maintenir sur pied la partie animale de ma recette, je dois lui sacrifier tout le végétal. »

Il est difficile de mieux mettre en relief, par la loi des contraires, les avantages de la monnaie *métallique*, conservée sans perte, employée sans embarras, transportée sans peine, accumulée sans déchet, et qui garde, sans nouvel effort, la puissance dont elle est douée toujours semblable à elle-même. Il n'est pas deux pièces de bétail, deux sacs de blé, deux arpents de terre qui soient identiquement les mêmes, la *monnaie* seule ne varie pas de nature.

ce luxe permis aux plus modestes, car il devient, en cas de nécessité, un gage du crédit, contient pour environ trente-huit francs d'argent. Si en France chacun possédait un couvert (beaucoup en manquent sans doute, mais il est des maisons où ils sont bien plus nombreux que les membres de la famille), il faudrait, rien que pour les couverts, en y ajoutant quelques autres ustensiles et ornements de table, environ un milliard et demi d'argent, plus peut-être que la France n'en a conservé en monnaie. Le même calcul, appliqué à la population de l'Europe entière, absorberait une dizaine de milliards, et si on l'étendait à la population du globe, il demanderait une somme de cinquante milliards ! Certes ce n'est pas demain qu'il peut se vérifier ; mais que l'on n'oublie pas combien les peuples de l'Orient, et jusqu'aux peuplades les moins civilisées, portent de passion à s'orner de bijoux, combien, à leurs yeux, les objets précieux, faciles à cacher et à transporter, passent encore pour la seule richesse, à l'abri des entreprises de la violence, et l'on comprendra que nous ne sommes pas à la veille de voir les débouchés se fermer pour la production de l'or et de l'argent.

Ce n'est pas tout : à mesure que le monde marche, les rapports sociaux se modifient de manière à exiger plus d'espèces pour le règlement des comptes plus variés. De plus en plus le travail, au lieu de n'être rétribué que par une portion de produits nécessaires à l'existence, est payé en argent : l'économie *monétaire* remplace partout l'économie *naturelle*, qui se résumait dans l'abandon d'un coin de terre dont la corvée représentait le loyer ; en Russie même, le blé, depuis l'acte d'émancipation, cesse de ne coûter à produire que les coups de bâton distribués aux paysans, suivant l'expression de Sismondi. Partout le métal est appelé à jouer un grand rôle comme instrument de sociabilité. Vous voyez que nous n'avons guère à redouter l'accroissement de la production de l'or et de l'argent.

L'or n'a encore ruiné personne ; il possède une vertu singulière pour peupler les déserts, faire sortir de grandes villes de dessous terre comme par un coup de baguette, appeler la lumière et la vie dans de vastes solitudes. Il est inutile de rappeler l'exemple, connu de tous, des merveilles accomplies en Californie ; mais voyons ce qui s'est passé dans une contrée plus récemment dotée de ce fécond talisman, l'Australie.

Quand on entrait dans le vaste palais de Cromwell-Road, où l'exposition universelle de 1862 étalait ses splendeurs, on rencontrait dès les premiers pas une pyramide dorée mesurant deux mètres soixante-quinze centimètres à la base, et haute de quinze mètres. Elle figurait un poids de huit cents tonnes d'or, d'une valeur de plus de deux milliards six cents millions, obtenus durant dix années, de 1851 à 1861, de l'exploitation de l'or dans l'*Australia felix,* dans la province de *Victoria.*

Sur cette pyramide se trouvaient inscrits les progrès accomplis pendant le même espace de temps par la colonie. Je ne citerai ici que le développement de la population : celle-ci comptait, en 1846, 177 personnes ; en 1851, elle était déjà de 77,348 habitants ; et elle montait, en 1861, au chiffre de 640,322. Quelle transformation soudaine !

La progression rapide de la production de l'or a été un fait providentiel qui correspond à l'immense développement de la production et des échanges dont nous sommes les témoins. Les relations commerciales entre les peuples se chiffraient à peine, il n'y a pas longtemps, par centaines de millions ; elles se chiffrent aujourd'hui par milliards ; le commerce du monde englobe maintenant environ *cinquante milliards de valeurs.* — Ce résultat a été obtenu grâce, en partie, à l'or et à l'argent, qui excitent la production en facilitant la mutualité des services ; ils élèvent sans cesse à une plus haute puissance le besoin d'échanger, en étendant la division du travail, corrélative à la facile distribution de la monnaie, ce précieux véhicule des rapports, cette langue commune des valeurs.

Les communications entre les hommes commencent par le sentier, grossièrement percé dans la forêt, puis viennent les petits chemins, les routes, les chaussées, les canaux, les chemins de fer. Quelque chose d'analogue se produit pour les agents de la circulation : celle-ci débute par un troc grossier, elle s'anime par le choix d'une mesure commune, quelque imparfaite qu'elle soit, elle prend un plus large essor du moment où la monnaie métallique rencontre un emploi, et elle s'élève aux plus larges proportions par l'introduction de la grande famille des lettres de change, des billets à ordre, des signes fiduciaires, des billets de banque, des checks, et au moyen des procédés ingénieux des comptes courants et des virements.

Qu'on ne s'imagine point que les signes fiduciaires rendent la monnaie métallique inutile ou superflue. Ils n'en sont que le reflet, comme la lune brille de l'éclat emprunté au soleil ; que deviendrait-elle si le soleil venait à s'éteindre ? Le terrain solide de l'or et de l'argent demeure la base véritable des transactions humaines ; il emprunte au crédit d'utiles auxiliaires, mais seul il sert de support véritable à l'édifice de la production et de la circulation des richesses ; le reste ne vaut que par voie de conséquence. L'homme peut faciliter les mouvements du mécanisme métallique, il peut en perfectionner les ressorts, il ne saurait le supprimer sans tout compromettre. Ceux qui ont prétendu bannir les métaux précieux en leur substituant des signes fictifs, la monnaie de papier, ont quelquefois égaré les esprits par une illusion fatale : comme les enchanteurs du moyen âge, ils montraient des fruits d'or aux regards fascinés; mais le charme ne tardait point à se rompre, et il ne restait que des feuilles de chêne !

Il est une preuve bien simple qui dévoile l'inanité des rêves de papier-monnaie, c'est la désignation même donnée à ces chiffons de papier appelés, prétend-on, à chasser l'or et l'argent du commerce des hommes. Que disent-ils être en effet? *Des francs*, *des florins*, *des dollars*, *des roubles*, *des thalers*, *des livres sterling*, c'est-à-dire l'équivalent de quotités déterminées d'or et d'argent. Ils veulent nier les métaux précieux et il les affirment; les noms qu'ils empruntent protestent contre le but qu'ils semblent poursuivre ; s'il était permis d'employer une pareille image, ils témoignent de leur foi en l'or, tout en blasphémant contre ce qu'ils voudraient faire passer pour une royauté usurpée.

Il n'y a rien d'idéal, mais bien quelque chose de réel, de substantiel dans les services rendus par les métaux précieux. Les diverses qualités qui les distinguent et que nous avons essayé de passer en revue, leur durée inaltérable, la facilité de conservation et de transport, leur nature flexible qui permet de les diviser et de les réunir en les pliant à toutes les variations du prix, leur caractère de pureté et d'identité, leur qualité homogène, tout, jusqu'à leur rareté même, les appelle à servir d'instruments intermédiaires aux échanges, en leur faisant mesurer la valeur.

Tel est l'office de la monnaie.

Mesurer c'est comparer une grandeur avec une autre grandeur de même espèce, prise comme unité. Aussi bien que nous ne saurions employer, pour déterminer l'étendue ou le poids, un objet dépourvu de poids ou d'étendue, et que l'on ne pourrait calculer l'espace au moyen du kilogramme, de même on ne peut mesurer la valeur que par une valeur.

Mais il importe de ne pas confondre l'instrument du mesurage avec l'objet mesuré lui-même. Le thermomètre indique la chaleur, il n'est pas la chaleur ; la balance marque simplement le poids, elle n'en est pas l'équivalent. Un mètre, un hectolitre sont des mesures de longueur et de capacité, sans se confondre avec les objets qu'ils déterminent, et sans les remplacer.

Il en est autrement de *la valeur,* destinée à déterminer d'autres *valeurs ;* elle en est à la fois la *mesure* et l'*équivalent*, le signe et le gage. Autre chose est posséder l'or et l'argent, qui mesurent la valeur, autre chose obtenir un mètre et un hectolitre, qui mesurent la longueur et la capacité. Pour n'avoir point fait cette distinction capitale, pour n'avoir point compris que l'*équivalent* de la valeur permet seul de la graduer, des esprits élevés ont commis les plus étranges erreurs au sujet de la monnaie.

La valeur n'existe point par elle-même, elle exprime un *rapport*, elle exige, pour être estimée, un *étalon* qui soit en même temps un *équivalent*. On ne cède pas la balance, le mètre, le thermomètre quand on calcule le poids, la longueur, la chaleur ; on transmet au contraire la monnaie, ou le signe, qui ne vaut qu'autant qu'il représente la monnaie et qu'il la rend exigible à volonté.

Il ne suffit pas qu'un objet soit *valable*, il faut encore, pour qu'il serve d'instrument de circulation, qu'il soit facilement transmissible et qu'il s'adapte à toute quotité de valeur. Ces qualités se rencontrent au plus haut degré dans l'or et dans l'argent ; elles s'ajoutent aux autres particularités qui les distinguent et qui les appellent naturellement à remplir la haute fonction qui permet de relier les intérêts humains, de les faire concourir à un résultat commun et qui aide au développement de la sociabilité, en provoquant à la fois la division du travail et l'association des efforts, au moyen de la rémunération instantanée des services rendus.

On peut passer en revue tous les objets de la création ; aucun autre ne présente les qualités et n'offre les avantages de l'or et de l'argent, comme mesure de la valeur. Le bon sens populaire ne s'y est pas trompé ; il dédaigne avec raison les fictions périlleuses et se rattache aux garanties fidèles de la réalité. C'est ainsi que s'entretient et que grandit le commerce des hommes entre eux.

Sans doute, quand on rapproche des époques fort éloignées l'une de l'autre, on peut constater des variations notables dans le prix du métal, et par conséquent dans la mesure admise pour comparer la valeur des choses. Justement parce que la monnaie présente un corps et n'a rien d'idéal, elle partage le sort de tout ce qui est matière, elle ne saurait représenter quelque chose d'invariable ni de parfait ; ce qu'il est permis de dire, c'est qu'elle constitue le mode le moins inexact d'estimer *la valeur*, et que les défauts qu'elle présente sous le rapport de la stabilité, s'effacent presque entièrement lorsqu'il s'agit des transactions à terme plus rapproché, qui constituent la masse presque totale des transactions humaines. Pour ces espaces de temps qui comptent par années, l'afflux successif du métal nouvellement exploité, ne constituant qu'une fraction minime de la masse déjà acquise, n'exerce qu'une action insensible sur le prix, surtout de nos jours. A la découverte de l'Amérique, l'Europe ne possédait guère que le quarantième de l'or et de l'argent qu'elle détient aujourd'hui ; la survenance de quelques centaines de millions suffisait alors pour entraîner dans les prix une perturbation que des milliards ne sauraient provoquer maintenant.

L'altération de la monnaie peut seule influer d'une façon grave sur l'équilibre des contrats et des conventions. Quand cette *fraude légale* intervient, la bonne foi se perd, tout se trouve livré au hasard et à d'insidieuses manœuvres ; l'honnête homme et l'homme de labeur sont les premières victimes de l'atteinte ainsi portée à la sincérité des relations.

Copernic a vigoureusement montré les tristes résultats de pareils abus. Après avoir recherché les causes de l'avilissement dans lequel la monnaie prussienne était tombée, il continue en ces termes :

« Cependant ceux que cela regarde envisagent froidement cette immense ruine de la Prusse (1), et leur indolence laisse dépérir et ruiner entièrement cette patrie, si douce pour tous, cette patrie qui, après la piété envers Dieu, leur impose les devoirs les plus sacrés, et à laquelle ils devraient le sacrifice même de leur vie.

« Tandis que la monnaie prussienne, et par suite la patrie, sont travaillées de tels vices, les orfèvres seuls et ceux qui se connaissent en métaux précieux profitent de nos malheurs. Ils trient les pièces anciennes, qu'ils refondent afin de vendre l'argent, recevant toujours du vulgaire inexpérimenté plus d'argent avec la même somme de monnaie. Quand les anciens *sous* ont presque entièrement disparu, ils choisissent ce qu'il y a de meilleur parmi

(1) On ne doit pas oublier que la Prusse était alors une province de la Pologne.

le reste, ne laissant que la masse des plus mauvaises monnaies. De là vient cette plainte incessante qui retentit de tout côté, que l'or et l'argent, le blé et les provisions domestiques, les salaires, le travail des artisans, tout ce dont les hommes font usage d'ordinaire, augmente de prix. Mais notre négligence nous empêche de voir que la cherté de toutes choses provient de l'avilissement du numéraire. En effet, leur prix augmente et diminue proportionnellement à la monnaie. »

Je dois encore rappeler un autre passage des plus remarquables : il prouve toute la profondeur des vues de Copernic et la pénétration de son esprit, qui lui avait fait saisir une des notions fondamentales de la science des richesses :

« Nous voyons, dit-il, fleurir les pays qui ont de la bonne monnaie, tandis que ceux qui n'en ont que de la mauvaise tombent en décadence et dépérissent... La monnaie faible nourrit bien plus la paresse qu'elle ne soulage la pauvreté... »

Terminons ces citations en indiquant l'importance que Copernic attachait à la grande question de l'*unité monétaire*. Il s'exprime, à cet égard, comme suit :

« Si l'on veut enfin remédier aux malheurs de la Prusse en redressant la monnaie, il faut d'abord empêcher la confusion qui peut résulter de la diversité des ateliers monétaires. Elle détruit, en effet, l'égalité de valeur, et il est plus difficile de retenir dans la ligne du devoir plusieurs ateliers qu'un seul.

« On désignerait donc en tout deux places, l'une sur les terres soumises à Sa Majesté Royale (1), l'autre sur les terres

(1) Le roi de Pologne.

qui sont au pouvoir du prince (1). Dans le premier atelier on frapperait une monnaie qui, d'un côté, porterait les insignes royaux, de l'autre ceux de la terre de Prusse. Dans le second, la monnaie porterait d'un côté les insignes royaux, et de l'autre l'empreinte du prince, *afin que l'une et l'autre monnaie soient sous le contrôle du pouvoir royal, et qu'elles aient cours et soient acceptées dans tout le royaume* (de Pologne) en vertu d'une prescription de Sa Majesté, ce qui ne serait pas d'une médiocre importance pour la conciliation des esprits et pour les transactions réciproques.

« Il faudra que ces deux monnaies soient au même degré de fin, aient une même valeur réelle et une même valeur d'estime, afin que par des soins vigilants l'État arrive à garder perpétuellement le règlement qu'il s'agit maintenant d'établir. Les princes, d'autre part, ne devront tirer aucun profit de la monnaie qu'ils frapperont... »

Ce dernier précepte forme un singulier contraste avec les erreurs communes de l'époque et avec les abus dont les souverains tiraient profit au détriment de la chose publique (2).

Copernic conclut en proposant que la monnaie soit faite non au nom d'une cité, mais de tout le pays, avec les insignes de celui-ci. « L'efficacité d'une pareille mesure ren-

(1) Albert de Brandebourg.

(2) Un singulier rapprochement pourrait être fait. L'homme qui a fini par abuser le plus des fictions monétaires, Law, avait commencé par poser le vrai principe dans les *Considérations sur le numéraire* (*Mémoire sur les monnaies*, 1re *partie*).

« La monnaie ne reçoit point sa valeur de l'autorité publique : l'empreinte marque son poids et son titre, mais elle ne donne pas la valeur. C'est la matière qui en fait la valeur. »

contre, dit-il, une preuve décisive dans la monnaie polonaise, qui conserve ainsi son prix dans la vaste étendue du royaume. »

Je n'ai pas besoin d'insister davantage : vous le voyez, la pensée qui inspirait Copernic quand il assignait à la terre et au soleil leur place véritable dans les immenses espaces de l'univers, le guidait aussi lorsqu'il déterminait pour la monnaie le rôle qu'elle est appelée à remplir au milieu de la complication des intérêts sociaux, auxquels elle doit subvenir.

La grande idée moderne se traduit en ces termes : *le travail crée la richesse*. Or la monnaie est le plus puissant instrument du travail et de l'association des efforts. Aussi le Copernic des lois de la production, Adam Smith, après avoir fait du travail de l'homme, fruit de la liberté, le point autour duquel gravite la richesse sociale, ne s'est point mépris sur le véritable rôle de la monnaie.

Le génie de Copernic, après avoir dévoilé les harmonies célestes, lui a fait entrevoir un des aspects essentiels des harmonies sociales ; elles ont brillé depuis d'un pur éclat, grâce au puissant esprit d'Adam Smith et de Frédéric Bastiat. L'homme, but de la production, en est aussi la première source, il verse son intelligence et son âme dans les objets extérieurs qu'il approprie à son usage. Le monde de l'esprit féconde, discipline et gouverne le monde de la matière. Pour accomplir cette grande œuvre il faut une langue commune des intérêts, comme une langue commune des idées. L'or et l'argent, en nous conduisant du connu à l'inconnu, permettent de mesurer *la valeur* et d'apprécier instantanément les services rendus ; ils fournissent le lien le plus précieux qui rapproche les hommes par l'attrait d'un avantage mutuel, et ils multiplient les produits en facilitant la satisfaction des besoins; ils rendent ainsi des services signalés à l'association humaine.

La monnaie régularisa les échanges ; son concours efficace permit à la circulation de se développer avec une si merveilleuse facilité, que la production prit un rapide essor, en amenant partout l'aisance et la prospérité. Le rôle supérieur de la civilisation consiste en partie dans l'organisation, solide et flexible à la fois, des moyens d'effectuer les échanges, qui impriment le mouvement au travail. Plus la civilisation grandit, plus les rapports entre les hommes s'étendent et se diversifient ; la monnaie, donnant la facilité de préciser à tout moment la valeur des produits, en accélère la multiplication ; elle met l'homme à même d'utiliser chaque heure, chaque minute, en assurant au service rendu une récompense légitime et immédiate.

L'or et l'argent constituent donc un instrument qui coûte beaucoup moins qu'il ne rapporte, un instrument solide de la circulation des produits, un levier puissant pour leur création. En provoquant la division du travail et l'agrégation des efforts, le métal devient l'agent le plus actif pour l'application des trois principes sur lesquels, Dieu merci ! le monde repose aujourd'hui : le travail, la liberté et la justice !

MONETE CUDENDE RATIO

PER

NICOLAUM.

MONETE CUDENDE RATIO

PER

NICOLAUM.

Quanquam innumere pestes sunt quibus regna, principatus, et respublice decrescere solent, hæc tamen quatuor (meo judicio) potissime sunt : discordia, mortalitas, terre sterilitas et monete vilitas. Tria prima adeo evidentia sunt, ut nemo ita esse nesciat, sed quartum quod ad monetam attinet a paucis et nonnisi cordatissimis consideratur, quia non uno impetu simul, sed paulatim, occulta quadam ratione respublicas evertit.

Est autem moneta aurum vel argentum signatum, qua pretia emptibilium vendibiliumque rerum numerantur secundum cujusvis reipublice vel gubernantis ipsum institutum. Est ergo moneta tanquam mensura quædam communis æstimationum. Oportet autem id quod mensura esse debet firmum semper ac statum servare modum. Alioquin necesse est confundi ordinationem reipublice, ementes quoque et vendentes multipliciter defraudari, quemadmodum si ulna, modius, pondusve certam quantitatem non servet. Hanc igitur

TRAITÉ DE LA MONNAIE

PAR

NICOLAS COPERNIC (1).

Quelque innombrables que soient les fléaux qui d'ordinaire amènent la décadence des royaumes, des principautés et des républiques, les quatre suivants sont, à mon sens, les plus redoutables : la discorde, la mortalité, la stérilité de la terre et la détérioration de la monnaie. Pour les trois premiers, l'évidence fait que personne n'en ignore. Mais, pour le quatrième, qui concerne la monnaie, excepté quelques hommes d'un très-grand sens, peu de gens s'en occupent. Pourquoi? parce que ce n'est pas d'un seul coup, mais petit à petit, par une action en quelque sorte latente, qu'il ruine l'Etat.

L'or ou l'argent marqués d'une empreinte, constituent la monnaie servant à déterminer le prix des choses qui s'achètent et qui se vendent, selon les lois établies par l'Etat ou le prince. La monnaie est donc en quelque sorte une mesure commune d'estimation des valeurs; mais cette mesure doit toujours être fixe et conforme à la règle établie. Autrement, il y aurait, de toute nécessité, désordre dans l'Etat : acheteurs et vendeurs seraient à tout moment trompés, comme si l'aune, le boisseau ou le poids ne conservaient point une quotité certaine. Or cette mesure réside,

mensuram æstimationem puto ipsius monete, que etsi in bonitate materie fundetur, oportet tamen valorem ab estimatione discerni; potest enim pluris estimari moneta quam ejus qua constat materia et e converso.

Causa vero constitutionis monete necessaria est : quamvis enim solo pondere auri et argenti rerum commutatio fieri potuisset, ex quo communi hominum consensu aurum et argentum ubique in pretio habeatur, sed tamen propter multam incommoditatem afferendorum semper ponderum, quodque non statim auri et argenti sinceritas deprehendatur ab omnibus, institutum est publico sigillo monetam signari, quo significetur justam auri vel argenti quantitatem inesse, et fides adhibeatur auctoritati.

Solet etiam monete et maxime argente es commisceri propter duas (ut existimo) causas, videlicet quo minus exposita sit insidiis expilantium et conflantium ipsum quod futurum esset si ex sincero argento constaret. Secunda, quod massa argenti in minutas partes et scrupulos nummorum fracta retineat, cum ere admixto, convenientem magnitudinem : potest superaddi et tertia, ne scilicet continuo usu detrita citius pereat, sed fulcitamento eris diuturnior perseveret.

Justa autem et equa monete estimatio est, quando paulo minus auri vel argenti continet quam pro ipsa ematur : utpote quantum pro expensis dumtaxat mo-

selon moi, dans l'estimation de la monnaie. Bien que cette estimation ait pour base la bonté de la matière, il faut cependant la discerner de la valeur elle-même. La monnaie, en effet, peut être estimée plus que la matière dont elle est faite, et *vice versa*.

L'établissement de la monnaie a la nécessité pour cause. Bien qu'en pesant seulement l'or et l'argent on aurait pu pratiquer les échanges, ces métaux, du consentement unanime des hommes, étant considérés partout comme choses de prix, cependant il y aurait de nombreux inconvénients à être obligé de porter toujours des poids avec soi, et, tout le monde n'étant pas apte à connaître du premier coup d'œil la pureté de l'or et de l'argent, on convint partout de faire marquer par l'autorité la monnaie d'une empreinte destinée à exprimer ce que chaque pièce contient d'or et d'argent et à servir de garantie à la foi publique.

On a coutume de mêler du cuivre à la monnaie et surtout à la monnaie d'argent. J'y suppose deux causes : d'abord pour qu'elle soit moins exposée au retrait et à la refonte, ce qui arriverait si elle était d'argent pur. Secondement, pour que la pièce d'argent divisée en parties menues et même en très-petites monnaies conserve, grâce à l'alliage, c'est-à-dire au cuivre qu'on y mêle, une grandeur convenable. A ces deux causes on peut en ajouter une troisième : comme la monnaie s'use en circulant constamment, on l'a soutenue par un alliage de cuivre, qui la fait durer plus longtemps.

La monnaie est estimée à son taux véritable, quand elle contient un tant soit peu moins d'or ou d'argent que la quantité de ces métaux qu'elle peut payer, juste autant

netariorum oportuerit deduci. Debet enim signum ipsi materie aliquam addere dignitatem.

Vilescit hec ut plurimum propter nimiam multitudinem, utpote si tanta argenti copia in monetam transierit quoadusque argenti massa ab hominibus magis quam moneta desideretur : perit nempe hoc modo dignitas monete, quando per ipsam tantum argenti non licet emere quantum ipsa pecunia continet, sentiaturque major profectus eliquando argentum in monete destructionem, cujus remedium est non amplius monetam cudere donec se ipsam coequ'averit, reddaturque carior argento.

Valor quoque multis modis depravatur, vel propter defectum materie solum, quando scilicet sub eodem pondere monete plus quam oportet eris commiscetur argento, vel propter defectum ponderis, quamvis justam habeat eris cum argento admixtionem : vel, quod pessimum est, propter utramque simul; deficit etiam ultro valor ac longo usu deteritur, propter quod solum instaurari ac innovari debet. Cujus signum est, si argentum in moneta in notabili quantitate minus reperitur quam pro ipsa emptum, in quo merito penuria monete intelligitur.

Premissis generaliter de moneta expositis, speciatim ad Prussianam descendamus, ostendentes primum quomodo in tantam levitatem pervenerit.

Transit autem sub nominibus marcharum, scotorum, etc., et sunt sub eisdem nominibus etiam pon-

qu'il en faut déduire pour acquitter les frais de monnoyage. L'empreinte de garantie ajoute quelque valeur a la matière elle-même. La monnaie perd surtout de sa valeur quand on l'a trop multipliée, lorsque, par exemple, une si grande quantité d'argent a été transformée en monnaie, que les hommes en arrivent à rechercher l'argent en lingot plus que le numéraire. La monnaie perd toute sa dignité, quand elle ne peut plus acheter autant d'argent qu'elle en contient et qu'il y a profit à la refondre. L'unique remède alors, c'est de ne plus frapper de monnaie jusqu'à ce qu'elle ait repris son équilibre et qu'elle ait reconquis une valeur plus élevée que celle de l'argent.

La valeur de la monnaie se déprécie pour diverses causes, soit par l'altération du titre, alors que le même poids contient un alliage de cuivre qui dépasse la mesure voulue; soit parce que le poids fait défaut, bien que l'alliage ait été introduit au degré convenable; soit, ce qui est le pire, parce que les deux vices se rencontrent à la fois. La valeur de la monnaie se perd d'elle-même par suite d'un long service qui use le métal et en diminue la quotité et cette raison suffit pour faire mettre en circulation une monnaie nouvelle. On reconnaît cette nécessité à un signe infaillible, lorsque l'argent contenu dans la monnaie pèse notablement moins que l'argent destiné à être acquis. On comprend qu'il en ressort une détérioration de la monnaie.

Après avoir fourni ces données générales sur la monnaie, descendons à l'étude spéciale de la monnaie prussienne, et montrons comment elle s'est tellement avilie.

Elle circule sous le nom de marcs, de *scotes* (2), etc. Les mêmes dénominations désignent aussi des poids; le marc

dera. Nam marcha ponderis est libra media. At marcha numeri constat solidis LX : quæ omnia vulgo nota sunt. Verum ne equivocatio numeri et ponderis obscuritatem pariat, ubicumque deinceps marcha nominabitur, de numero intelligatur; nomine vero libre, pondus duarum marcharum, pro selibra vero marcham ponderis accipe.

Invenimus igitur in antiquis recessibus ac litterarum monumentis quod sub magistratu Conradi de Jungingen, hoc est proxime ante bellum Tanebergense, emebatur selibra, id est marcha argenti puri, marchis pruthenicalibus duabus et scotis VIII, quando videlicet tribus partibus argenti puri quarta pars eris admiscebatur, et ex libra dimidia ejus masse solidos CXII faciebant. Quibus tertia pars adjecta, et sunt solidi XXXVII et tertia pars unius solidi, facit totam summam solidorum CXLVIII et duorum d. pendente libre unius bessem duas tertias hoc est scotos scilicet argenti XXXII que procul dubio tres partes (et sunt libra media argenti puri) continebit. Sed jam dictum est pretium ejus fuisse solidos CXL in selibras. Reliquum vero quod in IX solidos et tertia deerat estimatio monete supplevit. Erat itaque ejus estimatio cum valore convenienter continuata.

Hujus generis nummismata sunt Henrici, Ulrici, et Conradi, que interdum reperiuntur adhuc in thesauris. Deinde post cladem Prussie et bellum supradictum cepit detrimentum reipublice in dies magis ac magis

(poids) est une demi-livre ; le marc (monnaie) se compose de 60 sous : ce qui est généralement connu. Mais, pour que le même nom donné au numéraire et au poids ne devienne point une cause d'obscurité, partout où, dans la suite, nous parlerons de *marc*, il faudra entendre par là le numéraire ; quand nous dirons *la livre*, il s'agira du poids de 2 marcs, et la demi-livre signifiera le marc pesant.

Nous trouvons dans les anciennes délibérations et dans les documents écrits que sous le gouvernement de Conrad de Jungingen, peu de temps avant la bataille de Taneberg (l'an 1410), la demi-livre, c'est-à-dire le marc d'argent pur, valait 2 marcs prussiens et 8 *scotes ;* à trois parties d'argent pur on ajoutait alors un quart de cuivre, et dans la demi-livre de cet alliage on taillait 112 sous. En y ajoutant un tiers, c'est-à-dire 37 sous 1/3, on obtient un total de 149 sous 1/3 (pesant 2/3 de la livre, c'est-à-dire 32 scotes d'argent) qui contiennent évidemment 3/4 d'argent pur, ou l'équivalent d'une demi-livre de métal fin. Nous avons déjà dit que la demi-livre d'argent pur valait 140 sous. Les 9 sous 1/3 d'excédant répondent à la valeur d'estime ajoutée par le monnoyage. De cette manière le prix nominal se maintenait dans un rapport convenable avec la valeur intrinsèque.

Telles étaient les pièces de monnaie du temps des (grands maîtres) Henri, Ulric et Conrad ; on les rencontre encore de temps à autre dans les trésors. Plus tard, après la défaite subie par la Prusse et la guerre dont nous avons parlé, le déclin de l'État, sous le rapport de la monnaie, devint de jour en jour plus apparent. En effet, les sous frappés sous Henri, bien que semblables d'aspect à ceux qui les avaient précédés,

in moneta apparere. Nam Henrici solidi, aspectu quidem similes supradictis, non amplius reperiuntur habere quam tres quintas argenti. Crescebatque error hic donec inverso ordine ceptum est tribus partibus eris quartam argenti misceri, ut jam non argenti moneta, sed cuprea rectius diceretur, pondus tamen retinebat solidorum CXII in selibra. Cum autem minime conveniat novam ac bonam monetam introducere antiqua viliore remanente, quanto hic magis erratum est vetere meliore remanente viliorem novam introducendoque non solum infecit antiquam, sed, ut ita dicam, expugnavit. Cui errori dum sub magistratu Michaelis Rusdorff obviare vellent ac monetam in pristinum meliorem statum reducere, cudebant novos solidos quos nunc grossos vocamus; sed cum antiqui viliores non viderentur sine jactura aboleri posse una cum novis insigni errore permanserunt.

Transibantque duo solidi antiqui pro uno novo, factumque tunc est, quod duplex marcha plebi ingereretur novorum videlicet solidorum et antiquorum. Illorum marcha nova sive bona, horum vero antiqua sive levis, solidorum utrobique sexaginta. Oboli vero in suo usu manebant. Ita ut pro solido antiquo sex duntaxat commutarentur, pro novo vero XII. Nam ab initio duodecim obolorum fuisse solidum facile conjici potest. Sicut enim quindenum numerum vulgo mandel vocamus, ita in plerisque Germanie terris vox illa schilling pro duodenario numero durat. Perseve-

ne contiennent plus que 3/5 d'argent. Ce faiblage s'accrut jusqu'à ce que l'on en vînt, en sens inverse, à mêler à trois parties de cuivre un quart d'argent ; dès lors on se serait expliqué plus justement, si on avait parlé de monnaie de cuivre, non de monnaie d'argent. Le poids de 112 sous répondait cependant toujours à la demi-livre. S'il ne convient nullement d'introduire une nouvelle et bonne monnaie, lorsque l'ancienne est mauvaise et continue de circuler, on commet une erreur bien plus grave encore en introduisant, à côté d'une monnaie ancienne, une monnaie nouvelle plus faible ; celle-ci ne se borne pas à déprécier l'ancienne, elle la chasse pour ainsi dire de vive force. Sous l'administration de Michel Rusdorff (1439), on voulut parer au mal et ramener la monnaie à son ancien état de pureté. On frappa de nouveaux sous, ceux qu'aujourd'hui nous nommons *gros*. Mais comme on ne crut pas pouvoir, à cause de la perte qui en serait résultée, retirer les anciennes pièces, qui ne les valaient pas, par une faute plus grande, on les laissa subsister avec les nouvelles ; deux sous anciens s'échangeaient contre un nouveau, et un double *marc* existait sur le marché, à savoir le *marc* des nouveaux sous, et le *marc* des anciens. Le nouveau marc des premiers ou *le bon,* l'ancien marc des seconds ou le *faible* se divisaient l'un et l'autre en 60 sous. Quant aux *oboles*, elles gardaient leur valeur habituelle, de sorte que pour 1 sou ancien on en donnait 6 seulement, tandis qu'il en fallait 12 pour un nouveau. Dans le principe, le sou se composait de 12 oboles, il est facile de le comprendre, car comme nous disons vulgairement *mandel* pour le nombre 15, de même dans beaucoup de provinces germaniques le

ravit autem novorum solidorum appellatio usque ad memoriam nostram : quomodo demum grossi facti sunt inferius dicam.

Novorum igitur solidorum marche VIII per sexaginta libram unam puri argenti continebant : quod ex eorum compositione satis apparet. Constant enim ex dimidio eris et altera medietate argenti et eorum marche VIII per LX pendent prope libras duas. Antiqui vero pondere, ut dictum est, pares illis, valore ex dimidio; cum enim quartam solummodo partem argenti haberent, marche XVI e libra argenti puri veniebant, pendentes quadruplum. Postea vero mutato statu patrie, cum civitatibus esset cudendi monetam concessa potestas, ipseque novum exequerentur privilegium, crevit pecunia multitudine, non autem bonitate. Cepitque quatuor partibus eris quinta argenti in solidis antiquis misceri donec marche XX argenti libra commutarentur. Sicque novi illi solidi cum jam meliores essent plus quam duplo, solidis recentibus facti sunt scoti ut jam XXIIII pro marcha levi computarentur : periit ergo quinta pars bonitatis monete in marcha. Postea vero quam evanescerent novi solidi jam scoti facti eo quod eciam per Marchiam essent accepti, placuit eos grossorum estimatione revocare, hoc est sub solidis tribus, maximo errore et tanto procerum consilio prorsus indigno, perinde ac si Prussia sine illis esse non posset, quamvis non essent meliores denariis quindecim tunc currentis monete, ubi jam multitudo etiam premebat

mot *schilling* s'applique au nombre 12. Cette dénomination des nouveaux sous se conserva jusqu'à nos jours.

Je dirai plus loin comment ils se changèrent en gros.

Huit marcs des nouveaux sous (à soixante sous par marc) contenaient une livre d'argent pur, comme il est facile de le calculer. Ils se composent, en effet, par moitié de cuivre et d'argent. Les huit marcs (à raison de soixante sous par marc) pèsent près de deux livres. Quant aux sous *anciens*, bien qu'ils représentent le même poids, ils valent moitié moins. Comme ils ne contenaient qu'un quart d'argent, il en fallait à la livre d'argent fin 16 marcs, qui pesaient quatre fois plus. Par suite des changements survenus dans le pays, quand les villes acquirent le droit de frapper monnaie (3), et qu'elles usèrent de ce nouveau privilége, le numéraire augmenta en quantité, mais non en valeur : on commença à ne mêler à quatre parties de cuivre qu'un cinquième d'argent dans les sous anciens, de manière que la livre d'argent représentât 20 marcs. Les sous nouveaux valaient ainsi plus du double des anciens; on en fit donc des *scotes*, dont on compta 24 pour un marc faible : la monnaie perdit au marc un cinquième de sa valeur intrinsèque. Mais, comme par la suite les nouveaux sous, devenus des *scotes*, disparaissaient de plus en plus, parce qu'ils étaient reçus dans toute l'étendue de la *Marche*, on leur attribua la valeur de *gros*, c'est-à-dire de trois sous, bien qu'ils n'eussent point une valeur supérieure à celle de quinze deniers de la monnaie ayant cours, et dont la quantité trop grande déprimait le prix. Cette décision fut arrêtée par une erreur des plus lourdes, tout à fait indigne d'une pareille assemblée des citoyens les plus notables, comme si la

estimatione ipsius. Dissidebant ergo grossi cum solidis in quinta vel sexta parte minus valentes a constituto et fallaci et iniqua estimatione detrahebant dignitati solidorum. Oportebat fortassis injuria sic vindicari quam solidi grossis prius intulerant coegerantque eos scotos fieri. Sed ve tibi Prussia que tuo proh dolor! interitu male administrate reipublice penas pendis. Igitur estimatione simul et valore pecunie passim evanescentibus, a fabricatione tamen monete plane cessatum non est, et expensis non suppetentibus quibus equivalens priori redderetur posterior, semper priori pejor superinducta est quæ bonitatem precedentis oppressit et extinxit, quoad solidorum estimatio cum valore grossorum proporcionaliter convenerit et marche XXIV leves pro una libra cesserit argenti.

Debuerant autem jam tandem saltem reliquie tantille dignitatis monete permansisse, ex quo de ejus instauratione meditatum non est. Sed que tantisper inolevit consuetudo sive licencia adulterandi, expilandi et inficiendi monetam cessare non potuit nec in hunc diem cessat. Nam qualis postea prodierit et in quo statu nunc sit, pudet ac dolet dicere. In tantam enim vilitatem hodie collapsa est, ut XXX marche unam libram argenti vix contineant. Quid autem restat si non succurratur, nisi ut deinceps Prussia, auro et argento vacua, monetam mere cupream habeat. Unde peregrinarum mercium invectiones, omnesque negociationes brevi sint periture. Quis enim externorum mercatorum

Prusse avait été hors d'état de se passer de cette monnaie.

Il y avait donc entre les gros et les sous une différence du cinquième ou du sixième en moins de la valeur établie, et par cette fausse et inique évaluation les gros dépréciaient les sous. Les *sous* expiaient ainsi le tort qu'ils avaient primitivement fait aux *gros*, en les forçant de se changer en *scotes*.

Malheur à toi, terre de Prusse, qui payes de ta ruine, hélas! les fautes d'un mauvais gouvernement! Bien que la valeur d'estime et la valeur réelle de la monnaie disparussent ainsi simultanément, on continua de fabriquer de la monnaie. Mais comme les frais de monnayage n'étaient pas couverts, la monnaie empira sans cesse, dégradant successivement le numéraire existant, de façon que la valeur des *sous* et celle des *gros* finirent par se niveler proportionnellement, et qu'on finit par payer une livre d'argent pur au prix de 24 marcs faibles.

Tels devaient être les résultats de la détérioration de la monnaie, dont on ne songeait pas à relever le titre. L'habitude invétérée de refondre et de falsifier la monnaie de toute manière n'a pas encore cessé de nos jours. Ce que deviendra cette monnaie et ce qu'elle est déjà devenue, on a honte et douleur à le dire : elle est tellement avilie aujourd'hui, que 30 marcs contiennent à peine une livre d'argent. Qu'arrivera-t-il si l'on n'y porte remède? La Prusse, dépouillée d'or et d'argent, n'aura plus qu'une monnaie de cuivre, ce qui arrêtera les importations étrangères et ruinera tout commerce. En effet, quel est le marchand étranger qui voudra échanger des marchandises contre de la monnaie de cuivre? et qui de nous pourra dans les autres

merces suas moneta cuprea commutare volet? Quis denique nostratium in peregrinis terris eadem moneta exoticas merces comparare poterit? Hanc tamen ingentem reipublice prussiane cladem hi quorum interest contempti despiciunt et dulcissimam sibi patriam cui post pietatem in Deum nedum officii plurimum, sed eciam ipsam vitam debent, in dies magis ac magis supina negligencia miserabiliter labi ac periri sinunt.

Cum ergo tantis viciis laboret prussiana moneta et per eam tota patria, soli aurifices et hi qui bonitatem metalli callent ejus erumnis fruuntur. Colligunt enim ex mixta pecunia antiquam ex qua eliquatum argentum vendunt, plus semper argenti cum moneta mixta ab imperito vulgo recipientes : at postquam antiqui illi solidi jam penitus evanescant, eliguntur proximo meliores relicto pecuniarum acervo deteriori. Hinc illa vulgaris et perpetua querimonia aurum, argentum annonam, familie mercedem, opificum operam et quidquid in humanis usibus est solitum, transcendere precium; sed oscitantes non expendimus omnium rerum charitatem ex vilitate monete provenire. Crescunt enim ac decrescunt etiam ad monete conditionem : presertim aurum et argentum que non ere vel cupro, sed auro et argento, appreciamus. Nam aurum et argentum dicimus esse tanquam basim monete cui incubat ejus estimatio.

At contendet fortasse aliquis exilem monetam usibus

pays acheter les marchandises du dehors avec cette même monnaie? Cependant ceux que cela regarde envisagent froidement cette immense ruine de la Prusse, et leur indolence laisse dépérir et ruiner entièrement cette patrie si douce pour tous, cette patrie qui, après la piété envers Dieu, leur impose les devoirs les plus sacrés, et à laquelle ils devraient le sacrifice même de la vie. Tandis que la monnaie prussienne, et par suite la patrie, sont travaillées de tels vices, les orfévres seuls et ceux qui se connaissent en métaux précieux profitent de nos malheurs. Ils trient dans la monnaie les pièces anciennes, qu'ils refondent afin de vendre l'argent, recevant toujours du vulgaire inexpérimenté plus d'argent avec la même somme de monnaie. Alors que les anciens *sous* ont presque entièrement disparu, ils choisissent ce qu'il y a de meilleur parmi le reste, ne laissant dans la circulation que la masse des plus mauvaises monnaies. De là vient cette plainte incessante qui retentit de tout côté, que l'or et l'argent, le blé et les provisions domestiques et le travail des artisans, tout ce dont les hommes font usage d'ordinaire, augmente de prix. Notre négligence nous empêche de voir que la cherté de toutes choses provient de l'avilissement du numéraire. En effet, leur prix augmente et diminue proportionnellement à la monnaie, surtout celui des métaux précieux, que nous estimons, non en airain ou en cuivre, mais en or et en argent; car l'or et l'argent constituent la base de la monnaie, et ils en déterminent la valeur.

Peut-être dira-t-on : « La monnaie faible est plus commode pour les usages de la vie, elle vient en aide à la pauvreté, elle met le blé à plus bas prix, et elle facilite l'acquisition des autres choses nécessaires à la vie; la bonne

humanis commodiorem esse : nempe subvenientem paupertati hominum, reddentem levi pretio annonam et cetera vite mortalium necessaria facilius suppeditantem; per bonam autem monetam omnia chariora reddi, colonos ac censu annuo oneratos preter solitum gravari. Laudabunt hanc sententiam, spe lucri privati, quibus hactenus permissa est cudendi monetam facultas, non fortassis mercatores et opifices quibus nihil propterea perit, eam improbabunt, quum quidem ad auri valorem merces et res suas vendunt, et, quo moneta est exilior, eo majori pecuniarum numero eas commutant. Verum si communem utilitatem respicient, negare utique non poterunt prestantem monetam non modo reipublice, verum etiam sibi ac omnium hominum ordini salutarem, exiguam vero perniciosam esse. Quod cum multis rationibus satis perspicuum sit, etiam ipsa experiencia rerum magistra verum esse dicimus : videmus quippe eas terras potissimum florere que bonam monetam habent, decrescere autem et perire que deteriore utuntur : floruit nimirum et Prussia tunc quando una marcha pruthenicalis duobus florenis ungaricis emebatur et quando, ut premissum est, due marche pruthenice et VIII scoti selibra, id est marcha argenti puri, commutabantur. Interim vero vilescente in dies magis ac magis moneta decrescit et patria nostra atque hac peste et aliis calamitatibus usque ad ultimum pene funus perducta est.

Constat preterea ipsa loca que bona moneta utuntur,

monnaie, au contraire, rend tout plus cher ; elle surcharge les fermiers, les censitaires, et tous ceux qui ont à faire des payements. » Cet avis sera du goût de ceux qu'on priverait d'un gain notable en leur enlevant la faculté de battre monnaie. Peut-être aussi ce sera l'avis des marchands et des artisans qui n'éprouvent aucune perte à vendre leurs marchandises et leurs produits n'importe le prix de l'or ; car plus la monnaie est avilie et plus ils en demandent pour leur marchandise et leur travail. Mais en portant la vue sur l'utilité commune, ils ne sauraient nier que la bonne monnaie est avantageuse, non-seulement à l'Etat, mais encore à eux-mêmes, et aux hommes de toute condition, tandis que la monnaie défectueuse est grandement nuisible. Un grand nombre de preuves le rend évident, et l'expérience, ce guide le plus sûr, en démontre pleinement la vérité. En effet, nous voyons fleurir les pays qui possèdent une bonne monnaie, tandis que ceux qui n'en ont que de mauvaise, tombent en décadence et dépérissent. La Prusse, elle aussi, était florissante, alors qu'un marc pruthénien valait 2 florins hongrois (*ducats*), et que, comme nous l'avons dit plus haut, 2 marcs pruthéniens et 8 scotes s'échangeaient contre une demi-livre, c'est-à-dire contre un marc d'argent pur. Mais l'avilissement croissant de notre monnaie amène l'abaissement de la patrie, qui, atteinte par ce fléau et par d'autres calamités, touche presque aux portes du tombeau.

Il est incontestable que les pays qui font usage de bonne monnaie brillent par les arts, possèdent les meilleurs ouvriers, et ont de tout en abondance. Tout au contraire, dans les Etats qui se servent d'une monnaie dégradée,

artibus et opificibus egregiis nec non et rerum affluencia pollere; ac contra, ubi vilis moneta in usu est, ignavia, desidia ac resupinato ocio tam bonarum artium quam ingeniorum culturam negligere atque omnium etiam rerum abundantiam interire. Nondum memoriam hominum excessit frumenta et annonam minori pecuniarum numero in Prussia empta fuisse cum adhuc bona moneta uteretur. Nunc autem, ea vilescente, omnium rerum que ad victum et humanum usum pertinent precium ascendere experimur. Ex quo perspicuum esse potest levem monetam desidiam magis alere quam paupertati hominum subvenire; nec magnopere monete exaltatio censuales gravare poterit qui, si plus solito suo dominio pendere videantur, fructus terre pecora et id genus rerum suarum majori eciam pretio sunt vendituri. Reciprocam enim dandi accipiendique vicissitudinem proportionata monete mensura compensabit.

Si igitur calamitosam hactenus Prussiam monete restauratione jam tandem aliquando restituere placet, cavenda imprimis erit confusio ex varietate diversarum officinarum in quibus cudenda est proveniens. Multiplicitas enim uniformatem impedit majorisque negotii est, plures officinas in officio rectitudinis conservari quam unam. Duo igitur ad summum designentur loca: unus in terris regie majestatis; alter in ditione principis. In primo cudatur moneta que ex uno latere insignis regalibus, ex altero terrarum Prussie signetur.

règnent la lâcheté, la paresse et l'indolence ; on y néglige les arts et la culture de l'esprit, et l'on y subit la plus triste indigence. On se rappelle encore du temps où le blé et les vivres étaient à meilleur marché en Prusse, alors qu'on faisait usage de bonne monnaie. Maintenant que le numéraire est avili, nous pouvons constater chaque jour combien a renchéri tout ce qui sert à la nourriture et à l'entretien des hommes. Il en résulte clairement que la monnaie faible nourrit bien plus la paresse qu'elle ne soulage la pauvreté. Une monnaie de meilleur aloi ne porterait même aucun préjudice à ceux qui acquittent un *cens* annuel pour leur domaine ; en effet, ils vendraient aussi plus cher les fruits de la terre, le bétail et toute espèce de produits. L'échange fait qu'on donne et qu'on reçoit tour à tour, et la monnaie rétablit un équilibre proportionnel en opérant la compensation.

Si l'on veut enfin remédier aux malheurs de la Prusse en redressant la monnaie, il faut d'abord empêcher la confusion qui peut résulter de la diversité des ateliers monétaires. Elle empêche, en effet, l'égalité de valeur, et il est plus difficile de retenir dans la ligne du devoir plusieurs ateliers qu'un seul. On désignerait donc en tout deux places : l'une sur les terres soumises à la Majesté royale (4), l'autre sur les terres qui sont au pouvoir du prince (5). Dans le premier atelier, on frapperait une monnaie qui, d'un côté, porterait les insignes royaux, de l'autre, ceux de la terre de Prusse. Dans le second, la monnaie porterait, d'un côté, les insignes royaux, et de l'autre, l'empreinte du prince ; car la condition première à maintenir, c'est que l'une et l'autre monnaie demeurent sous le contrôle du pouvoir royal, et

In secunda autem officina ex uno latere insigniis regiis, ex altero vero nummismate principis signetur, ut utraque moneta imperio regio subsit et sue majestatis mandato in usu totius regni sit et accepta. Que res ad animorum conciliationem et negociationum communionem non parum ponderis est habitura.

Opere precium autem erit quod he due monete unius sint grani, valoris et estimationis et vigili cura prematum reipublice juxta ordinationem nunc instituendam perpetuo perseverent. Et quod principes utrinque nihil lucri ex monete cussione sentiant, sed tantum duntaxat eris addatur ut ipsa estimatio valorem excedat, ut impendiorum jactura sarciri possit et conflandi monetam adimatur occasio.

Ut item in hujus nostri temporis confusionem quam commixtio nove monete cum antiqua peperit, deinceps non incidamus, necessarium videtur ut exorta nova, vetus aboleatur ac prorsus intereat, et juxta proportionem valoris sui in officinis pro nova commutetur. Alioquin inanis erit renovande monete opera, et confusio posterior fortassis pejor priore. Inficiet enim denuo antiqua nove monete dignitatem : mixta equidem reddet summam a justo pondere deficientem et nimium multiplicatam sequetur que dicta est superius incommoditas. Cui si quis adhuc obviandum arbitretur per hoc videlicet ut remanentia vetera nummismata tanti minoris estimentur comparatione nove monete quantum eorum valor deterior est aut exilior; sed hoc sine

qu'elles aient cours et soient acceptées dans tout le royaume en vertu d'une prescription de Sa Majesté : ce qui ne serait pas d'une médiocre importance pour la conciliation des esprits et pour les transactions réciproques.

Il faudra que ces deux monnaies soient au même degré de fin, aient une même valeur réelle et une même valeur nominale (6), afin que, par des soins vigilants, l'Etat arrive à garder perpétuellement le règlement qu'il s'agit maintenant d'établir ; il n'appartient point aux princes de tirer aucun profit de la monnaie qu'ils frapperont ; ils ajouteront seulement autant d'alliage qu'il en faut pour que la différence entre la valeur réelle et la valeur nominale permette de couvrir les frais du monnayage, ce qui écartera le principal attrait de la refonte (7).

De même, afin de ne plus retomber dans la confusion dont souffre notre temps, confusion qu'a fait naître la circulation simultanée de la nouvelle monnaie et de l'ancienne, il faudra, lors de l'émission de la monnaie nouvelle, démonétiser l'ancienne et en interdiré entièrement l'emploi, en l'admettant à s'échanger dans les ateliers de monnayage, dans la juste proposition de la valeur intrinsèque. Autrement ce serait peine perdue que de vouloir rétablir la bonne monnaie ; la confusion qui s'ensuivrait serait peut-être pire que l'état actuel. L'ancienne monnaie anéantirait encore tout l'avantage de la nouvelle. La coexistence des deux monnaies empêcherait l'égalité du poids voulu, et l'on verrait renaître tous les inconvénients que nous avons signalés plus haut. On dira qu'on pourrait y remédier, en déclarant que les vieilles pièces maintenues dans la circulation seraient d'autant moins estimées, en face de la nouvelle mon-

magno errore fieri non poterit. Tanta enim est nunc, tum grossorum et solidorum, tum etiam denariorum multiplex diversitas, ut singula nummismata juxta conditionem valoris sui estimari et ab invicem discerni vix possent. Quo fit ut inducta monete varietas confusionem generaret inextricabilem, ac negociantibus et contrahentibus labores, molestias atque alia incommoda augeret. Itaque melius semper erit veterem monetam in reparatione recentis penitus abolere. Oportebit enim tantillum damnum semel equanimiter pati, si modo damnum dici possit unde uberior fructus et utilitas magis constans nascitur ac respublica incrementum sumit.

Monetam vero prussianam in primam illam dignitatem erigere difficillimum est et post tantum casum forte impossibile; tum quevis ejus reparatio res sit non parvi negotii, pro horum tamen temporum conditione commode renovari posse videtur, ut saltem ad XX marchas libra argenti redeat, hac ratione : pro solidis sumantur eris libræ tres, argenti vero puri libra una minus uncia media vel quantum pro expensis detrahendum sit. Confletur massa ex qua marchæ XX fiant que in emptione valebunt libram unam, id est duas marchas argenti. Eadem ratione etiam fieri possunt scoti seu grossi et oboli, prout placuerit.

naie, qu'elles seraient d'une valeur moindre ou d'un moindre poids. Mais cette mesure causerait encore une grande erreur. La multiplicité et la diversité, tant des gros et des sous que des deniers, est si grande maintenant, qu'il serait presque impossible de les estimer à leur juste valeur, et de distinguer entre ces pièces si variées. On arriverait à une confusion inextricable, qui augmenterait le travail, les ennuis et les autres incommodités du trafic journalier ; il vaudra donc toujours mieux, lorsqu'on émettra une nouvelle monnaie, démonétiser entièrement l'ancienne. Chacun devra, sans murmurer, supporter une petite perte, une fois subie, si toutefois on peut appeler perte ce qui amène un profit considérable, une utilité plus constante, et un état plus prospère du pays.

Il est fort difficile, et peut-être impossible de relever à sa première valeur la monnaie prussienne, après une chute si profonde. Mais toute amélioration réalisée dans ce sens n'est pas de faible importance. Cependant, il semble que dans les circonstances actuelles on peut la fortifier de sorte que la livre d'argent revienne au moins à 20 marcs. Voici de quelle manière : les sous seraient frappés avec un alliage composé de trois livres de cuivre et d'une livre d'argent pur, moins une demi-once, ou autant qu'il en faudra déduire pour couvrir les frais de monnayage.

De cette masse on tirera 20 marcs, qui vaudront une livre, c'est-à-dire deux marcs d'argent. On peut frapper au même titre des *scotes*, ou des gros et des oboles, à volonté.

De argenti ad aurum comparatione.

Superius dictum est aurum et argentum esse basim in qua residet bonitas monete. Et que de moneta argenti exposita sunt, possunt etiam pro majori parte ad auream referri. Reliquum est ut ex transverso auri et argenti commutandi rationem exponamus. Primum igitur investigare oportet que sit ratio appreciationis meri auri ad argentum merum sive purum : ut de genere in specie et a simplicibus ad composita descendamus. Porro eadem est ratio auri et argenti informium, que signatorum in eodem gradu, ac rursus eadem ratio auri signati ad informe, que argenti signati ad argentum informe sub eodem gradu mixtionis et pondere. Purissimum autem aurum quod apud nos signatum reperitur, sunt floreni ungarici ; hi namque minimum habent admixtionis et tantum forte quantum oportuerat pro expensis deduci in monetariis, unde rite commutantur pro mero auro sub eodem pondere, dignitate sigili supplente defectum florenorum. Sequitur ergo eamdem esse rationem argenti puri informis ad aurum purum informe et ejusdem argenti ad florenos ungaricos, ponderibus non mutatis. At floreni ungarici CX justi et æqualis ponderis per grana videlicet LXXII, implent libram unam (libram semper intelligo que continet marchas duas ponderis). Hoc argumento invenimus communiter apud omnes gentes

Comparaison de l'argent à l'or.

Nous avons dit que l'or et l'argent étaient la base sur laquelle repose la valeur de la monnaie. Ce que nous avons avancé touchant la monnaie d'argent peut également, en grande partie, s'appliquer à la monnaie d'or. Il nous reste à exposer le mode de l'échange mutuel de l'or et de l'argent. Afin de passer du genre à l'espèce et du simple au composé, il faut d'abord connaître le rapport du prix de l'or pur à celui de l'argent pur. On sait que la même proportion subsiste entre l'or et l'argent purs, qu'entre l'or et l'argent monnayés au même titre ; comme aussi que la même proportion s'applique à l'or monnayé et à l'or en lingot qu'à l'argent monnayé et à l'argent en lingot, pourvu qu'ils aient même titre d'alliage et qu'ils représentent même poids. L'or le plus pur, qui se rencontre monnayé chez nous, c'est celui des *ducats* hongrois. Il y entre en effet le moins d'alliage, autant peut-être qu'il en a fallu pour couvrir les frais du monnayage. Aussi s'échangent-ils, d'ordinaire, avec raison contre le même poids d'or pur, la garantie de l'empreinte remplaçant ce qui leur manque en poids. Il s'ensuit qu'une proportion pareille existe à égalité de poids entre l'argent pur et l'or pur, et entre ce même argent et les *ducats* hongrois. Cent dix ducats, ayant le poids légal de 72 grains, font une livre. (J'entends toujours par livre le poids de deux marcs.) Nous trouvons ainsi chez toutes les nations qu'une livre d'or pur vaut communément douze livres d'argent pur. (8) Mais onze livres d'argent ont valu autrefois une livre d'or. C'est pourquoi on avait établi la

libram unam auri puri tantum valere, quantum argenti puri libre XII. Invenimus tamen et XI libras olim pro una auri, quam ob causam ab antiquo constitutum esse videtur ut aurei ungarici X appendant libre partem undecimam : quod si sub eo pondere idem pretium hodie duraret, expeditam haberemus conformitatem monete polonice et pruthenice secundum expositam rationem : factis enim XX marcis circiter ex libra una argenti, provenirent ad amussim pro aureo marche due, loco XL grossorum polonicalium. Sed postea quam usu receptum sit, ut XII partes argenti sint pro una auri, dissidet pondus cum pretio ut X aurei ungaricales redimant libram unam argenti et undecimam partem libre. Si igitur ex libra argenti et ejus undecima parte fiant marche viginti, erunt polona et prussiana monete recta ratione coequate, grossus ad grossum, et marche due pruthenice pro aureo ungaricali. Sed pretium argenti erit in selibras singulas marche VIII et solidi X, aut circiter.

Verum si utique vilitas monete et patrie interitus placeat ac ardua nimis videbitur tantilla restitutio et adequatio, visumque fuerit ut XV grossi polonici maneant pro marcha, et pro aureo ungaricali marche due scoti XVI; id quoque jam dictis modis non magno negotio fiet, si marche XXIV ex argenti libra fiant. Ita sane contigit nuper quando adhuc marche XII pretium essent in singulas selibras argenti et pro tanta pecunia florenis ungaricis commutabantur. Hic gratia

proportion en vertu de laquelle dix ducats hongrois d'or pesaient le onzième d'une livre. Si, sous ce même poids, on rencontrait encore aujourd'hui la même valeur, on arriverait à une conformité très-avantageuse des monnaies polonaise et pruthénienne, d'après le rapport que nous avons établi. En effet, une livre d'argent donnant environ 20 marcs, deux marcs représenteraient exactement un ducat, en place de 40 gros polonais. Mais depuis qu'il a été admis que douze en argent vaut un en or, le poids diffère du prix, de sorte que dix *ducats* (florins d'or hongrois) rachètent une livre d'argent, plus le onzième de la livre. Si donc de la livre d'argent, plus le onzième de cette livre, on fait 20 marcs, les monnaies polonaise et prussienne seront exactement conformes, gros pour gros, et les deux marcs pruthéniens vaudront le *ducat* hongrois. Le prix de chaque demi-livre d'argent sera d'environ huit marcs et de dix sous.

Cependant, si l'on s'inquiète peu de la dépréciation de la monnaie et de la ruine de la patrie, si l'on trouve trop difficile d'opérer ce petit changement et cette concordance du numéraire, et si l'on préfère que 15 gros polonais continuent à valoir un marc, que 2 marcs et 16 *scotes* représentent un *ducat* hongrois, une pareille réforme s'opérera aisément par le moyen que nous avons déjà indiqué, en taillant 24 marcs d'argent à la livre.

Il en était ainsi quand 12 marcs formaient le prix de chaque demi-livre d'argent, et s'échangeaient pour pareille somme contre les ducats hongrois. Cet exemple conduit à se former des idées nettes en cette matière, car les modes de constitution de la monnaie sont infinis, et l'on ne saurait les décrire tous. Mais le consentement commun pourra,

exempli et pro manuductione dicta sunt. Nam infiniti sunt modi constitutionis monete, nec est possibile explicare omnes, sed communis consensus matura deliberatione poterit hoc vel illud definire, prout accommodatissimum videbitur reipublice. Quod si moneta ad florenum ungaricum recte se habuerit et erratum non fuerit, facile etiam alii floreni juxta continentiam auri et argenti ad illorum comparationem taxabuntur.

Hec de monete reparatione dixisse sufficiat, ut dumtaxat intelligatur quibus modis ceciderit dignitas ejus et quomodo reduci possit, quod ex supradictis perspicuum esse spero.

Epilogus reductionis monete.

Circa reparationem et conservacionem monete hec consideranda videntur :

Primum, ne absque maturo procerum consilio et unanimi decreto moneta novetur.

Secundum, ut unus dumtaxat locus officine monetarie, si fieri potest, deputetur, ubi non unius civitatis nomine, sed tocius terre cum ipsius insigniis fieret, hujus sentencie efficaciam moneta polonica demonstrat que propter hoc solum retinet estimationem suam in tanta terrarum amplitudine.

Tertium, ut in publicacione nove monete interdicatur et aboleatur antiqua.

Quartum, ut inviolabiliter et immutabiliter perpetuo

après mûre délibération, déterminer le choix qui semblera le plus avantageux à l'Etat. Quand une fois le numéraire sera réglé, sans erreur, sur le ducat hongrois, il sera facile d'estimer par comparaison les autres monnaies, selon la quantité d'or et d'argent qu'elles contiendront.

Ce que je viens de dire touchant la restauration de la monnaie, doit suffire pour faire comprendre comment la valeur du numéraire s'est dégradée, et comment on peut la lui rendre.

Epilogue sur le rétablissement de la monnaie.

Pour arriver à restaurer et à conserver une bonne monnaie, plusieurs choses sont à considérer :

1° Elle ne doit être modifiée qu'après mûre délibération des notables et en vertu de leur décision unanime.

2° Un seul lieu, si faire se peut, doit être choisi pour la fabrication de la monnaie, qui doit être frappée, non pas au nom d'une ville, mais au nom du pays, en portant pour empreinte les insignes de l'Etat. L'efficacité d'une pareille mesure rencontre une preuve décisive dans la monnaie polonaise, qui conserve ainsi son prix dans la vaste étendue du royaume.

3° Lors de l'émission d'une nouvelle monnaie, l'ancienne doit être démonétisée et supprimée.

4° Il faut garder pour règle inviolable et immuable de tailler 20 marcs seulement, et non davantage, dans une livre d'argent, en retranchant seulement la quantité nécessaire pour les frais du monnayage. De cette manière, la monnaie prussienne sera mise en rapport avec la monnaie

observetur quod XX marche dumtaxat et non amplius fiant ex libra una puri argenti, dempto eo quod pro expensis opificii deduci oportet. Ita nempe prussiana moneta proporcionabitur polonice, ut viginti grossi prussiani simul ac polonici marcham pruthenicam constituant.

Quintum, ut caveatur a nimia monete multitudine.

Sextum, ut in omni specie sua simul prodeat moneta : hoc est ut scoti sive grossi, solidi et oboli pariter cudantur.

De admixtione vero quanta esse debeat : an grossi et solidi fiant, an etiam denarii argentei qui fertonem vel marcham mediam aut etiam integram valeant, in placito est eorum quorum interest; nisi ut modus sit et ita decernatur, ut in futurum perpetuo maneat.

De obolis quoque ratio habenda est, quomodo omnino parum nunc valent, ita ut integra marcha vix supra unius grossi argentum contineat.

Postrema autem difficultas oritur ex contractibus et obligationibus ante et post innovationem monete factis. In quibus modum invenire oportet ne contrahentes nimium graventur. Quemadmodum pristinis temporibus factum est, ut patet ex his que in altero latere hujus folii descripta sunt.

polonaise, de manière que 20 gros prussiens, aussi bien que 20 gros polonais, constitueront le marc pruthénien.

5° On évitera une trop grande multiplication de numéraire.

6° Toutes les subdivisions de la monnaie seront émises en même temps ; c'est-à-dire on frappera simultanément des *scotes*, des gros, des sous et des oboles.

Quant à la proportion à conserver, elle dépendra de ceux qui frapperont monnaie ; ils décideront ce qu'ils doivent frapper de gros et de sous, ou encore de *deniers d'argent*, qui vaudront un ferton (9), ou un demi-marc, ou même le marc entier, pourvu qu'ils conservent la même proportion, et qu'ils demeurent fidèles à la règle une fois établie.

Il faut aussi tenir compte des oboles, dont la valeur est maintenant si faible, que le marc entier contient à peine autant d'argent qu'un gros.

Une dernière difficulté provient des contrats passés et des obligations consenties avant et après la refonte de la monnaie. Il importe de trouver un mode transitoire qui empêche les parties contractantes d'être trop lésées. On y a pourvu anciennement dans une circonstance pareille, ainsi que le montre le document ci-joint (10).

NOTES.

—

(1) Il serait peut-être plus exact de dire : **Considérations sur la fabrication de la monnaie** ; nous avons préféré un titre plus concis.

(2) *Scotus. Monetæ species.* — **Ducange.** « Le suppliant esperant estre bon amy acquis du grant Jehan, lui offrit prester trois *scotes* ou testars pour aider à payer sa perte. » (*Ibid.*)

Le *scote* (en polonais *skojciec*, *skojec*, au pluriel *skojce*) était un poids ancien, valant le tiers d'une once. Le marc étant divisé en huit onces, le scote formait le vingt-quatrième du marc. Son poids en argent fin était donc d'un peu moins de dix grammes, *le marc de Cologne*, pris pour type dans le Nord, pesant 233 grammes.

Les *testars* dont parle la citation faite par Ducange, comme d'un équivalent des *scotes*, étaient une monnaie anglaise. En France, on a commencé à frapper sous Louis XII, en 1513, des pièces sur lesquelles était représentée la tête du roi, et auxquelles on donna le nom de *testons*. Celles-ci offrent une équivalence presque complète avec les *scotes*. Nous trouvons dans le savant Mémoire de M Natalis de Wailly, sur les *variations de la livre tournois depuis le règne de saint Louis* [1] :

1513, 6 avril. *Teston*, taille des espèces, 25 1/2.

Cours de la pièce en monnaie tournois, 10 sous.

Cours du marc monnayé en monnaie tournois, 12 livres 15 sous.

Prix du marc de matière en monnaie tournois, 12 livres 10 sous.

1533, 5 mars. Le cours du marc monnayé en monnaie tournois était de 10 livres 6 sous.

Celui du marc matière, de 13 livres, 7 sous, 9 deniers.

La valeur intrinsèque du teston au titre légal, était, en 1513, de 2 fr. 001466978. Le pied de la monnaie d'argent, au titre légal, 52 4/47; la valeur intrinsèque, au titre de tolérance, 1 fr. 99,436 : la valeur intrinsèque est descendue, en 1533, à 1,91,629.

C'était, à peu de chose près, la valeur du *scote*.

[1] *Mémoires de l'Académie des Inscriptions et belles-lettres*, t. XXI, p. 348-352.

Le *testone* est encore une monnaie des États de l'Église. Le testone de Rome vaut 1 fr. 84 cent.

Czacki dit (*Lois de Pologne et de Lithuanie*, I, p. 144) : « Quand les chevaliers teutoniques occupèrent la Prusse, ils prirent l'engagement de frapper la monnaie telle que la faisait fabriquer saint Louis, c'est-à-dire 60 pièces au marc d'argent fin. » (Art. XL, Privilegii culmensis, 1233-1251.) Il ajoute (I, p. 181) : « Scotus ou *skojec* est le vingt-quatrième du marc. » Et, recherchant l'origine de cette division, il l'expose comme suit : « On sait qu'il y avait un *marc slave*, qui comptait douze *solidi* (*Wichbild*, Magdeburgense, art. 44). Je pense que le *skojec* (*scotus*) était la moitié de cette fraction. »

« *Scotus* est vigesima quarta pars marcæ, » répètent l'historien *Kromer*, *Braun* (Müntzwesen), et *Hartnoch* (De re nummaria Prussiæ).

Le *scotus* n'était pas connu en Allemagne, mais il est fréquemment mentionné dans les anciens documents polonais et lithuaniens. *Czacki* cite (t. I, p. 148) un privilége de Boleslas le Pudique, de 1260, où on lit : « Quartam partem de scoto solvere tenentur argenti videlicet usualis. » Et (t. I, p. 181) : « Censum unius scoti argenti (1306, Ladislas le Bref). La Lithuanie comptait aussi par *skojce :* ces pièces ont été employées jusqu'à Jean Albrecht.

D'après un tableau dressé par Czacki, voici la dégradation successive des *skojce*, des *gros* et du *marc*, en comptant par grains d'argent fin :

Années.	Skojec (scotus).	Gros.	Marc.
1300.................	153 8/12	80	3,688
1350.................	131 10/14	68 8/14	3,161 2/14
1378-1418............	115 4/16	60	2,766
1505.................	57 20/32	30	1,383

On voit une réduction proportionnelle de la valeur intrinsèque, mais toujours le *scotus* demeure, à peu de chose près, l'équivalent d'un vingt-quatrième de marc, fort ou faible.

(3) Braun (Bericht von Polnisch- und Preussischen Münzwesen, Elbing, 1722, in-4°) dit que ce droit fut dévolu en 1454 aux villes de Thorn, Dantzig, Elbing et Kœnigsberg.

(4) Le roi de Pologne.

(5) Depuis la paix de Cracovie, conclue en 1525, le margrave Albert avait obtenu le titre de *prince* de Prusse.

(6) L'ensemble des idées exposées ici par Copernic a servi de point de départ au règlement monétaire de 1528, que Sigismond Ier finit par arrêter après de longues discussions avec les villes privilégiées.

Déjà, à la suite des délibérations prises à la diète de Piotrkow, le roi Sigismond avait promulgué un règlement monétaire (Datum Cracoviæ, die lunæ quintadecima octobris anno Dni 1526) destiné à introduire un ordre plus stable dans la fabrication des espèces. (Czacki le rapporte t. I, p. 158).

La sollicitude des rois de Pologne était éveillée dans cette direction. Sigismond-Auguste manifeste clairement la pensée de maintenir une bonne monnaie, dans un document important, le traité passé avec Ferdinand Ier d'Autriche (1549, Cod. dipl. Doggiel. IV, 219) : « Cum denique nostra regnorumque ac provinciarum nostrarum maximopere intersit, est in regnis et dominiis nostris, bonam eamdemque justam habeamus monetam. »

Le grand roi Etienne Batory repoussait la pensée d'une altération monétaire, fait si commun en Europe à cette époque. Dans une lettre adressée à Chodkiewicz (1570, 9 mars. Bibliot. Zalusk., num 454), il trace ces nobles paroles pour repousser une proposition faite à ce qu'il paraît dans ce sens par un Allemand :

« Nolumus vili moneta nos viles reddere. Eat ille Germanus ad quærentes levamen inopiæ, lachrimis miserabilium. »

(7) Tout ce passage est des plus remarquables.

(8) Par suite de la découverte de riches mines d'argent, le rapport s'est déplacé, au profit de l'or, de plus d'un quart.

(9) *Ferto*, quarta pars marcæ argenti. — Ducange. — *Ferto*, jest czwarta czesc grzywny Czacki, I, 180. — *Ferto* est quarta pars marcæ (Schlegel, *De antiquis nummis*.)

(10) Copernic reproduit ici un règlement arrêté à Malborg en 1418; celui-ci déterminait le mode suivant lequel devait être effectué le payement des sommes et des intérêts dus, en tenant compte du changement du titre monétaire. On voit dans ce règlement un effort constant pour rétablir l'équilibre violemment rompu par la variation du numéraire ; il tend à ménager la transition en ramenant à leur taux primitif les anciens engagements.

TABLE DES MATIÈRES.

FIN DE LA TABLE DES MATIÈRES.

www.ingramcontent.com/pod-product-compliance
Ingram Content Group UK Ltd.
Pitfield, Milton Keynes, MK11 3LW, UK
UKHW020600230726
13926UKWH00005B/2129